서해랑길 워킹투어

해남 땅끝탑에서 영광으로 전라남도를 걷다

해남군
진도군
영암군
목포시
무안군
신안군
함평군
영광군

해남 땅끝탑에서 영광으로 전라남도를 걷다
서해랑길 워킹투어

초판인쇄 2023년 9월 11일
초판발행 2023년 9월 19일

글_ 조유향
발행인_ 이현자
발행처_ 도서출판 현자

등 록_ 제 2-1884호 (1994.12. 26)
주 소_ 서울시 중구 수표로 50-1(을지로3가, 4층)
전 화_ (02) 2278-4239
팩 스_ (02) 2278-4286
E-mail_ 001hyunja@hanmail.net

값 20,000원

2023 ⓒ 조유향 Printed in KOREA

무단으로 내용의 일부를 인용하거나 복사, 발췌를 금합니다.

ISBN 978-89-94820-89-7   03980

서해랑길 워킹투어

해남 땅끝탑에서 영광으로 전라남도를 걷다

— 조유향 —

도서출판 연자

머리말

서해랑길을 걷는 날은
선물 같은 하루가 주어졌다

서(西)쪽 바다의 파도와 함께(랑) 걷는 길, '서해랑길'이 2022년 6월 22일에 정식 개통되었다. 해남-신안-영광-고창-군산-서천-보령-태안-서산-평택-인천-강화를 잇는 109개 코스, 1,800㎞의 걷기 여행길이다. 코리아둘레길을 구성하는 길, 해파랑길800km과 남파랑길1,470km에 이어 서해랑길이 최장 거리로 서해둘레길이 된 것이다.

서해랑길은 '해남 땅끝탑' 1코스에서 시작한다. 한반도의 최남단이자 국토순례의 시발지 땅끝마을에서 대륙을 거꾸로 올라간다. 한 걸음씩 걸어서 올라가야 한다. 저 끝 지점에 이르기 위해서는 한 걸음씩 떼어놓지 않으면 안 되는 도보기행이다. 그 누구도 도와주지 않고, 그 누구도 대신해줄 수 없는 그 원시적 노동은 인생 노정이 어떤 것인가를 일깨워주는 너무 평범하면서도 새삼스럽게 그 의미가 깊은 산교육이다.

이 책에는 서해랑길에서도 전라남도 구간에 대한 이야기를 먼저 담고자 한다. 1코스에서 시작해서 차분하게 걸어 올라가 볼 생각이기 때문이다.

전라남도 구간은 총 40개 코스, 643.5km로 8개의 기초 지자체를 만난다. 각 시·군별 구간과 거리는, 해남군(1-5, 13-16)이 138.5km, 진도군(6-12) 123.1km, 영암군(17) 11km, 목포시(18) 18km, 무안군(19~25, 31~34) 167.5km, 신안군(26~30) 95.3km, 함평군(35) 19.0km이며, 마지막 영광군(36- 40)은 81.7km가 된다.

서해랑길을 따라 천천히 걷다 보면 유네스코 세계유산으로 지정된 드넓은 갯벌과 구릉 따라 붉게 드러난 건강한 황톳길을, 그리고 황홀한 일몰을 감상하게 된다. 전남의 농업문화와 종교와 목포근대문화의 거리뿐만 아니라 곳곳에서 인류의 역사를 만나게 된다. 때로는 자연이 선사하는 느린 시간 속으로 들어가는 느낌이 든다. 감성을 채우는 풍경을 따라 마음까지 넉넉해지는 여정이 되기도 하고. 물론 많은 볼거리, 즐길거리와 먹을거리가 풍성한 도보여행이 되기도 했다.

그 밖에도 한반도 최남단 서쪽 바닷길 따라 걷는 서해랑길에서는 울창한 갈대숲과 화려한 새들의 비상은 아름다움을 넘어 경이롭기까지 하다. 진한 민족의 넋과 얼이 서린 섬들이 다리로 연결되듯 삶이 생생하게 이어지는 공간임을 느끼게 한다. 특정한 장소에서 발생한 사건이나 장소 안의 사람과 관련되어 있거나, 혹은 장소 그 자체에 대해 살펴보는 것도 재미지다.

서해랑길은 허투루 지나면 안 된다. 자연과 삶이 어우러진 예술 작품의 일부가 되는 보물찾기 여정이 시작되는 길이다. 서두르지 않고 눈을 크게 뜨고 주변을 살펴야 한다. 관심 없이 무작정 그냥 걷기만 하면 보통의 길과 전혀 다를 바 없는 다소 무미건조한 길이다. 보물은 인근에 숨겨두었다. 생물학적 흔적을, 정신적인 흔적을, 문화적인 흔적을, 단서가 되는 구체적인 흔적을 찾아 여행하는 시간이다. 이는 곧 역사와 미래로의 여행이다. 손이 닿은 곳이면 모든 원전에서 지식을 끌어 모아 담아볼 생각이다. 코리아둘레길에서 제시하는 비전처럼 '대한민국을 재발견하며 함께 걷는 길'인 까닭이다. '평화, 만남, 치유, 상생'의 가치를 구현하는데 이바지하고자 한다.

서해랑길은 단순히 정보를 제공하는 지식의 보고로서 뿐만 아니라 통찰력을 길러주는 무한한 지혜의 보고로서 더 깊은 의미를 지니고 있다고 생각한다. 거기서 얻은 지혜는 쇠처럼 한 번 사용한 뒤에 시간이 경과하면 녹이 슬어 다른 지식으로 대처해야 하는 일시적인 정보가 아니다. 한 번 마음에 새기면 영원히 삶의 지침으로서 남는 몸 전체가 받아들여진 무엇인가가 응축된 것들이다.

내가 뭔가를 알아서 기꺼이 전해주려는 게 아니라, 내가 뭔가를 알고 싶어서 걸었다. 내가 몰랐던 많은 사실들을 걸으면서 배웠다. 나는 안다. 내가 걸어온 이 길은 이미 나에 앞서 걸어온 사람들이 있다는 것을. 하지만 나만의 정리를 해본다.

그래서 나만의 책장을 정리하는 시간이 또 찾아왔다. 이 글을 쓰는 동안 많은 작가들의 글과 연구 성과, 그리고 전해 내려오는 이야기들에 의존했다. 특히 이번에는 목포 문학의 거장 김우진 극작가, 박화성 소설가, 차범석 극작가, 김현 평론가의 저서와 자서전을 찾아 읽으면서 기쁜 마음으로 즐거운 시간이 되었다.

또한 전라남도의 지역별 작가, 진도 곽의진 작가, 광주 문순태 작가, 신지견 작가, 송은일 작가 등등. 그들의 많은 작품을 탐독하였다. 그리고 지역에 관한 자료를 검색하고 더 많은 이야기를 밝혀내고자 관심을 기울여 살피고자 노력했다. 홀로 걸으며 고민을 정리하고 더 나은 생각을 뽑아내 곤 했다. 서해랑길을 걷는 날은 선물 같은 하루가 주어졌다.

개통되고도 벌써 1년이 넘은 시간이 훌쩍 흘렀다. 적어도 일주일에 한 번은 일정을 잡아 나서려고 애썼다. 거리감이 있는 코스는 2회에 나누어 아니 3회까지 나누어 걸어 올라갔다. 그러는 가운데 비틀거리고 미끄러지고 넘어졌다. 무릎에 멍이 들고 발바닥이 아프고 배낭이 무겁다는 느낌이 드는 순간들이 찾아왔다. 세월이라는 숫자가 주는 이미지는 시간에 주어진 장소에서의 물리적 움직임을 더디게 했다. 이렇게나마 걸을 수 있다는 것에 감사할 뿐이다.

서해랑길. 마을을 에돌아 나오고 들길을 걷고 산길도 걸었다. 내를 건너고 재를 넘었다. 바닷가를 따라서 걷고 강가를 거슬러서도 걸었다. 비가 내려도 걸었고 해가 쨍쨍 내리쬐어도 걸었다. 높은 산자락에 걸려 있는 구름도 뛰어넘었다. 눈, 귀, 코, 다리, 손 등등 나의 온몸이 서해랑길을 기억한다. 서슴없이 '서해랑길을 읽었다'고 말하고 싶다. 그래서 '서해랑길을 읽다'라는 부제를 달고 싶다.

하여튼 서해랑길은 전라북도로 이어진다. 걸었던 길보다 걸어야 할 길이 더 많다. 그 길들이 나에게는 숙제로 남아 있다. 내가 나에게 부여한 미션처럼. 끝까지 완주할 수 있기를 마음속으로 간절히 빌어 본다.

목차

* 머리말_ 서해랑길을 걷는 날은 선물 같은 하루가 주어졌다 ···4

해남군

▎**1코스** 해남 땅끝탑- 송지면사무소/14.9Km ···16
  땅끝성당으로 발길이/ 청정전남으뜸마을 소죽마을/ 인문학마을 송종마을/ 송호해변/
  땅끝의 시 「애린」과 시인/ '세상의 끝'에서 슬픔을

▎**2코스** 송지면사무소- 영터버스정류장/ 17.9Km ···32
  길 따라 마을을 걷고 들판으로 나가고/ 땅끝염전에서/ 두모마을 정려/ 관동방조제

▎**3코스** 영터버스정류장- 산소버스정류장/ 14.9km ···40
  관두산 명성임도로, 대월산 가좌임도로/ 고천암호와 자연생태공원

▎**4코스** 산소버스정류장- 원문버스정류장/ 14.5km ···45
  슬픈 역사가 있는 옥매산의 광산/ 이훈동 공적비 앞에서/ 서해랑길은 마을 언저리길로
  이어지고

▎**5코스** 원문버스정류장- 진도 녹진국민관광지/ 12.0km ···52
  배추김치는 해남의 명품 배추로/ 우수영국민관광지를 둘러보면서/ 명량해협 울돌목과
  명량대첩

진도군

▎**6코스** 녹진국민관광단지- 진도 용장성/ 15.5km ···62
  보배의 섬 진도로/ 숨은 영웅들의 이야기가 있는 진도타워/ 진도의 특산품 홍주/ 벽파
  (진)항에서/ 이충무공 벽파진 전첩비/ 삼별초 역사탐방길의 연동마을/ 용장성 또 하나의
  고려가 있었네

▎**7코스** 진도 용장성- 운림산방 주차장/ 12.4km ···81
  첨찰산과 상록수림/ 운림산방, 또 다른 이름 벽환당/ 소치 허련 선생의 삶 속으로

┃**8코스** 운림산방 주차장- 귀성삼거리/ 22.8km ···*90*

삼별초 이야기가 있는 삼별초공원/ 삼별초 궁녀둠벙/ 죽림어촌체험마을/ 죽림어촌마을체험관 옆 작은 미술관/ 여귀산 자락에 울리는 국악/ 입으로 전해지는 진도아리랑

┃**9코스** 귀성삼거리- 서망항/ 12km ···*103*

국가어항 서망항/ 진도 남도진성/ 진도 미르길 따라 국립공원 산림유전자원 보호구역으로/ 윤고산독과 윤선도 선생

┃**10코스** 서망항- 가치버스정류장/ 15.9km ···*118*

진도 팽목항의 잔상/ 진도항에서 떠나는 가고 싶은 섬 여행/ 자연과 삶을 느끼고 공감하는 섬 여행으로/ 팽목바람길

┃**11코스** 가치버스정류장- 쉬미항/ 22km ···*130*

시닉드라이브코스의 시작점 금노마을/ 하보전마을에서 대홍포방조제까지/ 소포방조제의 걸작 진도 소포검정쌀/ 유람선 선착장 쉬미항

┃**12코스** 쉬미항- 우수영국민관광지/ 22.5km ···*138*

청룡어촌체험마을/ 백조도래지 군내호/ 건배산이 품은 이야기들/ 충무공 이순신 동상 앞에서

해남군

┃**13코스** 우수영국민관광지- 학상마을회관/ 16.3km ···*152*

해안길로 이어지고/ 망해루/ 강강술래 노래가 강강술래길이 되고/ 우수영 5일장/ 명량대첩비 문화유적지/ 법정스님을 만날 수 있는 곳

┃**14코스** 학상마을회관- 당포버스정류장/ 18.2km ···*165*

바다가 보고 싶으면 오시아노해변으로 /오시아노 호랑가시나무 가로수길/ 화원반도길, 자전거길

목차

■ 15코스 당포버스정류장- 달도교차로/ 13.6km ···173
　마산제 가는 길/ 별암선착장 /거대 금호갑문
■ 16코스 달도교차로- 세한대학교 영암캠퍼스/ 16.2km ···178
　햇빛도시 솔라시도/ 철새들의 고향 영암호 /길 위에서 만난 미술관

영암군

■ 17코스 세한대학교 영암캠퍼스- 목포지방해양수산청/ 11.0km ···186
　영산강의 제9경 영산호/ 나불공원 섬이었던 나불도의 전설/ 수확의 계절 가을/ 영산재
　에서 들녘길로

목포시

■ 18코스 목포지방해양수산청- 용해동 주민센터/ 18.0km ···198
　목포의 9경 중 3경 갓바위/ 목포문학의 거목 4인/ 삼학도의 전설/ 목포개항 1897/ 목
　포근대역사문화공간/ 목포 제1경, 유달산
■ 19코스 용해동 주민센터- 청계면복합센터/ 16.8km ···220
　양을산 시민산책로/ 무안반도에 들어서다/ 전남 빵지순례

무안군

■ 20코스 청계면 복합센터- 용동마을회관/ 18.7km ···230
　톱머리 하면 해변이고 단감이지/ 용동마을의 물렛등 이야기
■ 21코스 용동마을회관- 영해버스정류장/ 11.9km ···234
　두곡 고인돌군 / 친환경 우수마을

■ **22코스** 영해버스정류장- 운남버스정류장/ 11.9km ···*240*
한적한 시골에 산다는 것은/ 롤러코스터를 타는 기분

■ **23코스** 운남버스정류장- 봉오제 버스정류장/ 19.5km ···*248*
섬사람이 모이는 조금나루/ 가고 싶은 섬, 무안의 탄도/ 남도낙지 1번지 송현마을이 품은 낙지공원/ 노을공원에서는 노을을 못 보고/ 봉오제마을의 사계절 별미

■ **24코스** 봉오제 버스정류장- 매당노인회관/ 20.8km ···*259*
가입리 명당엔 누가/ 힐링의 바다 홀통유원지

신안군

■ **25코스** 매당노인회관- 신안젓갈타운/ 16.7km ···*266*
방죽방죽 이어지는 삶/ 낙지잡이도 국가중요어업유산이다/ 섬 아닌 섬 지도/ 봉황산임도/ 신안젓갈타운의 젓갈 풍경

■ **26코스** 신안젓갈타운- 태평염전/ 14.6km ···*275*
슬로시티 증도/ 유일한 석조 소금창고의 변신은 무죄/ 태평염생식물원/ 천일염을 찾아 떠나는 여행은 증도로

■ **27코스** 태평염전- 증도면사무소/ 14.3km ···*285*
신안증도 갯벌도립공원의 노두길/ 풍경 맛집, 음식 맛집/ 천년의 해송숲이 품은 우전해수욕장/ 문준경 전도사 순교기념관

■ **28코스** 증도면사무소- 증도관광안내소/ 15.5km ···*296*
마을 뒤 소나무 숲으로/ 행복한 슬로 라이프, 인생 후르츠처럼/ 낙조전망대에는 '신안 해저유물발굴기념비'가

■ **29코스** 증도관광안내소- 점암선착장/ 17km ···*305*
신안다도해 생물권보전지역/ 물반 병어 반, 물반 민어 반, 송도 수산시장/ 점암선착장에서 임자도로 울산으로

> 목 차

▎30코스 점암선착장- 수포마을회관/ 17.2km ···312
　봉리 갯벌/ 참도선착장에서는 포작도로 어의도로/ 내양리 펄 갯벌

무안군

▎31코스 수포마을회관- 삼강공원/ 13.1km ···322
　동학길, 석산마을/ 감정마을 곰솔/ 백학산 전설/ 분매동 유적지, 삼강공원
▎32코스 삼강공원- 무안황토 갯벌랜드/17.8km ···331
　걸어서 도리포해변 속으로/ 다시 돌아오라는 도리포항/ 무안 도리포 해저유물 매장해역/ 이야기가 있는 문화생태탐방로/ 지구의 시간을 느끼는 무안의 갯벌
▎33코스 무안황토갯벌랜드- 상수장3반버스정류장/ 19.8km ···342
　말과 관련된 지명이 많은 마산마을/ 석북마을은 행복마을
▎34코스 상수장3반 버스정류장- 돌머리해변/ 17.2km ···347
　옛 정취가 풍기는 송정정미소/ 이름도 예쁜 마을路

함평군

▎35코스 돌머리해변(해수욕장)- 영광 칠산타워/ 19km ···356
　돌머리해수욕장/ 주포마을과 주포항/ 여행의 쉼표, 빈티지 해수찜/ 안악해변과 이미자 노래비/ 함평만 해안도로의 끝자락/ 해안누리길 9코스

영광군

▎36코스 칠산타워- 설도젓갈타운- 합산제- 합산버스정류장/ 14km ···368
　환상의 콤비, 칠산대교와 칠산타워/ 향화도항에서 떠나는 섬여행은 낙월도와 송이도/

칠산 갯길 300리의 천연염길/ 설도항 수산물판매센터가 앞전이라면 젓갈타운은 뒷전/ 기독교인 순교지 염산교회

▮ **37코스** 합산버스정류장- 하사6구 버스정류장/ 19.9km ···378

월평항/ 소금 이름을 가진 염산면의 천일염전/ 두우리 어촌체험마을엔 멋진 해수욕장이/ 칠산 갯길의 백합길

▮ **38코스** 하사6구 버스정류장- 답동마을버스정류장/ 17.6km ···386

신재생에너지, 풍력발전단지/ 영광의 모싯잎 송편

▮ **39코스** 답동버스정류장- 법성리버스정류장/ 16.3km ···390

아름다웠던 포구 법성포/ 영광의 역사마을 진성마을, 법성진과 숲쟁이/ 백제불교 최초 도래지/ 영광대교에서 모래미해변을 바라보며/ 백수해안도로, 열린 관광지/ 노을종을 치고 종을 안고 종소리를 듣고/ 빛이 빚어내는 노을의 신비

▮ **40코스** 법성리버스정류장- 구시포해변/ 13.9km ···405

굴비거리가 말해주는 굴비의 모든 이야기/ 연우교를 건너 법성에서 홍농으로/ 고리포마을 해안가의 아름다운 풍경/ 구시포해수욕장

▮ 인용 및 참고문헌 ···412

▮ **일러두기**
1. 구간별 방향은 서해랑길의 방향 표시와 동일하다. 강화도 방향은 빨간색, 해남방향은 파란색으로 표시하였다.
2. 책의 목차는 서해랑길 코스 번호 순으로 나열하였다.
3. 모든 사진은 필자가 직접 촬영한 것이다.

법정스님과 빠삐용 의자

1코스 해남군

해남 땅끝탑- 송호해변- 황토나라테마촌- 송지면사무소 / 14.9km

땅끝성당으로 발길이

송지면사무소에서 땅끝으로 향한다. 해남 땅끝으로는 세 번째 걷는다. 삼남길을 걸었을 때가 처음이었다. 땅끝에 도착할 무렵 빗방울이 세차게 떨어지더니 해무가 몰려왔다. 처음 경험하는 해무는 신비스럽게 모든 것을 삼켜버렸다. 해무가 온몸에 칭칭 감기며 한 치 앞도 보이지 않아 꼼짝도 하지 못했다. 카페에서 차 두 잔을 마시고 나서야 주위가 보이면서 말끔해졌다.

두 번째는 남파랑길을 걸었을 때인데 이때에도 희미한 안개 속에서 땅끝탑을 맞았다. 혼자 보기 아까운 멋진 광경에 어렵고 힘든 길을 걸어낸 결실로 여겼다.

세 번째, 서해랑길 따라 땅끝으로 향한다. 하지만 우연도 이런 우연이 없다. 날씨 예보는 흐림이었으나 부슬부슬 비가 내리기 시작한다. 우비를 입고 우산을 쓰고 걸었다. 걷는 내내 비가 내렸다. 빗속에 걷는 서해랑길 운치가 더해져 감상적인 기분에 젖었다.

가는 길은 제각각이다. 하여튼 나는 끝으로 가서 처음처럼 시작해 보려고 한다. 길의 끝. 하지만 모든 것의 끝에는 반드시 새로운 시작이 있기 마련이다. 그래서 많은 사람들은 길이 끝나는 곳에서 다시 새로운 길을 찾아 나서게 되고 새로운 출발을 꿈꾸는 것 아닐까.

삼남길에서는 '처음길 17km'로, 땅끝에서 시작한다. 한반도의 최남단이자 국토 순례의 시발지이며 대륙을 거슬러 오르는 길이자 서해랑길의 출발지이다. 반면에 남파랑길의 종착지로 마지막 코스인 90코스$^{18.9km}$다. 미황사에서 천년숲길과 송지 송호 임도를 거쳐 땅끝탑에서 끝난다. 삼남길과 마찬가지로 서해랑길은 땅끝이 시작점 1코스$^{14.9km}$지만, 가장 짧은 편이다. 땅끝탑에서 송호해변을 거쳐 송지 송호 임도가 겹치지만 송종마을과 소죽마을을 거쳐 송지면사무소에 이르는 코스다.

이처럼 길은 출발점이 되기도 하고 종착지가 되기도 한다. 또한 같은 길 같지만 다르다. 목적지로 가는 길도 거리도 방향도 제각기 다르다. 하여튼 가지각색이다. 우리네 삶도 이와 같이 다양하려니 하고 이번 길은 어떤가, 하며 목적지를 향해 발을 내디딘다.

송지면사무소에서 출발하면 바로 코앞에 '천주교 땅끝성당'이다. 자연히 발길이 성당 안으로 들어간다. 주위가 경건하기 그지없다. 누군가가 기도하는 간절한 모습에서 희망이 보인다. 나도 저 사람처럼 기도하고 싶다는 마음이 든다. 잘 걸을 수 있기를 바라고 싶다. 어느 누구에게도 아닌 나 자신에게 이었을까, 시작을 알리고 싶다. 끝까지, 강화도까지 걸을 수 있기를 기도한다.

서해랑길 총 거리 1,800km, 쉬운 일이 아님을 안다. 감당할 수 없는 일이기에 마음속으로 빌어본다. 할 수 있는 게 없다. 단지 두 손 모아 기도하는 것 밖에. 달까지 갈 수 없지만, 갈 수 있다는 듯이 걸어갈 순 있다. 희망만 있다면. 희망이 실천되길 마음속으로 다짐해 본다. 하여튼 여정이 무사히 마무리되길 빌어 본다.

땅끝성당은 1990년 1월 21일 김정이로뻴다 가정에서 김 발도로메오 수녀님의 인도로 말씀의 전례 봉헌이 시작점이 되었다. 7월 1일 첫 공소 예배가 있었고 1992년 11월 4일 공소 기공식을 하였으며 1993년 6월 20일에 성전 축복식을 하였다. 그러나 2012년 태풍 볼라벤이 46평의 공소

땅끝성당

건물을 휩쓸어 버렸다. 세상에는 예상 못한 데서 일이 발단되는 경우가 더러 생겼다.

현재의 성당 건물은 2015년에 새로 건립된 것이다. 스테인드글라스로 들어오는 빛이 아담하다 못해 너무나 소박하다. 30여 명의 신자들의 공소, 아름답고 성스러운 작은 성당이다. 둘째와 넷째 주에 신부님이 오신단다.

우리나라에는 '걷는 교회'가 있다. 대한성공회 송경영 신부는 우리나라 전체가, 전 세계가 교회라고 말한다. 매번 걸어가서 예배를 드리는 교회다.

길에서 예배를 드리지 못하지만, 기도하는 마음으로 서해랑길을 걷고자 한다.

청정전남으뜸마을 소죽마을

땅끝성당을 나와 고개 넘어 산으로 들어가는 기분이 든다. 뜻하지 않게 아담한 마을이 나타난다. 소죽마을이다. 청정전남으뜸마을에서 소죽마을이 우수마을이 되었다. 2022년도 일이다.

이는 전라남도의 강점인 청정자원을 관리 보존하기 위해 주민이 직접 참여하는 마을가꾸기 특화사업이다. 청정전남으뜸마을 사업을 통해 '마을이 아름다워지고 분위기가 밝아지는 등 공동체가 활성화되는 행복한 변화가 이뤄졌다'고 전라남도는 전한다. 주로 낡고 허름한 담장에 벽화 그리기, 쓰레기로 가득했던 공터에 정원 조성하기 등등 매우 다양하다. 마을유래를 찾아 작은 박물관을 만들고, 주민의 일상을 책으로 펴내는 등 주민자치를 몸소 실현하고 있다.

소죽마을은 집집마다 담장에 꽃들을 장식하여 아름다움을 발산한다. 아마도 아름다운 마을가꾸기로 한 것이 아닌가. 담장을 모두 하얗게 칠하고 꽃으로 장식된 골목길이 걸을 만했다. 세계 어느 골목에 뒤지지 않는 아름다운 골목길이라고 자부하고 싶다. 사장에 있는 300여 년 은행나무와 소나무의 정기가 서린 명당 터 주변을 공원화하고 길가에 홍가시나무를 심어 오고 가는 이를 즐겁게 한다.

소죽마을의 유래由来다. 마을 서쪽 바다에 2개의 섬이 있었다. 큰 대섬과 작은 대섬이다. 작은 대섬의 지명을 따서 소죽도小竹島라 부르게 된 것이 소죽마을이 되었다. 「신증동국여지승람」 제35권 영암군 편에 통일신라 말부

소죽마을 골목길

터 신정부곡深井部曲으로 불린 기록이 있어 천년의 역사가 깃든 유서 깊은 마을이다.

1300년경에 양천陽川 허許씨 잠潛이란 분이 처음 부락에 정착하여 살았다는 기록이 있다. 마을 뒷산 정상에 '중구할머니'를 모시는 당집이 있다. 해마다 중구날음력 9월 9일 중구할머니께 제사를 모시고 있다.

소죽마을은 한때 샘물과 미나리로 그 명성을 떨쳤다. 마을 중앙에 하나뿐인 샘물이 있는데 사시사철 마르지 않고 여름에는 시원하고 겨울에는 따뜻하여 물맛이 좋기로 온 동네 소문이 났다. 1960년도에 가구 수 98호인데 마을 주민들의 식수로 충분하였고 샘 아래에 빨래터가 있어 이른 새벽이면 마을 아낙들 간에 소식을 주고받는 소통과 만남의 장소였다. 샘 아래서 재배한 미나리로 생선회를 곁들이면 그 맛이 일품이라 명성이 자자했다. 2000년경 샘물의 양이 크게 줄어 샘 아래쪽에 물 저장탱크를 설치하였다.

빈집도 늘었지만 2022년 현재 58가구 96명의 주민들이 마을을 아끼고 가꾸며 화목하게 살아가고 있다. 소죽마을 화이팅!

인문학마을 송종마을

소죽마을에서 고개를 넘고 '마봉2저수지'를 지난다. 도솔암으로 가는 길이 나오고 마련버스정류장에서는 삼남길 표시가 보이고 곧이어 갈림길이 나온다. 송지 송호 임도를 따라가다가 보면 남파랑길과도 헤어진다.

마을에 이르고 집들의 벽에는 시詩가 여기저기 적혀 있다. 나태주 시인 못지않다. 멋진 시가 눈에 들어온다. 너무 감칠맛이 난다.

작고 낮게 피어도 예쁘다
여러 빛깔로 피니 보기 좋고

어우러져 피니 더 좋다
        「채송화」 전문 -마주한

어서 오세요.
아직
차가 식지 않았어요.
        「늦손님」 전문 -마주한

  담장마다 온통 '시'다. 송정마을회관에서 수수께끼 같은 시의 이야기가 풀렸다. 송종마을은 해남군 '지역문화활력촉진지원사업'으로 '송종리 인문학 마을'로 지정된 것이다. '해남, 마을에 문화를 피우다. 제20호 송종마을' 주민들 모두가 시인이 되었다.
  담장에 적힌 또 하나의 시 「졸업」을 읽는다. 졸업이 생을 끝내는 것으로 이해되는 멋진 시라고 생각하여 옮겨본다.

나의 무덤엔
새벽마다 안개가 덮이곤 하였다.
뒤늦게 선택한 무덤
한두 개쯤은 별을 갖고도 싶었지만
무덤을 비추던
내가 별이라고 여겼던 것들은
금세 스러져 버리곤 했다.

햇빛이 안개를 말릴 때까지
나는 곧잘 안개 속에서 서 있곤 하였다.

인문학마을 송종마을

무덤 밖 어둠을 둥둥 떠다니던 불빛이

신문배달원의 오토바이라는 것을 알 때까지

가슴엔 무엇이 떠다니는지 주목했지만

그것들은 조개처럼 입을 다물어

이내 속살을 숨기곤 했다. 안개에 숨어

슬그머니 지나가버린 계절들과

미성숙 몇 개를

여기에 내려놓고

나는 이제 무덤을 열고 출발하려 한다.

무덤 밖은 더욱 뿌연 안개로 덮인

더 큰 무덤일 뿐이라고

던져진 조간에는 씌어 있지만

내 속에 무엇이 떠다니는지

내가 알아내기 어렵겠지만

잘 있거라. 내려놓은 것들이여
어느 길에 해후하게 되더라도
악수하지 않을 예정이니
묵묵히 지나가주기 바란다.
「졸업」 전문 – 박병두

'인생은 후- 불면 사라지는 호롱불 같은 것'이라며 사라짐을 배워야 할 때라고 말하는 향봉 스님의 말을 되새기게 한다. 스님은 티베트에 머물던 시절 어미 잃은 새끼 염소를 키웠다. 티베트를 떠나던 날 염소에게 남긴 글이 눈길을 끈다.

'아가야! 마음이 몹시도 아프구나. 이 세상에는 그 어느 것도 영원한 것은 없는 법이란다. 우리처럼 이렇게 만나면 이내 헤어지는 아픔 속에서 나날이 철이 들고, 철이 들면서 서서히 사라져 가는 것이란다. 너와 나 그리고 우리 모두는…'

송호해변

송호길을 따라 가면 서쪽 바다를 끼고 황토를 테마로 한 캠핑장, 숙박시설, 다목적운동장을 갖춘 복합문화공간 '땅끝황토나라테마촌'이 나온다. 과거보다 개발되고 확장된 것이 금방 눈으로 읽힌다.

땅끝마을로 가기 전에 펼쳐져 있는 해남의 가장 대표적인 해변 '땅끝 송호해변'이다. 해변가로 노송이 무성하고 바닷가의 고운 모래와 맑고 잔잔한 바다의 물결이 마치 호수 같다고 하여 송호해변이라 했다. 마을 앞으로는 200년 된 소나무와 함께 송호리 해수욕장이 자리하며 그림 같은 풍광을 만들어내는 산과 바다가 어우러져 천혜의 자연경관을 간직한 어촌이다.

모래가 곱고 수심이 얕아 아이들이나 가족들이 놀기에 좋으며 수백 년 된 해송海松이 풍치림風致林을 이루고 있다고 홍보한다.

제방을 따라 약 2km에 이르는 송림 숲은 전라남도 기념물제142호로 1992년도에 나무군락지로 지정되었다(해남문화원). 해송은 흑송 또는 곰솔이라고도 하며 소나무과에 속한다. 소나무는 찬 빛으로 늘 푸르다 해서 '절개를 가진 나무'로 인식되어 왔다. 또한 푸른빛이 네 계절 변함이 없고 노쇠하거나 노추가 없어서 시인 묵객들의 사랑을 받아 왔다.

전라도를 비롯하여 전북, 경남, 경북, 충남 등 우리나라 남부 해안지방에 분포해 있으며 일본과 중국의 남부 해안지방에도 자생하고 있다. 목재는 펄프 재료로도 이용되고 있으나 해안지방에서도 방풍조풍방지용으로 조성되는 경우가 적지 않다. 해송은 조풍에 강한 양수로 해안지방의 사질토양에서 잘 자란다(해남군). 송호리의 해송림대는 송호리의 해안과 도로에 인접하여 길이 약 394m, 면적 약 16,474㎡에 걸쳐, 7.5m에서 38m의 너비로 자생하고 있다. 수량은 약 640여 그루로 해안방풍림海岸防風林의 기능을 한다. 이곳 해송의 수령은 약 200년 된 나무를 비롯하여 어린나무에 이르기까지 다양하게 분포해 있다. 나무흉고는 41㎝에서 120㎝에 이르는 나무가 가장 많으며 둘레 181㎝에서 220㎝에 이르는 노목이 전체의 약 4.3%를 차지하고 있다. 또한 다양한 나무흉고의 분포로 볼 때 인공적인 식재가 아니라 자연발생적으로 성장한 나무로 보고 있다. 수령이 다양하게 분포해 있는 이 해송림대는 해안방풍림으로서의 기능을 지니고 있는 방재림의 일종인데 그 기능적인 면에서나 교육적인 견지에서 중요할 뿐만 아니라 해안지방의 풍치를 유지하는데도 유익하다.

송호해변 오토캠핑장 앞에서 갈산마을로 이어지는 땅끝길 산책로가 땅끝탑까지 이어진다.

땅끝의 시 「애린」과 시인

땅끝에 서서/ 더는 갈 곳 없는
땅끝에 서서/ 돌아갈 수 없는 막바지
새 되어서 날거나/ 고기 되어서 숨거나
바람이거나 구름이거나/ 귀신이거나 간에
변하지 않고는/ 도리 없는 땅끝에
혼자 서서 부르는/ 불러
내 속에서 차츰/ 크게 열리어
저 바다만큼/ 저 하늘만큼 열리다
이내 작은 한 덩이/ 검은 돌에 빛나는
한 오리 햇빛/ 애린/ 나
「애린」 전문 -김지하

돌에 새겨진 김지하金芝河 시인이 쓴 「애린」 시가 이 길을 가는 모든 이들에게 땅끝의 의미를 되새겨준다. '땅끝'은 더 이상 도망칠 수 없는, 숨을 수조차 없는 마지막 상황을 말해준다. 막막하다는 말밖에 나오지 않는다. 그래서 가슴에서, 마음 한 구석에서 어찌할 바를 모르게 한다. 뭉클한 덩어리가 느껴지는 그런 시다.

김지하 시인이 전립선암 투병 끝에 2022년 5월 8일 원주시 자택에서 향년 81세로 별세했다. 말도 글도 남기지 못했지만 그 어느 때보다 평안한 미소로 생을 마감했다는 유족의 전언에 한층 더 뭉클하다.

「타는 목마름으로」 1975년에 발표된 그의 시는 노래로 만들어졌고 안치환이 불렸다. 이 시는 민주주의를 갈망하던 대학생과 지식인들에게 격한 감정을 불러일으켰다. 특히 민주주의를 '너'로 의인화시켜 표현한 점과 점층적인 운의 반복을 사용해 내재적 리듬을 형성함과 동시에 감정을 점층적으로 고조시킨 점도 특징이다. 노무현 전 대통령이 이 노래를 즐겨 부른 것으로도 유명하다.

신새벽 뒷골목에/ 네 이름을 쓴다. 민주주의여/ 내 머리는 너를 잊은 지 오래/ 내 발길은 너를 잊은 지 너무도 너무도 오래/ 오직 한 가닥 있어/ 타는 가슴 속 목마름의 기억이/ 네 이름을 남 몰래 쓴다. 민주주의여//

아직 동 트지 않은 뒷골목의 어딘가/ 발자국 소리 호르락 소리 문 두드리는 소리/ 외마디 길고 긴 누군가의 비명 소리/ 신음소리 통곡소리 탄식소리 그 속에서 내 가슴팍 속에/ 깊이깊이 새겨지는 네 이름 위에/ 네 이름의 외로운 눈부심 위에/ 살아오는 삶의 아픔/ 살아오는 저 푸르른 자유의 추억/ 되살아오는 끌려가던 벗들의 피 묻은 얼굴//

떨리는 손 떨리는 가슴/ 떨리는 치 떨리는 노여움으로 나무판자에/ 백묵으로 서툰 솜씨로 쓴다.// 숨죽여 흐느끼며/ 네 이름을 남 몰래 쓴다./ 타는 목마름으로/ 타는 목마름으로/ 민주주의여 만세//

1941년 2월 4일 목포에서 출생한 김지하 시인의 본명은 김영일이며 그의 필명은 지하地下에서 따왔다. 처음 쓴 필명은 성 없이 그냥 '지하'였는데, 주변인들이 이름 대신 불러대는 통에 성을 붙이고 한자까지 갈아버렸다고 한다. 서울대학교 미학과를 졸업했으며, 2008년부터 원광대학교 원불교학과 석좌교수로 있다가 2013년부터 동국대학교 대학원 석좌교수로 재임했다. 종교는 가톨릭이며, 세례명은 프란치스코^{Francesco}이다.

1970년 저항시 오적五賊을 발표하여 독재에 항거하다가 정권의 눈 밖에 나서 필화를 입었고, 반공법 위반으로 서울구치소에 수감되었다가 석방되었다. 1973년 4월 소설가 박경리의 딸 김영주와 결혼했다. 1974년 민청학련 사건에 연루되어 옥고를 겪었으며 최종적으로 사형까지 언도받았다가 1980년에 석방되었다 .

김지하 시인은 적극적으로 독재에 저항하는 행동하는 지식인의 모습을 보였으며, 김수환 추기경은 이러한 모습을 대단하게 여겼다. 그는 노벨평화상과 노벨문학상 수상자에 추천된 경력도 있다. 아시아 아프리카 작가회의 로터스 특별상^{1975년}, 부로노 크라이스키 인권상, 정지용 문학상, 만해문학상 등을 수상한 참여 시인이자 민중 시인이었다. 우리 문학사에 큰 족적을 남긴 시인의 「애린」 시가 땅끝의 의미를 되새기게 한다.

'세상의 끝'에서 슬픔을

땅끝이다. 바다가 끝도 없이 넘실된다. 육지가 끝나면 바다가 연결된다. 바다 너머에는 다시 땅일 것이다. 내가 서 있는 이곳이 나에게는 땅끝이면서 세상의 끝인 게다.

영화 〈해피투게더〉에서는 '우수아이아' 세상의 끝에서 슬픔을 묻어 두고 떠난다는 이야기가 나온다. 슬픔을 두고 떠난다고 슬픔이 없어지는 것인가? 슬픔은 그렇게 쉽고 단순하게 사라지는 것은 아니다. 땅끝, 세상의 끝인 양 이곳 땅끝에서도 슬픔이 몰려온다.

슬픔이 닥쳤을 때는 사방을 돌아봐도 막막할 뿐이다. 땅이라도 뚫고 들어가고 싶은 마음만 들어서 한 치도 살고 싶다는 생각이 나지 않는다. 다행히 나는 두 눈을 지니고 있어 조금이나마 글자를 알고 있으므로, 손에 한 권의 책을 든 채 마음을 달래고 있노라면 무너진 마음이 약간이라도 안정이 된다.

이덕무가 『이목구심서耳目口心書』에서 슬픔을 위로하는 방법이다. 한정주 작가는 슬픈 일을 당했을 때 사람들은 그것을 잊으려고만 한다고 지적했다. 그러나 슬픔이란 잊으려 하면 할수록 오히려 자기 내면 깊숙이 자리 잡는다는 사실을 알지 못한다. 슬픔을 위로하는 방법은 슬픔 속에서 찾아야 한다고 말한다. 슬픔이 닥쳤을 때 거짓 감정으로 자신을 속이지 말고 슬퍼할 수 있는 한 실컷 슬퍼하라는 말이다.

불교에서도 집착하지 않는 무주無住의 상태를 설명하면서 슬픔에 사로잡히지 않으려면 노력이 필요하다고 한다. 생이 있으므로 늙음과 죽음, 근심과 슬픔, 번뇌와 괴로움이 있기 때문이다. 어떤 불교인이 인간을 일컬어 비悲의 그릇이라고 한 것도 탁월한 견해라고 여겨진다. 사람은 기쁠 때보다 슬픔 속에서야말로 진정한 공감을 나눌 수 있는 존재인 까닭이다. 이 슬픔을 통하여 인간의 내부 깊은 곳으로부터 살아있는 모든 생명에게 번져가는 전인류적 사랑, 그것이 불교에서의 보편적 사랑, 즉 자비임에 틀림없다고 마스타니 후미오는 말하고 있다.

슬픔을 느껴보지 않은 사람은 거의 없을 것이다. 그래서 신형철 작가는 『슬픔을 공부하는 슬픔』에서 '우리가 특정한 순간에만 슬픈 것이 아니라 사실은 대체로 슬프기 때문이 아닌가. 인간은 본래 슬픈 짐승이고 우리는 모두 슬픔의 식민지가 아닌가'라고 말한다.

이순신 장군은 난중일기에서 '나는 오늘 슬펐다'라고만 기록하고 있다.

이를 김훈 작가는 통제된 슬픔이라고 하였다.

부처님은 '죽이지 말고, 죽이게 하지 말고, 이기는 일도 없고, 이기게 하는 일도 없고, 슬퍼하지 않고, 슬퍼하게 하지 않는' 세상이 될 수는 없는지 깊은 사색에 몰두했던 일도 있었다고 성기용 작가는 『불교의 2015』에서 지적했다. 이처럼 부처님도, 작가도, 장군도, 불교인도 우리 인간이 슬픔을 가지는 존재이기 때문에 슬플 수밖에 없는 것이다. '인간으로 태어난 슬픔'의 시(류시화)에서도 인간이기에 슬픈 존재인 것을 대변해주고 있다.

살아오는 동안 나도 슬펐던 적인 꽤나 많았다. 슬플 때마다 나는 혼자서 슬퍼했다. 나는 누구에게도 나의 슬픔을 보이지 않으려고 애썼다. 슬픔이 옮겨질까 봐 걱정이 되기도 했다. 아무도 나의 슬픔을 알지 못하게 비밀창고에 감추고 살아왔다. 옆에 같이 생활하는 가족에게조차 슬픔을 느끼게 하고 싶지 않았다. 슬펐다고 기록조차 하지 못했지만, 가끔은 그 슬픔을 꺼내보고 눈물짓기도 했다. 혼자서. 또 다른 슬픔이 다가오지 않길 바라면서.

슬퍼서 견딜 수 없을 때는 그런 감정을 믿을 만한 사람에게 털어놓고 도움을 청하는 것이 바람직하다고 한다. 하지만, 견딜 수 없을 정도는 아니었나 보다.

인간은 가장 중대한 문제나 사건에 부딪칠 때는 홀로 그 문제와 사건에 대결하게 마련이다. 그 문제의 해결은 자기만의 과제인 동시에 자신의 전부를 기울여 결단해야 하는 모험이기 때문이다. 그러는 동안 잊을 수 없는 자기만의 슬픔이 있는 것이다. 혼자 위로하고 삶을 이어가는 수밖에.

윤동주의 「참회록」이라는 시가 있다. '파란 녹이 낀 구리거울 속에 내 얼굴이 남아 있는 것은 어느 왕조의 유물이기에 이다지도 욕될까'라고 시작하는 시는 결국에 '슬픈 사람의 뒷모양이 거울 속에 나타나온다'고 자신을 표현한다. 그도 자신을 돌아보며 고통일 수도 있고 방황일 수도 있는 삶 속에서 슬픈 존재로 남겨진 듯싶다.

이처럼 슬픔은 수용하는 과정에서 힐링되는 것인지도 모른다. 충분한 애도가 힐링의 완성일 수 있다고 생각한다. 슬픔도 힘이 된다는 메시지를 전한 영화 〈인사이드 아웃〉을 보면서 위로가 된 적도 있다. 인간의 감정통제 센터에 있는 기쁨, 슬픔, 분노, 까칠(역겨움), 소심의 다섯 감정을 주인공 라일리가 반응하면서, 기쁨이 언제나 좋은 감정이라고 말할 수 없는 슬픔의 반전 스토리가 이어진다. 엑스트라로 숨어 있다가 등장하는 슬픔은 우리에게 중요한 감정으로, 기쁜 감정을 가질 수 있는 것이 바로 슬픔 감정 때문인 것을 너무나도 이해하기 쉽고 인상적으로 보여준다.

훌쩍 떠난 서해랑길에서 만난 땅끝 지점. 그곳에 서 있는 내가 신기하다. 삶이 이런 것이 아닐까. 어느 날 자신도 모르고 삶의 끝에 서 있듯이. 많은 것을 생각게 하는 '세상의 끝'이다.

끝으로 앤드루 솔로몬[1963-]의 말을 인용하면서 우리 인간이 슬플 수밖에 없는 궁금증을 풀어본다.

> 삶은 슬픔을 내포한다.
> 우리는 결국 죽게 될 것이고 각자 육체의 고독 속에 갇혀 있으며, 시간은 흘러가 버린다.
> 폭발할 것 같은 슬픔도 삶의 일부다.

지나간 날들은 똑같이 되풀이되지 않는다. 내세는 완전히 다를 것이라는 약속을 믿는 사람들도 현세에서 고통 받는 걸 피할 수는 없다.

2코스 해남군

송지면사무소- 미학마을- 땅끝염전- 두모마을회관- 관동방조제- 영터버스정류장 / 17.9km

길 따라 마을을 걷고 들판으로 나가고

송지면사무소 옆길로 마을을 돌아나간다. 미학마을이다. 곧이어 땅끝 해안도로를 따라가다가 들길로 이어진다. 논두렁 밭두렁하면서 걷는데 다시 마을이다. 그리고 방조제를 따라 걷는다. 방조제 옆으로 난 갈대숲이 포토존이 된다. 또 다시 들길이다. 마을로 이어진다. 그냥 길을 따라 마냥 걸었다.

1km, 2km, 4km가 5km가 되고, 그 다음엔 10km가 된다. 걸을 수 있다는 것이 마냥 즐겁다. 그곳의 길을 걷는다는 것이 무엇보다도 호기심을 자극한다. 길에게 묻는다. 이 길은 누가 걸었는지, 어떤 삶이 있었는지, 궁금증을 유발하며 걷는다.

걷기와 관련한 인류의 가장 오래된 이야기는 아마도 『구약성서』 창세기에 등장하는 애녹Henoch의 이야기가 아닐까 싶다. 969년을 살았다는 성경 속 최장수 인물 므드셀라의 아버지요, 방주를 만든 노아의 증조할아버지가 에녹이다. 365년을 살았는데 300년을 하느님과 함께 걸었다고 구약에 적혀 있다. 에녹에겐 걷기가 신앙이었다.

오래 걷는다는 것은 어쩌면 신앙의 영역일 수도 있겠다는 생각이 든다. 혼자 걸을 땐 끊임없이 자신에게 말을 걸고 기도하듯 속으로 말을 하게 된다.

옛 시대의 사람들도 걷기를 즐겼다. 만성적인 두통과 구토로 고통스러워하면서도 알프스의 질스마리아를 걷고 또 걸으며 『차라투스트라는 이렇게 말했다』와 '영원 회귀'의 착상을 떠올린 니체가 있다. 플아스 샤를빌과 파리, 마르세유와 아프리카 사막 등지를 쉴 새 없이 오가며 '바람구두를 신은 인간'으로 불렸던 시인 랭보, 걸어야만 진정으로 생각하고 구상할 수 있다고 믿었던 루소, 건강을 유지하고 자신을 제어하는 훈련을 위해 일상적으로 산책에 나섰던 칸트, 우울과 광기어린 걷기를 통해 비범한 작품을 창조해낸 시인 네르발과 휠덜린 등 사상사와 문학사에 이름을 남긴 인물들의 삶에는 걷기가 중대한 영향을 미쳤다는 사실이 『새벽 1시 45분, 나의 그림 산책』에 나온다.

물론 신체운동이 글을 쓰는데 도움을 준다는 것은 익히 알려진 사실이다. 영국의 낭만파 시인 새뮤얼 테일러 콜리지와 윌리엄 워즈워드William Wordsworth 1770-1850는 걷기 마니아였다. 그들은 주로 도보여행을 통해 시의 모티브를 얻었는데,「런던에서 1802년 9월」작품에서는 소박한 생활, 고상한 생각에 관한 갈망을 소네트 형식을 빌려 드러냈다. 독일과 프랑스를 비롯한 유럽 여러 나라, 알프스산맥, 그리고 영국의 여러 지역을 도보로 여행하며 자연에서 위로와 영감을 얻었다.

최연소로 노벨문학상을 받은 러디어드 키플링은 오후에 주변 시골을 거닐며 영감을 얻었다고 한다. 산책을 운동으로 여기기보다는 '하루의 진취적인 모험'이라고 부르길 좋아한 헨리 데이비드 소로, 『월든』에서 그가 걷기에 관해 쓴 한 구절을 읽어보자.

나는 보통은 그 이상이 되어야겠지만, 적어도 하루에 4시간 정도는 세속의 온갖 잡다한 일에서 완전히 벗어나 숲을 거닐고, 언덕에도 오르고, 들녘도 돌아다녀야 건강을 챙기고 정신도 맑고 올바르게 유지할 수 있다고 생각합니다. … 수리공이나 가게 주인들이, 두 다리를 세우거나 걷는데 사용하는 것이 아니라 앉아 있도록 만들어진 것인 양

오전은 물론 오후 내내 다리를 꼬고 앉아 가게를 지키고 있다는 사실을 떠올릴 때면 나는 이런 생각을 하곤 합니다. 그 사람들이 오래전에 스스로 목숨을 끊지 않은 것만으로도 대단하고 경탄할 만하다고 말입니다.

초월한 자에게서 느껴지는 영성靈性 같은 것이 소로의 글에서 느껴진다. 그는 삶의 본질을 응시하며 궁극적으로 자기 초월을 지향했다. 더불어 높고 선한 것을 지향했으며 노자의 무위자연無爲自然 사상에 심취해 살았다. 소로를 흔히 '서양의 노자'로 부르는 이유가 여기에 있다.

필립로스는 한 페이지를 쓸 때마다 약 800m씩 걸었다고 한다. 『작가의 방』을 쓴 알렉스 존슨은 작가들의 공간과 그들의 루틴 생활에 대해 쓰면서 운동과 글쓰기의 관계가 깊다고 하였다.

『불편한 편의점1, 2』로 밀리언셀러 작가의 반열에 오른 김호연 작가도 『김호연의 작업실』에서 '사적인 소설작업 일지'라는 부제가 말해주듯, 소설 쓰기에 앞서 갖춰야 할 환경의 4요소 중에 '글감을 떠올리게 하는 산책'을 들었다.

하여튼 끝도 없을 것 같았던 길이 끝나고 만다. 걷는 동안 나에게는 성찰의 시간이 된 것이다. 걷기가 끝난 뒤 피곤한 몸을 끌고 집으로 갈 때에, 위대한 사상이 적힌 책을 모조리 읽어치우고 도서관을 나올 때의 소박한 자부심과, 여행이 끝나고 인파가 밀리는 도시의 도로를 지나면서, '나는 이 많은 사람들과는 다른 사람이다'라고 느끼듯이 자기가 새 사람이 된 것 같은 기분을 느끼곤 한다.

'희망이란 마치 땅 위의 길과 같은 것이다. 본래 땅 위에는 길이 없었다. 걸어가는 사람이 많아지면 그것이 길이 되는 것이다.' 중국 작가 루쉰이 쓴 소설의 한 구절이다. 나도 한 사람으로 길을 걷는다. 가지가지 생각을 하면서.

땅끝염전에서

얼마를 걸었을까? 염전이 보인다. '땅끝염전' 간판이 크고 반듯하다. 염전은 조용했다. 인기척이나 어떤 움직임도 전혀 느껴지지 않는다. 조용하다 못해 텅 비워진 모습이 폐허나 다름없다. 하긴 겨울이라 휴업상태인 건 맞다. 갯벌 속의 다양한 유기화합물과 천연 미네랄이 소금에 그대로 스며들어 있다는데, 갯벌이 엉망이다. 쓰레기가 치워지지 않은 채다. 대신에 태양광 발전기가 염전지대를 차지하고 있다.

해남 '땅끝햇살소금' 전국 최우수 천일염 선정이란 2018년 7월 4일자 보도 자료였다.

해남 땅끝염전의 '땅끝햇살소금'이 국립수산물품질관리원 주최로 열린 2018 천일염 품평회에서 전국 최우수 소금으로 선정됐다. 이번 품평회는 천일염 산업 육성과 명품 브랜드화를 위해 전국 6개 지역에서 5월에 생산된 천일염을 무작위로 선정했으며, 품질관리원 소금검사관과 각계 전문가들이 평가위원으로 참여했다. 평가 기준은 맛과 모양, 수분함량, 색깔, 이물질 포함 여부 등이다. 땅끝염전의 소금은 모든 항목에서 좋은 평가를 얻어 올해 최고의 소금으로 선정됐다.

땅끝햇살소금은 해남 땅끝마을에 위치한 땅끝염전에서 생산되는 소금 브랜드로 34년째 천일염이 생산되고 있다. 상품 특허까지 받은 해남의 대표적인 천일염이다. 낮은 염도에 깊은 여운을 남기는 맛이 일품으로 명품 김치와 간장, 된장을 만드는 기본 재료로 고정 소비층도 두터운 것으로 알려져 있다.

해남에는 12개소 41ha에서 연간 2,840톤의 소금을 생산하고 있다. 해남 지역은 대규모 공장시설이 없고, 뚜렷한 건·우기, 전국 최대 일조량 등으로

천일염 생산의 최적지로 꼽히고 있다. 특히 깨끗하고 적당한 염도의 바닷물로 만든 소금은 나트륨 함량이 낮고 천연 미네랄이 풍부해 세계적인 명품으로 인기를 끌고 있다.

전남 천일염은 유네스코 세계문화유산인 전남 청정갯벌과 맑은 공기, 풍부한 일조량 등 천혜의 자연환경에서 생산된다. 맛과 영양이 다른 곳과 비교할 수 없다. 염화나트륨 함유량이 83%로 게랑드소금에 비해 무려 10%

땅끝염전

이상 낮다. 몸에 이로운 황산이온과 칼륨, 마그네슘과 같은 미네랄 성분도 3배 이상 많다. 전라남도는 천일염의 우수성을 널리 알리고 육성하는데 많은 노력을 기울이고 있다.

　송지면사무소로 가는 도로가에 '땅끝염전' 소금가게가 보인다. 가게 밖에 천일염 자루가 높이 쌓여 있다. 어디에서 만든 소금이 팔리고 있는지 궁금할 뿐이다. 우리는 어떤 소금을 사서 먹고 있는지 생각해 보아야 할 때다.

두모마을 정려

작은 어선이 드나드는 소박한 남도 어촌마을, 두모마을이다. 골목 안으로 들어간다. 마을 가운데 정려가 단아하게 모셔져 있다.

현산면 효열부 나주 임씨 정려旌閭다. 정려는 열녀를 그 동네에 정문旌門을 세워 표창하는 문이다. 즉 효와 열을 겸비한 나주 임씨의 덕성을 기리기 위해 어사 성수묵의 특명으로 고종 3년1866년 중건된 건물이다.

고종 32년1895년에 편찬된 『해남 삼강록三綱錄』「효행열행편」에 효열부 나주 임씨에 대한 기록이 있다. 그리고 집안에서 펴낸 『효열 임씨 여각실기』에는 고종 3년에 중건된 것으로 기록되어 있다. 그러나 이후 여러 차례 중수를 거쳐 현재까지 잘 보존되어 오고 있다. 해남군 유적건조물로 지정되었다.

나주 임씨는 어떤 삶을 살았는가, 궁금하다.

그녀는 15세에 시집왔으나 남편 김철산이 일찍 병사하자 맹인 시아버지를 정성껏 봉양하였다. 친정에서 부모가 위급하다고 하여 가 보았으나 개가改嫁시키려고 거짓연락을 한 것이었다. 이를 알고 그녀는 맹인 시아버지를 봉양하려 다시 돌아가려 하였다. 이에 친정에서는 청년들을 동원하여 강제로 잡아가려 하자 바다에 투신하려 했다. 이때 개가 나타나 임씨 부인을 업고 바다를 건네주어 시가에 도착하였다. 그 후 임씨는 맹인 시아버지를 극진히 모시고 평생 정절을 지키며 살다가 죽었다.

진도군 고군면 원포가 친정인 김철산의 처 나주 임씨의 정절과 효성을 기리고자 성수묵이 장계를

현산면 효열부 나주 임씨 정려, 효열문

올려 정려를 세우도록 하고 삼강록에 올린 것이다. 삼강록은 조선 정조 1년1777에서 7년1783까지 매년마다 충, 효, 열의 삼강을 지킨 사람에게 예조에서 증직, 급복 혹은 상전을 내린 일들을 기록한 책이다(해남군). 해남군의 정려는 나주 임씨 정려 한 곳뿐이다.

관동방조제

멀리서 보더라도 양쪽 산 사이로 바다가 조금 보인다. 하지만 좌회전해서 올라가본 '관동방조제'는 넓은 바다가 넘실대는 큰 포구다. 떠 있는 배가 한 두 척이 아니다. 이십여 척이나 된다. 그 배들도 멀리 떠 있다.

관동방조제는 전라남도 해남군 화산면 관동리와 평호리를 잇는 방조제다(https://terms.naver.com/). 방조제 길이가 약 780m로 짧지 않은 둑이다. 관동방조제의 또 다른 이름, '화산면방조제'라고도 부른다. 화산면에 속해 있기 때문이다.

국가관리 방조제의 경우 해남군에는 화원, 우근, 백포, 관동, 신월 등 모두 5곳이다. 그러므로 해남군 2코스에서는 우근마을의 우근배수문을 지나고 미학배수장, 가차배수문, 백포마을로 이어지는 백포방조제, 신정배수지를 지나서 관동방조제에 이른다. 이처럼 서해랑길 2코스에는 배수지가 많다. 모두가 자연재해 예방과 영농생활의 편의를 도모하기 위한 것이다. 방조제가 만들어놓은 들녘이 반듯하게 펼쳐져 있다. 풍성해 보인다.

송지면사무소로 되돌아오는 중 택시기사가 말했다. 관동방조제에서 부르는 택시는 "서해랑길을 걷는 분들밖에 없어요"라고.

3코스 해남군
영터버스정류장- 명성임도- 고천암 자연생태공원- 산소버스정류장 / **14.9km**

관두산 명성임도로, 대월산 가좌임도로

관동방조제에서 곧바로 명성임도로 들어선다. 명성임도는 관동마을에서 명성마을 간의 관두산^{177m}을 돌아나가는 산길이다. 3.17km의 임도를 걷는 내내 바다가 보인다. 바다가 관두산을 둘러싸고 있기 때문이다. 100m마다 세워진 지침목 32개가 친구가 되어준다.

해남 땅끝자전거길 4코스, 바다백리길에 속한다. 해안길이 백리나 되니 해변에서 볼 수 있는 온갖 풍경이 다 들어있다. 바다가 보이는 해안임도가 있는가 하면 장대한 방조제와 작은 포구를 지난다.

용이 살고 있어 불을 내뿜는다는 전설이 전해지는 관두산^{館頭山}이다. 해남군 화산면 해안가에 있으며, 조선시대에 봉수대가 있었다. 『여지도서^{輿地圖書}』에 '봉수가 있다. 두륜산에서 뻗어 나온다.'라고 기록되어 있다. 관두산의 봉수는 서쪽으로는 진도의 여귀산^{女貴山} 봉수로 신호를 보내고, 남쪽으로는 영암의 마산^{馬山}봉수의 신호를 받았다고 기록되어 있다. 세종 때에 지름 8m의 원형 석축으로 지었을 것으로 추정된다. 2015년 6월 29일 해남군의 향토유적^{제29호}으로 지정되었다(향토문화전자대전).

관두산 아래의 좁은 해협이 관두량^{館頭梁}이었다. 관두량은 고려시대 중국을 왕래하던 포구였으며, 조선시대에는 제주도를 오가는 관문이었다. 그래서 이 지역을 관두리라 하였으며, 별칭으로 관동리, 관머리로 불렀다. 관두량에서 관두산 이름이 유래된 것이다.

관두산에는 풍혈風穴과 샘이 있다. 풍혈은 산림 내 분포하는 애추, 암괴원, 암괴류 등 사면에서, 여름철에는 찬 공기가 나오고 겨울에는 따뜻한 바람이 나오는 구멍이나 바위틈, 바람구멍 또는 바람굴을 말한다. 국지적인 특이 기후환경을 형성한다. 현재 우리나라에는 경상남도 밀양시 산내면 남명리 '밀양 얼음골'을 비롯하여 총 25개소의 풍혈이 존재한다.

해남 관두산 풍혈 및 샘은 2015년 산림청에서 '산림문화자산'으로 지정하였다. 1872년에 편찬된 『호남읍지』에 따르면 '관두산 아래는 제주를 왕래하는 배가 머물고 정상에 봉수가 있으며, 그 아래로 굴이 있는데 찬바람이 일어 낙엽이 펄펄 날리며, 그 깊이와 끝을 알 수 없다'라는 기록이 있다. 1925년의 『해남군지』에는 '석굴에서 바람이 나오기 때문에 풍혈이라 말한다'라는 기록이 있다.

관두산 풍혈은 화구 중심에 발달한 전단 파쇄대破碎帶에 있으며 지하 온천과 관련이 있는 것으로 보고되었다. 관두산은 중생대 백악기층 지질로 지체구조는 영동-광주 함몰대에 속하며 반상복운모 화강암으로 구성되었다. '용굴동'이라고도 불리던 관두산 풍혈은 숲이 우거지고 엄나무가 많아 사람들의 접근이 어려웠다가 관두량과 관두산 봉수대 복원을 위하여 등산로를 내면서 발견되었다.

관두산 풍혈이 관두산 정상에서 해안 쪽으로 500m 정도 떨어진 작은 봉우리에 있다. 화산 분화구 모양의 봉우리 둘레 암벽 사이로 1m정도 들어가면 높이 60cm, 왼쪽은 2m, 오른쪽은 길이를 알 수 없는 굴이 나온다. 주민에 따르면 한겨울에도 눈이 쌓이지 않고, 용굴을 중심으로 사방의 바위틈과 굴에서 김이 솟아오른다고 한다.

용굴을 중심으로 11곳의 크고 작은 풍혈이 있는데, 겨울철에도 17~20℃ 온도를 유지하며, 풍혈 주위에 고사리와 이끼류가 자라는 특징이 있다. 관두산 풍혈에서 겨울에 더운 바람이 나오는 것은 지하로 유입된 물이 지하의 열원에 의해 데워져 수증기가 되고, 이 수증기가 관두산을 이루는 암석의 틈새를 통해 더운 바람이 올라오는 현상이다.

명성마을로 내려오면 다시 명성마을에서 가좌마을을 연결해주는 약 2km의 임도가 길을 안내한다. 대월산 산길이다. 대월산130m도 바다가 둘러싸고 있기 때문에 바다를 보면서 걷게 된다. 바다가 보이는 산길은 어디서나 드물고도 귀하다.

고천암호와 자연생태공원

서해랑길은 고천암방조제로 올라간다. 그리고 방조제 둑길을 따라 쭉-간다. 방조제 끝이 보이고 바다를 가로 막은 방조제가 지역을 둘로 나눈다. 한쪽은 드넓은 바다요, 다른 한편은 드넓은 바다만큼의 들녘이고 고천암호가 작은 바다로 우리를 위로한다.

고천암호는 철새도래지로 유명하다. 간척지의 기온이 따뜻하고 새로 조성된 호수가 철새들에게 새로운 서식처가 되기 때문이다. 주변의 넓은 농토와 바다 갯벌이 오염되지 않아 먹이가 풍부한 것도 이유의 하나다. 중국-일본 간, 시베리아, 알레스카-호주, 뉴질랜드 간 이동통로의 중간 기착지로 중요한 터전이다.

먼 길을 날아가는 새들의 긴 여행길에 우리나라 서해안의 섬들은 중요한 먹이 터와 휴식처가 된다. 국제적으로 멸종위기에 처한 많은 새들이 우리나라에서 겨울을 보내고 번식처와 휴식처로 이용한다. 오스트레일리아와 뉴질랜드에서 겨울을 보내고 시베리아 번식지로 이동하는 도요새류와 물떼새류는 우리나라 서해안 갯벌에서 봄과 가을에 먹이를 먹으며 휴식을 취한 뒤 먼 거리를 날아간다(국립호남권생물자원관). 특히 가창오리나 쇠기러기 같은 오리류나 기러기류 등은 우리나라로 날아와 겨울을 보내고 번식할 때가 되면 시베리아로 날아간다.

고천암호의 경우는 12월 중순부터 2월 말까지 겨울 철새인 가창오리떼가 몰려든다. 그러면 울창한 갈대숲에서 비상하는 새들의 모습을 감상할 수 있다. 중요한 것은 시간을 잘 맞추어야 한다는 것이다. 가창오리들이 아무 때나 함부로 군무를 보여주지 않는다. 하루에 2번만 무리지어 비상한다. 해뜨기 전과 해질 무렵이다.

부탄을 여행한 적 있었다. 그때 국가에서 관리, 보호하는 '자연보호지역'으로 알려진 포브지카 계곡Phobjikha Valley을 방문하였다. 넓은 계곡은 겨울에는 지역주민들이 남쪽으로 이주해 살다가 봄이 오면 돌아올 정도로 몹시 추운 지역이다. 대신에 '검은목두루미'가 11월에 와서 2월까지 마음 놓고 머물다 간다고 한다. 사람들이 없기 때문이다.

그곳엔 철새들을 연구하는 '방문자센터Visiter Center'가 있었는데, 그곳에서 철새들에 대해 많은 것을 배웠다. 겨울이 되면 방문자센터 직원은 가장 바쁜 시즌이 된다. 숨어서 검은목두루미들의 활동을 살펴야 하기 때문이다.

이곳의 습지와 논밭은 '검은목두루미'에게는 무엇과도 바꿀 수 없는 천혜의 아지트와 다름없다. 낮에는 주로 식물의 뿌리, 감자, 밀, 벌레, 생선과 곡식낱알을 먹으며, 밤에는 나케츄Nake Chhu 강가의 작은 연못을 휴식처로 활용하였다. 이는 육식동물의 공격을 최소화하기 위한 것이다. 2월말경이 되면 사회화가 시작되어 구애하는 춤을 추기 시작하면 이곳을 떠난다.

이곳 주민들은 검은목두루미가 오가는 일정을 이동달력으로 불교달력과 정확하게 일치하는 것을 알았다. 그래서 매년 11월 11일 '검은목두루미 축제'를 포브지카 계곡에서 열고 있다. 그들에게는 매우 의미 있는 축제다. 1998년부터 시작된 축제는 검은목두루미와 지역주민의 문화와 전통을 알리는데 기여한다. 축제는 검은목두루미에 얽힌 전설과 전통 춤, 전통노래까지 즐길 수 있다. 학춤은 다양한 행위가 포함된다. 요즈음 트렌드의 하나인 생태여행이 이곳에서도 붐을 이루고 있다.

서해랑길은 갈대밭을 지나지 않지만, 고천암 갈대밭은 고천암호를 따라 14km 정도의 둘레를 따라 갈대들이 광활하게 서식하고 있다. 해남읍 부호리에서 화산면 연곡리까지 3km의 갈대밭은 50만 평으로 국내 최대의 갈대군락지로 알려져 있다. 고천암 갈대밭에는 먹황새, 독수리 등 희귀조류는 물론 전 세계 98%의 가창오리가 겨울을 나기 위해 찾는 곳이다. 그러나 해마다 고천암호를 찾는 철새들이 줄고 있는 실정이란다. 우리도 철새에 대한 연구는 물론 많은 관심이 필요한 시점이겠다.

고천암호는 영화 〈서편제〉와 〈살인의 추억〉을 촬영한 곳이기도 하다. 〈서편제〉는 남도의 아름다운 사계를 배경으로 소리꾼 일가의 서글픈 삶의 내력과 득음(得音)에 대한 집념을 그린 영화이다. 갈대가 흐드러지게 펼쳐진 환상의 갈대밭 고천암 간척지에서 해안을 따라 바람 부는 갈대 숲길을 걸어가는 세 사람, 김명곤, 오정해, 김규철의 유랑 장면이 연출되었다.

〈살인의 추억〉은 우리가 알고 있는 화성 연쇄 살인사건을 바탕으로 한 영화다. 어떤 장면이었는지 기억이 나지 않아 전남도립도서관 디지털자료실에서 영화를 다시 보았다. 오픈 장면에 갈대밭이 보인다. 그리고 너른 갈대밭에서 경찰들이 성인의 키를 훌쩍 덮은 갈대를 헤치며 무엇인가를 찾고 있는 장면이었다. 그곳이 황산면 고천암호 갈대밭이다. 직접 보면 더 실감이 난다.

한국농어촌공사 건물 뒤로 나가 들녘을 따라가다 보면 한산리방조제를 지난다. 그리고 오늘의 종착지 산소마을로 들어선다.

서해랑길 3코스, 모든 이들이 걷길 희망해 본다. 관두산과 대월산의 임도 따라 바다를 보며 트레킹하고 고천암호 자연생태공원을 만끽할 수 있기 때문이다. 거리도 길지 않은 편이다. 하여튼 걷는 내내 신선한 공기가 몸에 가득해지고 눈이 시원해진다. 한마디로 3코스 강추다.

4코스 해남군

산소버스정류장- 초월리- 원문버스정류장 / 14.5km

슬픈 역사가 있는 옥매산의 광산

옥매산玉埋山 표지판 앞이다. 일제강점기 옥玉을 채굴하던 광산으로 강제 노역의 아픈 역사가 남아 있는 산이다. 옥매산은 지질학적으로 진도의 해양판과 화원반도의 등줄 맥이 갈라지는 분기점에 해당한다.

옥매산은 조선시대에 옥을 생산하고, 전라우수영의 관아나 군함을 만드는데 필요한 목재를 공급하는 국가 봉산封山이었다.

내 고향 해남 황산면에는 옥매산이라는 산이 있다. 이름 그대로 옥이 묻혀 있는 산이다. 아니 묻혀있다기보다는 산 전체가 옥돌 덩어리다. 지표에 쌓인 흙만 걷어내면 바로 옥돌이 모습을 드러낸다. 인근마을 이름은 옥동玉洞. 지금도 옥돌공예사가 길가에 줄지어 있는 곳이다. 여기뿐 아니라 이 일대 마을 이름은 모두 옥자 돌림이어서 돌과 더불어 살아온 세월을 말해준다.

이훈동1917-2010 회장의 회고록 『나의 아침은 늘 새로웠다』에 나온 옥매산의 옥산지 이야기가 그대로 담겨 있다.

일제강점기였던 1910년부터 장식용 석재가 채취되었고, 1924년부터는 명반석을 집중적으로 채굴하기 시작하였다. 명반석은 알루미늄의 원료로 태평양전쟁 당시 전투기 등 군수품 제작에 이용되었다. 당시 정확한 생산량은 알려지지 않았지만 1936년까지 기록된 자료에 따르면 한해 10만 톤이 넘는 명반석이 채굴되어 일본으로 넘어간 것으로 추정된다. 일제강점기에는 일제가 군용비행기 제작에 필요한 알루미늄의 원료를 채석하기 위하여 대규모 광산으로 개발하자 실제로 옥매광산 인근 마을 주민들로 구성된 근로자가 1,200명에 달했다고 한다. 극심한 강제노동이었다. 옥매산 등산로 곳곳에는 옥매광산 광부들의 넋을 위로하기 위해 쌓은 어른 키 높이의 돌탑이 쌓여 있다.

실제로 옥매산 정상은 해발 173.9m이였지만, 채굴이 진행되면서 깎여나갔다. 지금은 168m의 다른 봉우리가 정상이다. 옥연리 마을에서 정상까지 왕복 2시간이 소요된다. 아는 사람들은 옥의 기운을 느끼고자 일부러 등산하러 온다.

또한 명량대첩의 승전지로 잘 알려진 울돌목의 입구에 있어 왜적의 동태를 감시하고, 강강술래를 하였다는 설화가 전해지는 산이기도 하다.

이훈동 공적비 앞에서

고향을 사랑하는 고마움을 지니시고
내일을 위하는 큰 뜻을 품으시어
교육발전에 금자탑을 세우시니
선생의 높으신 공 영원토록 빛나리.

성옥聲玉 이훈동 선생 공적비에 적힌 글이다. 황산면 서국민학교를 설립한 공적이다. 폐교된 지 오래되었지만 회사가 일부 활용하고 있다. 그렇지만 이순신 장군의 동상과 더불어 초등학교의 분위기는 아직도 남아 어릴 적 동심을 이끌어내기에 충분했다.

이훈동 선생은 해남군 황산면 외입리 출신으로 마을 서당에서 14세까지 한문을 익혔으나 일본 제국주의의 교육에 강한 거부감을 갖고 있던 완고한 부친 때문에 더 이상 진학하지 못하였다.

그리고 16세에 일본전기공업주식회사에서 운영하던 성산지역의 쇼와昭和광업소에 견습사원으로 특채되어 일하기 시작했고, 19세에 목포 미스모토광업소 지배인으로 임용되었다. 30세에 귀속 광산인 성산광산의 운영권을 취득, 이어 완도광산도 인수해 내화물사업의 토대를 마련하였다.

독일을 여행할 때 만난 가스케 박사에 의해 내화물에 눈을 뜨고 확실한 진로를 구상하게 된다(이훈동). 그의 회고록 『나의 아침은 늘 새로웠다』에 기업인생 60년이 자세히 기록되어 있다. 조선내화주식회사를 비롯하여 완도광산, 성산광산 등 4개 광산과 주식회사 성옥산업, 대주기공, 대한세라믹스, 한국분체, 대한소결금속, 삼한, 전남일보 등등 무수히 많다. 그리고 성옥문화재단을 설립하고 장학 사업을 지속하고 있다.

내가 기업가가 되지 않았다면, 아마 소리꾼이 되었을 것이다. 나는 어려서부터 노래에 소질을 보였고, 역동적인 나의 성품도 소리와 궁합이 맞는 것 같다. 내가 소리를 좋아하는 또 다른 이유가 있다면, 그건 소리에 우리의 삶의 애환이 그대로 담겨 있다는 것이다. 판소리를 들으면 편편마다 뼈저린 아픔의 세월이 있는가 하면 덩덩실 춤이 절로 나오는 성공의 순간이 있다. 기업 활동도 마찬가지다. 고난과 시련의 세월이 이어진 후에야 수확의 계절을 맞는다.

회고록에 적힌 글이다. 그의 진솔한 마음이 담겨 있다. 그는 선택과 집중에 올인한 것으로 보인다. 시대에 맞는 선택을 하고 피나는 노력으로 집중함으로써 자신의 길을 개척한 것이다. 예나 지금이나 어떤 직업에서 성공하기 위해서는 그 직업에서 필요로 하는 성격과 기질을 갖고 있을수록 유리하다. 그의 일생 연혁을 보면서 성격과 그의 선택에 따른 적합성이 작용한 것으로 보인다. '행운은 또 다른 행운을 부르는 법'이라는 말을 입증이나 하듯 막힘없이 헤쳐 나간 것이 엿보인다.

『다빈치 인생수업』에는 이런 말이 있다. 출생은 거대한 제비뽑기와 같다. 부모와 나라, 장소와 시간을 선택해서 태어나지 못하기 때문이다. 신분과 외모 등을 선택받은 듯한 사람들을 부러워하는 이유다. 하지만 타인을 부러워하며 내 삶을 살 수는 없으니, 내가 갖지 못한 것을 슬퍼해봐야 소용없다. 여기서 선택의 문제와 직면한다. 내가 가진 것을 극대화시킬 것인가, 갖지 못한 것을 갖기 위해 노력할 것인가? 단점은 있겠지만 인생에서는 빼어난 장점 하나가 단점들을 상쇄시키기 마련이다. 단점은 줄여봐야 보통이 되겠지만, 장점을 키우면 압도적인 매력이 되기 때문이다.

그도 많은 약점과 단점을 갖고 있었지만, 그런 자신을 탓하거나 체념하며 살지 않았다. 부족한 면을 극복하기 위해 매일 노력했고, 원하는 일을 평생 지속했기에 마침내 남들은 가지지 못한 지점까지 나아갈 수 있었던 것이다. 일상이 쌓여 일생이 된다. 매일의 사소한 일을 꾸준히 하는 자가 일생의 업적을 만들어낸다.

사람마다 장점은 다양하다. 요즈음에는 장점을 기부하는 다양한 삶이 아주 많다. 즉 나의 재능을 남에게 기부하는 삶 말이다. 아주 작은 일에도 만족하면 살아가는 사람들도 있다. 최근 적십자 활동과 추억을 담은 홍소자 자서전 『따스한 마음 아름다운 동행』을 받았다. 본인이 믿는 종교보다 인류를 위한 적십자정신에 더 매료되었다는 사람, 험한 일을 하며 평생 어렵게 모은 전 재산을 적십자에 기증하고 세상을 떠난 사람, 밤낮을 가리지 않고 재해 현장에서 봉사하는 사람, 다른 재주가 없으니 몸 안에 있는 혈액이라도 나누어 주겠다고 수백 번 헌혈하는 사람 등등의 이야기를 읽으면서 또 다른 삶을 헤아려본다.

이훈동 회장의 집은 목포근대문화의 거리, 유달산 밑에 위치한다. 지금은 성옥기념관박물관으로 운영되고 있는데 목포의 서해랑길에서 쉽게 만날 수 있다. 구舊일본영사관으로 가기 전에 왼편으로 50m만 가면 된다. 꼭 들리길.

성옥기념관은 성옥聲玉 이훈동 선생의 88세 미수米壽를 기리기 위하여 2003년 선생의 자녀들이 건립한 문화공간이다. 성옥기념관에는 성옥 선생님이 미술품 사랑으로 수집한 근·현대 작품과 자녀분들의 소장품에 이르기까지 그 범위와 종류가 매우 다양한 고미술작품과 도자기 등이 전시되어 있다. 전남문화재 자료제165호인 이훈동정원도 거닐어보길.

이훈동정원은 1930년대 일본인이 만든 일본식 정원이었다. 해방 후 해남 출신의 국회의원 박기배 씨가 소유하였던 것을 1950년대에 이훈동 씨가 사서 소유하였다. 50여 년이 지나는 동안 원형이 바뀌기는 했으나 일본식 정원의 특징을 전하는데 부족함이 없다. 개인정원으로는 호남지방에서 가장 큰 규모로 입구정원, 안뜰정원, 임천정원, 후원으로 이루어져 있다. 이곳 정원에는 나무의 종류도 많다.

별관은 미술관으로 활용되고 있는데 2주마다 새로운 전시회가 진행된다. 미술전시관에는 그의 자서전도 전시되어 있다.

"구할 수 없냐?"고 질문하자, 직원이 탕비실로 들어가기에 차를 내오는 줄 알았는데 책을 건네주는 것이 아닌가. 감사의 선물에 명함을 청했다. 소미영 과장이다. 또 하나의 인연이 되어 가끔 전시를 보러 간다. 그녀도 만나고.

이곳에서 길동무도 생겼다. 3번째 만났을 때 전화번호를 교환하고 서로를 소개했다. 자칭 자유인이라는 최여숙 씨다. 빨간색 배낭에 빨간 패딩이나 잠바, 그리고 빨간색 모자와 머플러까지 빨간색이 그녀를 아우른다. 우리는 늘 길 위에서 만나기로 했다. 우연히. 그런데 정말 네 번째 만남이 있었다. 놀라운 인연이다.

> 이름을 알고 나면 이웃이 되고/ 색깔을 알고 나면 친구가 되고/ 모양까지 알고 나면 연인이 된다./ 아, 이것은 비밀. -「풀꽃 2」 전문

나태주 시인의 시다. 이름을 알고 색깔을 알았다. 언젠가 모양까지 알게 되는 날이 오리라.

서해랑길은 마을 언저리길로 이어지고

길이 있으나 사람들이 거의 다니지 않은 길인 것 같다. 고즈넉한 풍경 속에 나만 들어가 있다. 논과 밭 사이에 멀리 몇 채의 집이 있는 아주 작은 마을이 보일 뿐이다. 아마도 마을 언저리길인 것 같다.

언저리길일지라도 일부러 만들려고 해도 만들어지지 않는 것이 길이다. 길은 사람이 발로 밟아 다지기만 해도 생긴다. 따라서 사람이 모여 사는 곳이라면 반드시 길이 존재한다. 곧 생활이 길을 만든다. 그렇지만 많이 다니지 않는 중심 장소의 가장자리, 마을 언저리길인 것이다.

우연히 서해랑길의 후기를 읽었는데 웃음이 절로 나왔다. '생각해보니 서해랑길이 갑자기 뚝딱 만들어진 길이 아니고 주민들이 밭에 나가거나, 옆 마을에 볼 일 보러 갈 때, 장보러 가던 길들을 지금 우리가 따라서 갈뿐이다.' 지금 걷고 있는 서해랑길이 언저리길로 생각되지만, 꼭 가야만 하는 길이기에 없어지지 않고 남아 있는 이유겠다. 하여튼 많은 사람의 삶을 통해 만들어진 자연적이고 성실한 작은 길임에 틀림없다. 언저리길로 이어지는 서해랑길을 걸으면서 삶의 언저리도 생각하게 된다.

고즈넉한 길을 천천히 걸으니 심신이 부드러워지는 기분이다. 마음이 달래진다. 일주일마다 걷는 서해랑길이 내 건강을 싱싱하게 한다.

걷는 것에는 마음의 상처를 아물게 하는 어떤 힘이 있다. 걷는 것은 규칙적으로 발을 하나씩 떼어 놓고, 그와 동시에 리듬에 맞춰 팔을 휘젓고, 숨이 약간 가빠 오고, 맥박도 조금 긴장하고, 방향을 결정할 때와 중심을 잡는데 눈과 귀를 사용하고, 살갗에 스치는 바람의 감각을 느끼는 것이 중요하다. 만약 그런 모든 것들이 설령 영혼이 형편없이 위축되고 손상되었다고 하더라도 그것을 다시 크고 넓게 만들어 준다. 마침내 정신과 육체가 모순 없이 서로 조화로워지는 일련의 현상이었다. 이런 현상을 몸으로 느끼며 아주 천천히 걷는다.

허준許浚, 1546-1615의 『동의보감東醫寶鑑 1610년』에는, 약을 복용하여 몸을 보하는 약보藥補보다 좋은 음식으로 원기를 보충하는 식보食補가 낫고, 식보보다는 걷는 행보行補가 낫다고 기록되어 있다. 보생와사步生臥死, 즉 걸으면 살고 누우면 죽는다는 말도 있다. 유산소 운동인 걷기가 천혜의 불로초이며, 보약이라는 것을 명심하고 걷기의 운동효과는 하루 정도 지속되므로 매일 걷기 운동을 하는 것이 좋다는 것이다.

갑자기 스마트폰에서 찡하는 소리가 적막을 깨뜨린다. 놀라 스마트폰을 보니 '완주' 울림이었다. 알람이 울리는 서해랑길이다.

산소마을 안 골목을 돌아나가면 산소버스정류장이다. 해남의 명품 절임배추를 작업하는 집들이 몇 집 보일뿐 조용한 시골마을이다. 마을주민에게 산소마을체험에 대해 물었다.

"하긴 했지" 하신다.

"한때 장뚱어 체험도 했고 김양식 체험도 했지" 아! 모두가 지나간 옛일이 되었다.

5코스 해남군

원문버스정류장- 학동저수지- 해남 우수영국민관광지- 진도대교- 진도 녹진 국민관광지 / **12.0km**

배추김치는 해남의 명품 배추로

지난 주말에 세차게 강한 바람을 몰고 온 비는 슬며시 사라지고 하늘은 언제 그랬나 싶게 맑다. 하늘색이 참 곱고 깊고 따스했다. 그 맑고 푸른 하늘에 하얀 구름 몇 덩이가 가볍게 떠 있다. 그 구름이 한가한 것 같기도 하고, 외로운 것 같기도 했다. 외로운 것 같다는 생각이 들자 그 구름이 문득 혼자 걷는 나를 위로하는 듯하다.

집 앞에서 나오시는 할머니와 마주쳤다.

"올레길 걸으시네. 그런데 혼자여?" 하시며 말을 건넨다.

"네, 사람들이 많이 걸어서 알고 계시네요?"

"일요일이면 이리로 많이 지나가, 이쪽 길이어. 이쪽 길." 하신다.

"마을회관 앞으로 갔다가 돌아 나오는 사람들 많이 봤어. 리본이 여기 보이지 않아."

그 틈을 타서 내가 "마을 자랑 한번 해 보세요." 말하자, "배추지. 뭐가 있겠어, 보이는 게 전부 배추 잖어." 하시면서 비옥한 땅에서 무성한 소담스러운 배추를 가리키는 모습이 당차다.

우문현답이다. 내가 바라던 흥미롭고 재미있는 마을 이야기는 아니었다. 하지만, 나에게 사실을 받아들이지 않으면 안 된다는 듯이 드넓은 배추밭 뿐이다.

오늘은 배추밭 사이 길을 계속 걷는다. 송정, 장포, 학동마을을 지날 때까지 배추밭 천지다. 해남의 특산물은 배추, 특히 겨울배추다. 명성만큼 맛도 좋은 것으로 알려져 있다. 명성이 괜히 얻어지는 것이 아니다. 「해남 배추」시도 맛깔나게 입맛을 돋운다.

   갯바람 배어 든 햇볕 좋은 들녘
   흰 구름 잠시 쉬어가는 밭고랑
   어머니 손끝에서 자란 배춧잎들
   누구의 밥상에서 아삭거리며 정을 나눌까
   기름진 황토 땅 품에 안긴
   달작지근하고 속이 꽉 찬 배추밭
   꿈의 바다 벗 삼아
   땅끝을 지키며 살고 싶어라

「해남 배추」 전문 -해청 박종욱

  우리는 다양한 김치 종류 중에서 '배추김치'를 선호한다. 마름달 스무 이틀 날$^{순우리말\ 표기}$, 그러니까 11월 22일은 김치의 날$^{Kimchi\ Day}$'이다. 김치산업의 진흥과 김치문화를 계승·발전하고 국민에게 김치의 영양적 가치와 중요성을 알리기 위해 2020년에 제정되었다. 11월 22일을 김치의 날로 정한 것은 이맘때가 김장하기에 가장 알맞은 시기이며, 김치에 들어가는 소재 하나하나가 모여 22가지의 다양한 효능을 나타낸다는 의미를 담고 있다. 식품이 법정기념일로 지정된 것은 '김치'가 유일하다.

  김치는 우리나라 음식을 대표하는 아이콘^{icon}처럼 되어, 어떤 때는 한국문화를 대표하는 상징으로 나오기도 한다. 우리나라는 김치의 종주국^{宗主國}

송정마을 배추 망 작업

으로 약 200종류나 되는 김치를 보유하고 있다. 김치가 대단하다는 것은 냉장고가 발명되기 전까지 비타민C 공급원인 배추를 추운 겨울 내내 신선한 상태로 저장, 보존시켜주는 뛰어난 방법으로 만들었기 때문이다.

김치는 신기하게도 겨울 내내 싱싱할 뿐만 아니라 어떤 단계든 모두 제각각의 맛이 있다. 즉, 담근 바로 직후에 먹는 '겉절이'부터 시작해서 중간에 맛있게 잘 익은 단계를 거쳐 마지막 시어질 때까지 맛이 없을 때가 없다. 아무리 '시어빠져도' 김치찌개로 해 먹으면 전혀 문제가 없다. 이런 저장법 덕분에 우리 조상들은 추운 겨울에도 비타민C를 섭취하는 데에 전혀 문제가 없었다.

한국인 밥상에 늘 함께하는 김치는 발효식품으로 우리의 건강을 지켜주고 우리의 영혼이 담긴 소울푸드 soul food다. 아무리 먹어도 물리지 않는 국민음식 '김치'와 관련된 노래에는 정광태의 '김치주제가' 1985년와 김시스터즈의 '김치깍두기' 1970년가 있다. "만약에 김치가 없었더라면 무슨 맛으로 밥을 먹을까"라는 가사로 시작하는 김치주제가가 대표적이다.

우리나라는 춘하추동 사계절에 따라 김치의 재료가 다르다. 봄에는 움에 묻어줬던 무를 이용한 나박김치와 깍두기, 그리고 햇배추와 미나리 등으로 담근 싱싱한 '봄김치'를 먹는다. 여름에는 채소가 풍성해 열무, 오이, 부추 등을 단기에 숙성시킨 열무김치나 오이소박이가 맛깔스럽다. 가을에는 배추와 무를 수확해 섞박지를 담그고 통배추김치도 풍성한 맛을 낸다. 겨울에는 보쌈김치, 통배추김치, 총각김치, 동치미, 깍두기 등을 담가 저장해두고 먹는다.

재래종 배추는 잎사귀에 힘이 없고 성겨서 옆으로 처졌다. '씨 없는 수박'으로 유명한 우장춘 박사가 중국에서 배추를 들여와 우리나라 토양에 맞게 품종을 개량해 현재의 배추로 만들었다고 한다.

서해랑길을 걷다 보니 배추밭마다 배추 품종과 농부 이름과 회사명의 기록지가 꽂혀있다. 배추에 대한 새로운 사실을 배운다.

우수영국민관광지를 둘러보면서

학동저수지를 지나면 '명량대첩 기념공원' 산책로로 접어든다. 그런데 위기에 직면했다. 다름 아니라 데크길이 무너져 테이프로 막아놓았다. 길은 이 길밖에 없는데 큰일이라 싶었다. 돌아갈 수도 없고. 할 수 없이 테이프를 넘어 위험을 고사하고 한 걸음 한 걸음 조심스럽게 발걸음을 옮기는데 必死則生 必生則死 필사즉생 필생즉사가 보였다. 죽으려 하면 살 것이요, 살려 하면 죽을 것이다. 지금의 나에게도 이 말이 적용되는 순간이다.

이순신이 이렇게 외치며 대규모 적 앞에서 두려워하는 수군 장병들을 독려, 필사적인 전투를 벌였다. 전투 중 물살이 조선수군에게 유리한 썰물로 바뀌자 대대적인 공세를 취하며 전쟁을 승리로 이끈다. 임진왜란을 종식시키고 조선을 넘어 명나라까지 확대될 전쟁을 마감시킨 전투, 그것이 바로 그 유명한 명량대첩이다.

우수영국민관광지, '명량대첩 기념전시관 해전사'에 이른다. 기념전시관은 명량대첩 시 바다에서 싸운 해전의 승전과 역사를 기리는 전시관이다. 공원 곳곳에는 임진왜란 당시 의병과 관군들의 전투모습을 조각한 모형들이 배치되어 생생한 느낌을 주고자 했지만, 너무 인위적이다. 꽤 많은 시설물이 생각보다 잘 조성되었다는 점이 오히려 감동을 자아내게 했다. 명량해협과 진도대교를 비롯하여 명량대첩탑, 명량대첩비 탁본, 어록비, 충무공유물전시관 등의 시설물들이 볼만하다.

충무공이 이룩한 명량대첩1597년을 기념하기 위해 옛 성지의 모습이 그대로 보존되어 있는 곳으로 우수영관광지를 조성한 것이다. 전라남도 해남군 문내면의 관광레저로 12.

1986년 국민관광지와 1991년 명량대첩 기념공원으로 조성, 명량대첩의 역사적 산 교육장으로 활용되고 있다. 울돌목 거북배 유람선을 타고 이순신 장군이 13척의 전선으로 133척의 일본함대를 격파한 명량대첩 현장 체험이 가능하다. 유람선은 해남 우수영을 출발해 진도 녹진과 벽파진까지 운항한다.

울돌목을 가로지르는 명량해상케이블카는 2021년 개통되었다. 해남 우수영 관광지와 진도 녹진타워 사이 960m를 10인승 곤도라 26대가 오간다. 해상케이블카에서는 정유재란 때 이순신 장군이 명량대첩을 거뒀던 역사의 현장을 한눈에 내려다볼 수 있다. 특히 13대는 바닥이 투명한 크리스탈캐빈으로 운행돼 짜릿함을 더해준다(전남새뜸).

울돌목의 거센 물살 위를 직접 걸어볼 수 있는 길, 110m의 울돌목스카이워크는 바다 쪽으로 직선거리 32m까지 돌출되고, 바닥을 투명유리로 만들어 스릴감을 극대화했다. 우리나라에서 가장 조류가 빠르다는 울돌목의 물살을 생생히 접할 수 있는 체험코스다.

명량해협 울돌목과 명량대첩

남쪽 해안에 이처럼 유속이 빠른 곳이 어디라고 보는가?
전라우수영이 있는 황원곶黃原串이 아닌가 싶습니다. 거기 가면 진도와 우수영 사이에 울돌목이라는 해협이 있지요. 물이 들어오거나 나갈 때 휘몰아치는 소용돌이가 아주 심해 위험한 곳입니다.…
진도는 넓은 바다 가운데 떠 있는 섬입니다. 그래서 드나드는 물의 양이 많은데다 수심이 낮아 밀려오는 물과 나가는 물의 차가 굉장히 크지요. 울돌목은 유속이 매우 빨라 어지간한 배는 저절로 물살에 감겨 가라앉아 버립니다. -『서산』

장편소설『서산』에서 나오는 울돌목에 관한 대화의 일부분이다.

진도대교 아래 진도군과 해남군 사이에 서로 마주보고 있는 좁은 해협을 '울돌목'이라 한다. 명량은 일명 울돌목으로 진도와 해남 사이의 295m의 좁은 물목을 말한다. 그곳이 전라남도 진도군 군내면 녹진리에 해당된다. 거대한 바닷물이 하루에 두 번씩 넘나드는 곳이라 좁은 해역에 물이 흐르면서 솟구치고 울어대는 곳이다. 특히 음력 보름 전후 사리 때에 가장 심한데 시속 12노트knot의 속력으로 흘러가기에 우리나라에서 최고의 유속을 자랑하는 곳이다(이재언).

명량해협에서 물은 겨울 산속 짐승의 울음소리로 우우 울면서 흘러갔다.… 물이 운다고 지방민들은 이 물목을 울돌목이라고 불렀다. -『칼의 노래』

김훈 작가의 소설 『칼의 노래』에서 나오는 대목이다. 빠른 물살이 암초에 부딪히며 좁은 해협을 통과하면서 울음소리를 낸다하여 '울돌목'이라고 붙여진 이름이다. 울돌목의 빠른 물길은 이순신 장군의 '명량대첩'의 대승을 가능케 하는 원동력이기도 하다.

울돌목은 이충무공의 3대 해전 중의 하나로 명량대첩지로 잘 알려진 서해의 길목으로, 해남과 진도 간의 좁은 해역을 말한다. 물길은 유속이 빠르며, 물소리가 크고, 거품물이 용솟음쳐 배가 운항하기 힘든 곳이다.

명량대첩 직전 조선은 백척간두의 위기에 처해 있었다. 이순신 장군은 간신배들의 모함을 받아 죽음의 문턱에 이르렀다가 백의종군 상태에 있었고 이 와중에 조선수군은 원균이 지휘한 칠전량 해전에서 대패하여 전선은 고작 12척만 남아 있었다. 반면 왜군은 사기충천하여 대선단을 이끌고 수로를 통한 한양 재침탈을 노리게 된다. 이에 조정은 다시금 이순신 장군을 삼도수군통제사로 재기용하게 된다. 1597년 9월 16일 이순신 장군은 새로 수리한 배 1척을 포함하여 불과 13척의 배로 왜군의 대선단과 죽음을 각오한 운명적인 결전을 치른다. 이순신 장군은 명량울돌목의 거센 조류와 지형을 이용하여 적을 대파하는 사상 유래 없는 대승을 거두어 전쟁종결의 결정적 계기를 마련한다.

거북선은 임진왜란 초기 해전에서 조선 수군의 돌격형 전함으로 혁혁한 전공을 세웠으나 원균의 칠전량 해전 패배 후 모두 손실되어 명량해전에는 참전하지 못했다.

진도군

6코스 —
7코스 —
8코스 —
9코스 —
10코스 —
11코스 —
12코스 —

쉬미항- 청룡어촌체험마을

6코스 진도군

녹진국민관광단지- 진도타워- 벽파진 전첩비- 연동마을- 진도 용장성 / 15.5km

보배의 섬 진도로

진도로 가는 첫 번째 관문, 진도대교를 건넌다. 2005년 12월 15일 개통된 제2 진도대교다(진도군지). 완만한 산세에 땅이 기름지고 농사가 번창해서 옥주沃州라는 옛 이름을 가진 진도珍島 땅을 밟는다.

진도는 보배로운 섬으로 우리나라에서 제주도와 거제도에 이어 세 번째로 큰 섬이다. 그러나 1984년 10월 18일 해남 우수영과 군내면 녹진리 사이에 전장 484m의 진도대교가 들어서 더 이상 섬이 아닌 섬이 되었다.

해안선 길이 306km의 진도는 진도군 조도면에 소속된 하조도, 관매도, 가사도 등 45개 유인도와 185개 무인도 등 총 230개의 섬으로 이루어져 있다(이재언). 본섬인 진도는 '1년 농사로 3년을 먹고 산다'라는 말이 아직까지 내려올 정도로 농경지가 넓고 농산물이 풍부하며 인심이 넉넉한 고장이다. 섬 주변의 바다에서는 어류와 해조류가 많이 나는 것으로 유명하다.

역사적으로 볼 때 진도는, 고려말기에는 왜구의 잦은 침입에 시달리다 못한 주민들을 영암으로 이주시켜 빈 섬이 된 적이 있었다. 조선 세종 때에는 전국 최대 규모의 목장이 되기도 했고 워낙 외진 곳이기에 주요 유배지 중 하나가 되었다. 노수신, 김수항, 박태보 등과 한말의 대학자 정만조 등이 유배되면서 이른 바 '유배지 문화'를 꽃피우기도 했다. 진도는 예향이면서 군사적 요충지라서 군사 관련 유적들이 많이 남아 있다.

진도에는 8경과 3보가 있다. 진도 8경은 명량대첩지인 울돌목해안, 신비의 바닷길, 관매도의 관매 8경, 남도석성, 운림산방, 용장산성을 가리킨다. 서해랑길을 걸으면서 이곳의 풍광을 충분히 즐길 것이다. 진도 3보는 진돗개, 구기자, 자연산 돌미역을 말한다.

이 외에도 1979년 세계민속음악제에서 금상을 받은 바 있는 씻김굿을 비롯하여 강강술래, 남도들노래, 다시래기, 국가무형문화재 4종이 있다. 그리고 북놀이, 만가, 진도홍주 등의 무형문화재 3종 등 수많은 무형의 자원이 옛 모습 그대로 전승 보전되어 오고 있다(두루누비).

대교광장에서 숨을 돌린다. 서해랑길 안내판에 그려진 지도를 감각적으로 나에게 맞게 받아들인다. 진도군보건소 프로젝트와 관련하여 진도를 방문한 적이 있었지만, 지명들이 낯설다. 진도타워를 시작으로 용장성까지 코스 난이도가 '매우 어려움'이다. 걸을 수 있을 만큼만 가려고 마음을 비운다.

진도타워를 향해 서서히 발길을 옮긴다. 힘을 빼지 않고. 천천히 언덕길을 올라간다.

숨은 영웅들의 이야기가 있는 진도타워

남파랑길의 완도타워와 정남진 타워와는 또 다른 진도만의 의미를 강조한 진도타워에 오른다. 제2 진도대교가 웅장하게 자리하면서 과거의 명예를 되찾듯이 하나하나 기억을 되살리는 장소들이 생겨났다. 그 중에 하나가 명량대첩승전광장의 랜드마크 '진도타워'다.

이순신 장군과 함께 명량대첩을 승리로 이끈 진도군민들의 호국정신을 담은 '명량대첩승전광장'에 사람들이 끊임없이 왔다가 울독목을 지켜본다. 그뿐만이 아니다. 이순신 장군과 명량대첩을 기념하고 참전 전사자를 기록한 숨겨진 영웅들 이야기도 서서 세밀하게 읽는다.

진도타워, 작은 영웅들의 이야기

김성진 金聲振 1569-1597

본관은 김해이며 자는 집성이다. 진도 설군設郡에 공이 많은 석곤碩崑의 후손으로 아버지 환과 밀양 박씨 사이에 독자로 고군면 석현에서 출생하였다. 1594년에 무과에 급제하여 통훈대부 훈련주부로 선전관청에 봉직하였는데 정유재란이 일어나자 전라병사 이복남의 남원성 전투에 참여하여 순절하였다. 이로써 선무공신에 수훈되었고 가선대부 전라병사에 추서되었으며 흥양군에 봉해져『호남삼강록』에 실려 있다. 진도 문중에서는 매년 삼월 삼진 날 오현사에서 제향하고 있다. 부인은 남양 이씨이며 2남을 두었다.

김성진을 비롯하여 김수생, 박영희, 박내종, 박후령, 박인덕, 박종, 박헌, 박희승, 박기수, 이천구, 오계적, 조명신, 조의발, 조예발, 조수의, 조유남, 조탁, 조응무, 조덕린, 하수평 등 한 명 한 명에 대해 세세한 그들의 이력이 적혀 있다. 어떠한 직책도 없이 애국심에 불타 이순신 장군 휘하에서 싸운 이들도 있다.

박인덕 朴麟德 ?-?

본관은 밀양, 진도 입도조 용密의 6세손으로 아버지는 박후령朴厚齡이며 박인복朴麟福의 동생이다. 형제가 함께 이충무공을 도와 임란에 참전하여 적을 물리치고, 노량해전 이후 임란이 끝나자 충무에서 후손을 이어왔다.

이들만이 아니다. 입으로 전해져 내려오는, 죽음으로 나라를 지킨 '이름 없는 민초들'의 이야기가 헤아릴 수 없을 정도로 많을 것이다. 이 중에 하나의 이야기로 엮어낸 것이 진도인 곽의진 작가의 소설『民민』이다. 소금장수들이 척후병을 하고 나물 캐는 아녀자들이 강강술래를 하며, 지역 농민들이 먹을 것을 조달해내는 가운데 해전에 임했던 당시가 고스란히 전해진다.

1597년 8월부터 시작된 수군재건을 위한 이순신 장군의 노력에 남도 백성들은 모든 것을 내놓았다. 의병으로 나서고, 밥을 줄여 식량을 모았다. 소를 내어 병사들을 먹이고, 덮던 이불을 모아 왜적의 총알을 막았다. 비록 사선私船이라 할지라도 배가 있는 이들은 기꺼이 배를 내놓아 수군을 도왔다. 또 활을 만드는 궁장들은 재주와 손을 보태 무기를 만들었다. 지리와 물길을 아는 이들은 장군과 수군의 눈과 귀가 되어 길을 열었다. 이처럼 모두가 한뜻이었다.

정유년 명량대첩은 성웅 이순신 장군의 뛰어난 전략과 애국정신, 남녘 바닷가 근처에 살고 있던 민초들이 죽음을 불사한 의로운 구국정신의 결정체다. 그리고 거기에 걸맞은 뛰어난 군관들, 의병들, 승병들의 초의정신初意情神의 승리였다. 명량대첩 승전보가 울렸던 현장이자 우리 민족의 얼이 서려있는 서해랑길을 걷는다. 새삼 감회가 깊다.

워싱턴 D.C. 베트남전 기념관에는 베트남에서 죽은 미국 병사들의 이름이 적혀 있다. 그 이름을 보기만 해도 아는 사름들은 그를 떠올린다(나탈리 골드버그). 세부 묘사는 우리가 만나는 세상의 모든 것들과 모든 순간들에 이름을 붙여주고, 그 이름을 불러주고, 기억하는 일이다.

예루살렘에는 홀로코스트를 기념하는 야드 바셈YOd Vashem이 있다. 그 옆에는 육백만 명에 이르는 희생자의 이름을 정리한 도서관도 딸려 있다. 도서관에는 희생자의 이름뿐 아니라, 그들이 어디에서 살았으며, 어디에서 태어났는지를 비롯해 그들에 대해서 알아낼 수 있는 모든 기록이 보관되어 있다. 실제로 야드 바셈은 '이름을 기억하게 한다'라는 뜻이다. 죽은 이들은 짐승처럼 도살되어도 상관없는, 이름 없는 무리가 아니었다. 그들은 인간이었고 이 세상 속에서 각자의 역할을 해내며 숭고한 삶을 살아가던 이들이었다.

진도의 특산물 홍주

홍주, 술에 관심이 없더라도 들어보기도 했을 법한 술 이름이다. 만일 처음이라면 호기심이 발동하지 않을 수 없다. 술 가운데에서도 붉은 술, 홍주가 아닌가! 진도에 왔다면 홍주에 취해보는 것도 즐길거리의 하나다. '술맛집'을 즐기자.

진도를 걷다 보면 홍주제조장을 가끔 만난다. 지초의 뿌리를 넣고 빚은 전라남도 진도지방의 전통술로 진도 홍주는 1994년 12월 전라남도 무형문화재제26호로 지정되었다. 지금은 진도 전통홍주보존회에서 보존하고 있다(진도문화원).

홍주는 쌀과 지초로 만드는데 지초 뿌리에서 우러나온 색소 때문에 붉은 빛깔을 띠어 홍주라고 불린다. 혹은 지초주芝草酒라고도 한다.

국어사전에 빛깔을 나타낸 소주 이름 몇 개가 나온다.『국어사전에서 캐낸 술 이야기』에서는, 빛깔이 없는 보통 소주가 백소주, 누런빛의 소주가 황소주, 홍곡을 우려 붉은 빛깔을 낸 소주가 홍소주다. 셋 다 요즘이 아닌 예전에 부르던 술 이름이다. 황소주는 특별할 것이 없는 술로 비교적 쉽게 구해서 즐기던 술이라고 보면 된다. 백소주는 황소주에 비해 귀했고 홍소주는 또 백소주보다 귀했다. 여기에서 홍곡은 중국에서 나는 붉은 빛으로 물들인 쌀이다. 중국에서 나는 홍곡이 조선에 흔했을 리 없으니 귀한 대접을 받았을 것이다.

진도 홍주가 처음 빚어진 때는 고려 초기라는 말이 있기도 하나 널리 알려진 것은 조선시대이며, 이때에는 진도홍주를 지초주라 하여 최고 진상품으로 꼽았다.

전통홍주 만드는 법을『진도군지下』에 따르면 보리쌀이나 멥쌀을 쪄서 지애 밥을 짓는다. 밀과 보리를 반반씩 섞어 띄운 누룩을 물과 함께 섞어

술을 빚어 항아리에 담는다. 30-50일 정도의 오랜 발효 기간을 거친 뒤 소주 고리를 이용하여 소주를 내린다. 홍주의 빨간색의 비법이 이때 나온다. 술방울이 떨어져 내리면서, 술단지에 받쳐둔 지초를 통과하는 과정에서 지초의 색조가 착색되어 빨간 홍옥 색의 빛깔을 띤 것이다.

유사 이래 술이 그토록 왕성히 사람들을 흘리는 까닭은 술에 담긴 정취가 그만하다는 것이 아니겠는가? 거기에도 또 하나의 세상이 있다는 뜻일게고. 한잔 못 마실 까닭이 무엇인가?

9코스를 걷던 날 홍주를 한 잔 곁들이는 우연偶然이 일어났다. 쫄복탕이 전문인 굴포항의 굴포식당에서. 진도사람이 아니라는 말에 옆자리의 진도 토박이가 건넨 홍주를 무심히 받아마셨다. 입안에 불이 나는 것 같은 독주다. 40도. 피로가 말끔하게 싹 가셨다. 정신이 확 든다. 진도 이야기에 시간 가는 줄 모르게 이야기꽃을 피우다가, 서망항에 자동차를 두고 왔다니까, 서망항에 가는 길이라면 함께 가자며 등을 떠밀다시피 서망항까지 밀려오고야 말았다. 나를 데려다주면서 그들도 서해랑길에 폭 빠진 듯 귀를 기울였다. 그리고 진도 토박이가 모르는 길이 있다면서 흥분하는 모습이 아직도 눈에 선하다.

벽파(진)항에서

벽파항은 진도군 동부의 관문, 나루터였다. 하지만 진도대교가 놓이면서 육지로 향하는 배가 필요 없어졌다. 당연히 나루터는 그 기능을 상실, 아니 포기해야만 했다. 배가 출·입항하는 흔적조차 찾아볼 수 없는 지금 이름만 벽파항으로 남았다. 이를 증명이라도 하듯 '벽파항' 석비만 쓸쓸히 바다를 지킨다. 단지 옛 추억만 간직한 채.

바다 건너편은 해남군 황산면 땅이다. 뭍으로 가려면 누구나 벽파(진)항

위 사진_벽파정의 과거 위치 / 아래 사진_현재의 벽파정

쌍교, 울돌목

에서 배를 타야만 했다. 해남에서도 배를 타고 벽파항으로 와야만 뭍으로 갈 수 있었던 때가 있었다. 해남에서 진도로 들어가자면 울돌목을 통과해 녹진으로 뱃길을 잡는 것이 가장 가까운 거리였다. 이도 옛날이야기다. 진도읍에서 진도대교로, 그리고 해남으로 국도가 놓이면서 서울까지 직진이다.

예로부터 잘 알려진 역사적 지명 '벽파진'에는 벽파정碧波亭이 많은 이야기를 담고 있다. 항구가 많은 사람들의 이야기를 실어 나르듯. 바위산 가장 높은 곳에 위치한 '벽파정碧波亭'으로 올라가 본다. 정자의 사방이 모두 이야기로 가득하다.

진도의 누정樓亭은 벽파정으로부터 비롯되었다. 고려 희종3년1207 벽파진을 도진渡津, 즉 진도와 해남을 연결하는 나루터로 개설하였다. 그리고 정亭과 원院, 정자인 벽파정과 객사를 설치하여 진도를 출입하는 공식적인 손님을 맞이하였다. 즉 각 나라의 사신, 승진이나 좌천으로 오가는 군수, 유배자 등이 오가는 진도의 관문으로서 역할을 했다. 조선 세조11년1465년 중건하였으나 그마저 허물어지고 벽파정이 있던 집터, 돌터만 남아 향토유산이 되었다.

현재의 벽파정도 내왕하는 관리와 사신들을 영송하고 위로하던 곳으로 정객과 문인들이 아름다운 경승과 감회를 읊어 많은 시와 글을 남긴 명소가 되었다.

그 중에 청인淸仁 양재복梁在福의 시는 그 당시 진도가 먼 곳이지만 산세와 기름진 땅, 목장과 유자나무 등으로 진도를 살기 좋은 기름진 땅으로 상상하게 한다.

진도는 아득히 떨어져 있는 천연의 요새다. 그 거리가 직선으로 오육십 리인데 산이 높고 물이 깊으며 땅이 또한 기름져 목장에는 구름 같은 말떼들이 비단을 펼친 듯 들을 덮고 유자나무 주렁주렁 숲을 이루었으니 보물의 광이요 재물의 곳집으로 남쪽 고을의

으뜸이 되어 사신들의 행차가 끊일 새가 없었다. - 청인 양재복

　또한 명량해협의 길목을 지키는 항구 벽파진은 이순신 장군과 관련된 이야기가 많다. 정유재란1597년 명량대첩을 거두기 직전 12척의 남은 배를 이끌고 16일 동안 이순신 장군이 벽파진에서 머물었던 곳이다. 나라의 미래와 백성의 안위를 고민하고 전열을 가다듬고 작전을 숙고했던 역사의 현장인 것이다. 벽파항과 마주보이는 감부도는 배를 수리했던 선소船所로 사용했던 장소다.
　벽파진, 역사를 거슬러 올라가면 고려 말에 삼별초군이 들어온 유적지이기도 하다. 이곳에서 산등성이를 하나 넘으면 고려 삼별초의 근거지였던 용장산성 행궁터가 나온다. 용장산성은 돌로 쌓은 성으로 삼별초가 들어오기 훨씬 전부터 존재했다. 배중손이 이끄는 삼별초는 이곳에서 몽고군에 맞서 싸우다 남도석성으로 밀려가고 끝내는 제주도로 건너갔다.
　벽파정과 연동마을 중간에 위치한 목섬은 삼별초의 진지가 되기도 했다. 고려 후기 진도로 내려온 삼별초군들이 망바위와 이 목섬에서 세곡이나 보물을 싣고 가는 배들을 포획하기 위하여 망을 보던 곳이었다. 선박을 발견하면 곧바로 벽화진에 신호를 보내어 출동할 수 있게 조처했다고 한다. 바다와 육지를 지켜보던 해안전초기가 세워졌기 때문이다. 실제로 이곳에서는 동남쪽인 마로해馬老海와 북방의 시아해時牙海가 한눈에 들어온다.
　매천 황현의 이야기도 빼놓을 수 없다. 『매천 황현』에 따르면, 병신년 1896년이었다. 매천은 무정 정만조가 전라도 진도로 유배되었다는 소식을 들었다. 그는 매천이 생원 원시에 응시했을 때 장원이 되도록 도와주었던 사람이다. 매천은 옛 정을 잊을 수 없어서 그를 찾아가 위로했다. '귀양 간 무정을 찾아감'이라는 칠언율시를 지었다. 그런데 그 시보다 더 의미가 있

는 이유는, 진도의 벽파정에 올라 보통 사람처럼 바닷가의 풍물을 읊지 않고 왜적을 무찔렀던 이순신 장군을 애타게 그리워하며 우국충정으로 '벽파진'이라는 시를 지었다는 것이다. 칠언율시 1수를 읽는다.

> 정유년 재침 때는 나라가 가장 위급하여
> 벽파정 앞바다가 온통 왜적 깃발이었다.
> 역사는 가련하게 참소 당한 악의를 슬퍼했고
> 하늘이 곽분양을 돌보아 기뻐하는 날이었다.
> 만 번 죽은들 어떻게 이 전공 꾀하리오.
> 충무공 이 정신을 무신들은 배워야 하리.
> 지금 이곳이 오랑캐 배 드나드는 곳이니
> 혓바닥 깨물며 명량대첩 옛 비를 가리키누나. – 매천 황현

이충무공 벽파진 전첩비

벽파진은 무엇보다도 명량대첩을 승리로 이끈 장소다. 이를 기념하기 위한 전첩비가 있다. 벽파항 뒷편 암산에 있는 '이충무공벽파진전첩비'다. 벽파진항에서의 역할이 중요했던 만큼 '벽파진' 지역명이 들어가 있는 것이다.

비석 전체 높이는 11m. 주추는 거북, 비신은 용의 모습으로 웅대한 기상을 뽐낸다. 이은상이 글을 짓고, 진도 출신 손재형 선생이 비명 9자, 본문 749자, 말문 85자, 찬시 134자, 전체 888자의 예서체로 글씨 형태가 전부 다르게 썼다는 점에서 그 예술적 가치 또한 인정받고 있다.

1956년 11월 29일 비문碑文에서 발췌한 내용이다.

벽파진 푸른 바다여 너는 영광스런 역사를 가졌도다. 민족의 성웅 충무공이 가장 외

롭고 어려운 고비에 고작 빛나고 우뚝한 공을 세우신 곳이 여기이더니라. 옥에서 풀려 나와 삼도수군통제사의 무거운 짐을 다시 지고서 병든 몸을 이끌고 남은 배 12척을 겨우 거두어 일찍 군수로 임명되었던 진도 땅 벽파진에 이르니 때는 공이 53세 되던 정유년 8월 29일 이때 조정에서는 공에게 육전陸戰을 명령했으나 공은 이에 대답하되 신에게 12척의 전선이 남아 있삽고 또 신이 죽지 않았으며 적이 우리를 업수이 여기지 못하리이다. 하고 그대로 여기 이 바닷목을 지키셨나니 예서 머무신 16일 동안 사흘은 비 내리고 나흘은 바람 불고 맏아들 회와 함께 배 위에 앉아 눈물도 지의섰고 9월 초 7일 적선 13척이 들어옴을 물리쳤으며 초 9일에도 적선 2척이 감포도까지 들어와 우리를 엿살피다 쫓겨 갔는데 공이 다시 생각한 바 있어 15일에 우수영으로 진을 옮기자 바로 그 다음날 큰 싸움이 터져 12척 적은 배로서 330척의 적선을 모조리 무찌르니 어허 통쾌할 사 만고에 길이 빛날 명량대첩이여.

　그날 진도 백성들은 모두들 달려 나와 군사들에게 옷과 식량을 나누었으며 이천구, 김수생, 김성진, 하수평, 박헌, 박희령, 박후령과 그의 아들 인복 또 양응지와 그 조카 계원 그리고 조탁, 조응양과 그 아들 명신 등 많은 의사들은 목숨까지 바치어 천추에 호국신이 되었나니 이는 진실로 진도민의 자랑이로다.

　이 고장 민속 강강술래 구슬픈 춤과 노래는 의병전술을 일러주는 양 가슴마다 눈물 어리고 녹진 명량 등 두 언덕 철쇄 걸었던 깊은 자국엔 옛 어른들의 전설이 고였거니와 이제 다시 이곳 동포들이 은공과 정기를 영세에 드높이고자 벽파진두에 한 덩이 돌을 세움에 밎여 나는 삼가 끊어 엎디어 대강 그때 사적을 적고 이어 노래를 붙이노니 열두 척 남은 배를 거두어 거느리고 벽파진 찾아들어 바닷목을 지키실 때 그 심정 아는 이 없어 눈물 혼자 지우시다 삼백 척 적의 배들 산같이 깔렸더니 울돌목 센 물결에 거품같이 다 꺼지고 북소리 울리는 속에 저님 우뚝 서 계시다 거룩한 님의 은공 어디다 비기오리 피 흘린 의사혼백義士魂魄 어느 적에 살아지리 이 바다 지나는 이들 이마 숙이옵소서.

이충무공벽파진전첩비는 진도 군민들이 성금을 모아 1956년 11월 29일 건립된 것이다. 정유재란 당시 이충무공에 의해 가장 통쾌한 승리를 불가사의하게 거둔 명량해전 승첩을 기념하면서 진도출신 참전 순절자들을 기록한 점에서 군민 정신문화의 교육적 가치가 있다.

마을에 세워진 공적비는 마을 사람들로 하여금 고통과 불쾌한 기억에서 벗어나게 하는 전략적 산물이자, 희생자에 대한 살아남은 자의 심리적 부재를 청산하고 전쟁 폭력에 대한 기억을 마을 전체의 경험으로 집합하는 역할을 수행한다. 이처럼 특정한 장소에서 발생한 사건이나 장소 안의 사람과 관련되어 있거나, 혹은 장소 그 자체를 기억하고 인식하는 것은『현대문화지리의 이해』에서는 의미 있는 일이라고 지적했다. 특정한 장소에 소속된 경험을 통해 자신들의 과거에 대해 재상상하기 때문이다.

커다란 돌거북 등 위에 얹혀 있는 이충무공벽파진전첩비는 언덕 위에서 말없이 명량해협을 굽어보고 있을 뿐이다.

삼별초 역사탐방길의 연동마을

벽화정이 있는 벽파마을에서 바닷가 따라 가면 연동마을이다. 연동마을은 연꽃이 많이 피어 붙은 이름이다. 칼을 쓰는 사람, 즉 삼별초 후손이 모여 사는 동네란 의미에서 '검사골'로 부르는 이도 있다. 진도군 고군면 동쪽 바다와 접하고 있다. 50여 가구 110여 명의 주민이 어우렁더우렁 살고 있다(전남새뜸).

삼별초호국역사탐방로가 연동마을을 지난다. 탐방로는 벽파진항에서 용장성으로 가는 길이다. 벽파진항- 목섬- 연동마을- 산황산, 그리고 용장성으로 이어진다. 구국의 길이자 통한의 길로 통하는 한가운데 연동마을이 있는 것이다.

연동마을, 삼별초 벽화

 차가운 바닷바람을 가르며 마을에 들어서면 화려한 색채의 벽화가 객을 맞는다. 담벼락에 빨강·보라·파랑의 수국 꽃을 예쁘게 수놓았다. 커다란 해송도 멋스럽다. 대몽항쟁에 나선 삼별초군이 거친 바다를 헤치며 마을에 입도하는 모습을 담은 벽화가 마을회관 옆에 있다. '고려 1270년 삼별초 연동마을을 오르다', 인상적이다. 마을의 역사를 말해주는 벽화다.

 전설적인 가치로 여기는 입석 2기가 연동마을을 지킨다. 마을의 액운을 막아주는 입석立石으로 미륵돌, 선돌, 동자바우 등으로 불린다.『진도군지下』에 따르면 이 미륵돌은 마을이 생기면서 있었던 마을 수호신이었다. 미륵돌에 대한 신앙심은 미신적이었다. 종교적 행위는 마을 수호신의 역할뿐 아니라 치료적 역할까지 있었던 것으로 여겨진다. 미륵돌 앞을 지날 때는 고개를 숙이고 지나가야 했다. 아플 때에는 미륵돌에 둥근 새끼 금줄을 친 후 밥을 차려놓고 빌기도 했다는 것이다. 2기의 미륵돌은 모두 자연석을 사용한 것으로 사각석주四角石柱 형태로 특별한 문양은 없다. 조각 흔적이 없는 것이다. 미륵돌은 농로 개설공사 때 치워졌다가 본래 위치에 다시 세웠다고 한다. 마을에 액운이 들까 두려운 마음에서. 그래서일까. 마을이 평온하면서 온화하다.

주민들은 쌀농사와 대파·배추 농사를 짓는다. 울돌목이 지척인 주변 바다에서 전복과 다시마도 키운다. 육질이 탄탄해 최상의 품질로 인정받는 천하일미 '진도전복'이 바로 여기서 나온다.

고샅에 맑고 경쾌한 종소리가 울려 퍼진다. 그러고 보니 집마다 대문 위에 종이 하나씩 달렸다. 생김새와 소리가 영락없는 '학교종'이다. 주민들은 아침저녁으로 종을 친다. 일어나서 치고, 잠자리 들 때도 친다. 출타할 때도 무시로 친다. '무탈하다'는 것을 이웃에게 알리는 표시다. 이웃집을 방문할 때도 친다. 초인종 역할도 하는 셈이다.

"처음 보는 사람인디, 그라지요? 우리 마을로 놀로 오셨소?" 앉았다 놀다 가라는 마을회관에서 만난 어르신의 말이 따뜻하고 감사하다.

용장성 또 하나의 고려가 있었네

사적 제126호. 이곳 용장성은 몽고의 침략에 항거하여 조국수호에 궐기한 고려 삼별초가 원종 11년[1270]부터 동왕 14년[1273]까지 대몽항쟁의 근거지로 삼았던 성지다.

일찍이 유럽과 아시아 대륙을 거의 정복했던 몽고는 고려 고종 18년[1231]부터는 대거 고려를 침공해왔다. 고려는 임시 수도를 강화로 옮겨 그 국력의 수십 배가 되는 몽고군을 상대로 40년 동안 대몽고전을 전개하였다. 이는 용맹한 삼별초들의 불퇴전의 호국 의지 때문이었다.

진도 용장성이다. 삼별초의 본거지임을 소개한 표지판 앞이다. 요약하면, 고려 원종 때에 몽고 항쟁 중에 왕실이 몽고에 굴복하자 삼별초는 끝까지 저항했다. 배중손 장군은 몽고군에게 쫓기어 강화도에서 진도로 옮겨와 새 나라를 세웠다. 그는 한동안 본토 일부와 제주도까지 세력권에 넣는 등의 위세를 떨쳤으나 결국 여몽麗蒙연합군에게 토벌되고 말았다. 그때 삼별초가 항쟁의 터전으로 삼았던 장소가 용장산성과 남도석성인 것이다.

강화도에서 시작하여 진도를 거쳐 제주도에서 끝나는 삼별초 이야기가 곽의진 작가의 『향 따라 여백 찾아 가는 길』에 기록되어 있다. 이야기의 시작은 이렇다.

고려 무신 최씨 정권의 사병으로 출발한 야별초가 확대되어 좌별초, 우별초라 하였고 몽고에 포로로 잡혀 갔다가 반몽 정신을 가슴에 묻고 돌아온 신의군이 뜻을 합쳐 삼별초라 이름하고 몽고군에 머리를 숙이기만 하는 고려 조정과 몽고에 대한 반감이 가세된다. 삼별초로서는 고려의 몽고 예속화를 두고 볼 수만은 없었다. 반몽고, 반정부의 자주 독립 차원에서 장군 배중손을 우두머리로 새 왕을 옹립하여 대항하게 된다.

배중손을 지도자로 김통정, 노영희, 유존혁 등의 삼별초는 왕족인 승하후承化侯 온溫을 새 왕으로 받들고 관부를 구성하고 관리를 임명하여 몽고에게 항복한 고려 조정에 대립, 정권을 세운 뒤 1,000여 척의 배에 재물과 인원 등을 싣고 진도 벽파진에 도착, 용장성에 터를 잡을 후 산성을 개축하고 성안의 용장사를 궁궐로 삼고 각종 건물을 지어 왕을 황제로 칭하였다.

'오랑'이라는 연호를 사용하고 왜에 국서를 보내 자신들이 유일한 정통 고려 정부임을 표명하기도 했다. 이들이 진도로 온 것은 해전에 약한 몽고군과 맞서 싸우는데 적합하고 섬이 크고 기름져서 오래 버티더라도 자급자족할 수 있었기 때문이다. 또한 명량해협은 경상도와 전라도에서 거두어진 조세를 개경으로 가져가기 위해서는 꼭 지나가야 할 이동로였다. 전라도와 경상도의 조운을 차단 당해 경제적으로 타격을 받은 정부는 몽고와 손잡고 진도를 몇 차례 공격하였으나 실패하였다.

고려 원종 12년 5월 15일, 여몽연합군은 다시 진도를 공격, 10여 일 동안 벌어진 격렬한 싸움에서 삼별초의 임금 온과 배중손은 죽음을 당하고 김통정은 남은 군사를 이끌고 제주도로 건너갔다. 제주도로 건너간 김통정 휘하의 삼별초는 3년간의 항쟁 끝에 원종13년[1273] 2월에 여몽연합군에게 진압되고 말았다.

용장산을 두르고 있는 성이 용장산성인데 주로 석성이지만 부분적으로는 토성이 섞인 곳도 있다. 이 안에 있는 용장성은 몽고에 무릎을 꿇은 고려 조정에 반발하여 끝까지 싸울 것을 주장하며 난을 일으킨 삼별초가 여몽연합군에게 패해 제주도로 퇴각하기까지 원종11년[1270] 8월부터 9개월 동안 항몽의 근거지로 삼았던 곳이다.

지금 성의 대부분은 허물어졌으나 현재 궁궐터가 거의 복원되었고 석축으로 이루어진 건물 자리 12개가 남아 있다. 그 주변에 420m에 이르는 토성이 남아 있다. 하지만 석축의 웅장함은 여전하다.

윤선도 사당에 있던 배중손을 기리는 작은 사당이 용장산성으로 뒤늦게 옮겨졌다.『고려사』반역자 가운데 거의 유일하게 지금은 민족혼의 상징처럼 부각되는 인물이 있다고 문갑식 작가는『순례자의 인문학』에 적고 있다. '고려가 몽골의 침략을 받아 싸우다 왕을 비롯한 조정이 굴복한 것과 달리 '항복하라'는 왕명을 어기고 장소를 옮겨가며 끝까지 싸우다 전사한 배중손이 그렇다.'

7코스 진도군

진도 용장성- 도평저수지(죽제산 산림욕장)- 진도기상대 입구- 운림산방 주차장 / 12.4km

첨찰산 상록수림

서해랑길 안내판이 '첨찰산 쌍계사' 일주문 바로 안에 자리한다. 화살표 따라 나오다 보면 쌍계사 앞에 '첨찰산 상록수림$^{천연기념물 제107호}$' 석비가 묘하게 눈길을 끈다. 쌍계사 절 이야기가 아니다. 절보다 상록수림이 더 중요히 여겨진다. 아름다운 숲 전국대회에서 수상한 기록물이 설치되어 있다. 2007년 제8회 '아름다운 숲' 전국대회에서 '공존상'을 수상하였다는 것이다.

진도에서 가장 높은 산이 첨찰산^{485m}이다. 상록수림을 길러내고 지키는 산으로 더 중요한 의미를 지닌다. 이렇게 중요한 이유는 크게 두 가지다. 하나는, 첨찰산 상록수림이 사람의 간섭이 비교적 적어 원시림 성격을 띠고 있으며, 안정적인 천이단계에서 나타나는 다양한 생물들의 서식지이기 때문이다. 그리고 신라시대 창건된 쌍계사와 운림산방을 끼고 있어 문화성과 역사성을 동시에 가지는 것도 또 하나의 이유다. 일제강점기와 한국전쟁을 거치면서 전 지역이 개벌되었지만, 주민들의 남다른 숲 보존의지로 지금의 상록수림으로 복원되었다는 이야기다. 사람과 숲의 조화로운 공존을 통해 이 아름다운 숲이 다음 세대까지 변함없이 보존되기를 기원한다.

쌍계사를 옆으로 두고 흐르는 물줄기를 따라 계곡을 타고 첨찰산을 오르다보면 상록활엽수와 낙엽활록수가 빽빽이 들어차 있다. 동백나무, 후박나무, 참가시나무, 감탕나무가 주요 수종이다.

이외에도 종가시나무, 생달나무, 모새나무 등의 상록활엽수가 한겨울을 나고도 의연한 모습으로 푸른 잎의 위용을 과시하고 있다.

또한 졸참나무, 사귀나무, 느릅나무, 쥐똥나무, 조록싸리와 삼색싸리, 소사나무, 잘매나무, 굴피나무 등의 낙엽활엽수는 방금 앙상한 가지 끝에 파릇한 잎새를 키우고 있다. 이들 나무들이 천혜의 자연을 갖춘 산림욕장이 되게 한다.

봉화대가 있는 정상에 오르면 진도가 눈 아래 펼쳐진다. 다도해가 한눈에 굽어보인다. 구름이 바다 위에 둥둥 떠 있는가 하면 바다 위에 둥둥 떠 있는 작은 섬들은 구름처럼 보이기도 한다.

그 옛날 첨찰산 정상에서 봉화가 타오르면 이어 금골산 봉화대에서, 용장산성 봉화대에서, 녹진 망금산에서 봉화가 연이어 타오른다. 진도는 산이 많은 편이다. 진도 여귀산 봉수는 해안가에 설치된 금갑 쪽의 봉황대로 이어지고 여귀산 줄기 끝에 설치된 오봉산 연대, 굴포 쪽에 설치된 굴포 연대로 이어졌다.

또한 첨찰산 정상에는 진도기상대가 전라남도 남부와 서해의 중심적 역할을 수행하고 있다. 2001년 6월 11일에 준공하여 2002년 1월 1일부터 정규업무를 개시하였다. 어느덧 20여 년이 흘렀다. 육상예보는 진도군·해남군 4개 면, 해상예보는 전라남도 남·서해 앞바다, 항로예보는 진도↔조도 항로를 담당하며, 유관기관 기상교육 등 핵심적 역할을 기한다.

운림산방, 또 다른 이름 벽환당

운림산방雲林山房이 서해랑길 7코스의 종점이자 시점이다. 그리고 진도 여행의 일 번지이자 진도 그림의 뿌리이기도 한 곳이다.

구름과 숲, 숲과 구름이 있는 곳 운림산방. 첨찰산을 지붕으로 삼고 사방으로 수많은 봉우리가 어우러져 있는 깊은 산골에, 아침저녁으로 피어오르는 안개가 구름숲을 이루었다고 하여 붙여진 이름이다.

주인은 자신의 방문을 열고 조용히 앉아 있는 가운데 눈앞에 보이다가 마음 깊이 들어온 나무와 구름과 냇물과 바람을 만나면서 또 한 번 자신의 뒤숭숭하던 심사가 가라앉는 기분을 맛보았을 것이다. 자연의 조화 때문이었다. 자연지自然知. 자연으로 인하여 깨우침을 받는 곳이라는 뜻이다.

이는 중국 원대 문인화의 대가인 예찬倪瓚의 아호 운림자雲林子에서 얻은 것이다. 그는 노년에 이르러 운림당이란 당호를 짓고, 이십여 년 간 주유천하며 몸에 익힌 지식과 애환을 거름으로 자신의 화실에서 일필의 초연한 화풍으로 자신만의 세계를 만들었다.

조선 후기 남종화의 대가인 소치 허련小痴 許鍊 선생1808~1893이 운림산방의 주인이다. 그가 말년에 거처하며 여생을 보냈던 화실로 국가지정 명승제80호으로 등록되었다. 허련의 화실 운림산방의 또 다른 이름이 벽환당蘗環堂이다.

진도읍에서 바로 남쪽으로 내려오다 보면 첨찰산 서쪽, 쌍계사와 가까운 곳에 위치해 있다. 오랫동안 방치되던 운림산방이 1982년 손자 허건에 의해 복원되었다. 전라남도 기념물제51호이다.

'ㄷ'자 기와집인 운림산방과 그 뒤편의 초가로 된 살림채, 새로 지어진 소치기념관과 진도역사관이 많은 궁금증을 풀어준다. 화실 안에는 허씨 집안 3대의 그림이 복제된 상태로 전시되어 있다. 새로 지어진 소치기념관에는 운림산방 3대의 작품과 수석, 도자기 등이 역사적 사실을 인증해 준다. 운림산방 앞에는 오각으로 만들어진 연못이 특징적이다. 한 면이 35m 가량 되며, 그 중심에는 자연석으로 쌓아 만든 직경 6m 크기의 둥근 섬이 있는데 배롱나무가 한 그루 있다. 소치가 심었다는 백일홍이다(진도군). 사람들이 "저 나무가 무슨 나무지?" 하면서 이야기하는 소리를 듣는다.

운림산방

산방 마루에 걸터앉아 운림지를 내려다본다. 흰 수련이 필 때에는 남다른 생각으로 잠시 시간이 멈춘다. 마음이 정화되는 기분이다. 연못과 정원이 어우러져 조화를 이뤄낸 분위기가 사뭇 운치를 더한다. 풀잎 위에서 반짝이는 물방울은 금방이라도 대굴거리며 굴러갈 듯하다. 이끼 낀 디딤돌 하나하나에는 자연의 정취가 고스란히 묻어 있다. 이 영롱하고 싱그러운 느낌은 저절로 생긴 게 아니다. 부지런한 누군가의 손길이고 마음이다.

영화 〈스캔들 조선남여상열지사〉의 배경이 되기도 하여 더욱 유명하다. 운림산방에서 약 150m를 오르면 1995년 8월 15일에 세워진 진도아리랑비가 맞이한다.

소치 허련 선생의 삶 속으로

허련 선생의 삶은 어떠하였는가, 궁금하다. 『소치 허련』에서 김상엽 작가는 '허련의 일생에서 28세 이전의 상황은 아직 알 수 없다'고 적었다. 단지 그의 자서전격인 『소치실록』에 어려서부터 그림 그리기를 좋아했다고 술회한 바 있을 뿐이다.

곽의진 작가의 장편소설 『꿈이로다 화연일세』에서도 소치 허련 선생의 삶이 그림에 대한 열정만으로 27세에 무작정 섬을 떠나는 것으로 시작한다. 그 명성만 들었던 해남 연동의 고산 윤선도 고택 녹우당과 인연 맺는다. 28세부터 해남 대둔사 일지암으로 가서 초의선사에게서 그림보다는 기본적인 가르침을 받는다.

초의는 사람과 사람의 만남이란 비단실로 한 올 한 올 엮어 고운 비단을 만들어 내는 것과 같아서 귀하게 여겨야 하는 것을 일깨웠다. 불자가 가야 하는 구도의 길을 시로 적었는가 하면 학문의 깊이와 해박한 지식의 폭이 시구마다 절절이 배어 있어서 머리를 조아리고 조아렸다. 자연과의 융화로 진리를 깨달을 수 있다면 아픔과 고난도 달게 받겠다는 자세는 부처님의 말씀과 같았다.

허련은 초의선사의 소개로 서울의 추사 김정희에게서 본격적인 서화수업을 받게 된다. 32세부터 김정희가 돌아갈 때까지 18여 년을 지성으로 모셔, 김정희가 인간적인 고마움을 표시한 구절을 여러 곳에서 볼 수 있다. 문자향이 배이면서 남종화의 대가로 성장했다. 어느 날 추사는 '소치'라는 호를 제자 허련에게 지어주었다.

옛날 진나라에 박학한 고사가 있었는데 그는 문인화가이며 호두장군이라 칭하였다. 그가 재절才絶, 치절痴絶, 화절畵絶의 삼절三絶이었다. 그 중에서 '치'자 하나를 딴 것이다. '재'와 '화' 두 글자는 '치' 자 속에 포함시켰다. 중국 원나라의 서화가이며 남종화 사대가 중의 한 사람인 황대치의 대치大痴라는 호도 거기에서 유래한 것이다.

소치, 자신을 낮추고 부끄러워할수록 더 큰 사람이 된다는 것을 잊지 말고 대치보다 더 큰 화가가 되라는 의미로 소치라 지었다. 이제부터 자네의 이 별호가 자네의 그림과 함께 조선 팔도는 물론 멀리 중국까지 뻗어 나가길 바란다.

허련의 일생에서 가장 빛나고 영광스러웠던 시기는 1849년헌종 15, 그의 나이 41세였다, 이 해에 허련은 다섯 달 동안 다섯 차례에 걸쳐 헌종을 배알하고 헌종이 손수 준 붓을 받아 어연에 먹을 갈아 그림을 그리는 등 일개 화가로서는 상상할 수 없는 영예를 누렸다(김상엽).

김정희가 돌아가신 해인 1856년, 49세의 나이에 허련은 서울 생활을 청산하고 고향인 진도에 내려온다. 그때 운림산방을 마련하고 그림에 몰두했다. 운림산방은 개인의 거처라는 의미를 넘어 호남 회화의 상징적 장소 또는 호남 남종화의 성지로 불리게 된다.

운림산방, 이곳은 그의 아들 미산米山 허형이 그림을 그린 곳이기도 하다. 산山은 본시 큰 것을 뜻한다. 그러나 쌀알처럼 작지만 필요한 산이 되어야 한다는 의미다. 쌀알처럼 작지만 귀한 것들이 모여 산을 이루어야 한다는 것이다.

또한 의재 허백련1891-1977이 미산에게 그림을 익힌 곳이기도 하고 손자인 남농 허건1908-1987이 남종화의 대를 이은 곳이기도 하다. 이와 같이 유서 깊은 운림산방은 소치- 미산- 남농南農- 임전林田 등 5대에 걸쳐 전통 남화를 이어준 한국 남종화의 본거지이기도 하다.

『소치 허련』에 따르면 조선 후기 회화의 변화에서, 남종화의 본격적 유행과 진경산수의 대두가 가장 중요한 내용이다. 남종화는 남종문인화라는 용어로 사용되기도 하였고, 대체로 문인화와 거의 같은 의미로 사용되고 있다.

허련은 1867년 다음 해인 환갑을 기해 자신의 일생을 되돌아보며 정리한 『소치실록夢緣錄』을 남겼다. 이는 전통시대 화가의 자서전으로 유일하다. 72세에는 『속연록』을 저술하였는데 68세에서 72세까지 연대순으로 서술된 것이다. 그는 당나라 남종화와 수묵 산수화의 효시인 왕유의 이름을 따 '허유'로 살기도 했다.

소치기념관에 전시된 그의 유언의 일부를 읽어본다.

책은 나의 얼이 깃든 것이며 약간의 책들과 두루 마리는 고심 중에 얻은 것이니 결코 소홀히 보관하지 말라. 특히 선고의 필적은 더욱 조심하고 소중히 간직해야 한다. …
집은 병진년에 지어 30년이 되었다. … 척박하기만 한 논과 밭에서 … 어떻게 먹고 살겠는가. 만일 전체를 살 사람이 있으면 아낌없이 매도한 뒤 가족들을 데리고 읍으로 가 살아라. …

　나의 처지로 보더라도 만일 벽촌에 떨어져 오래 살았다면 어찌 지금까지 명성을 얻고 살 수 있었겠느냐. 너희들이 깊이 생각해야 할 부분이다.

　현대인이 어떤 진취적인 삶을 영위해야 하는지를 암시한다. 모든 것은 피어날 때와 떠오를 때가 가장 아름답다고 알고 있는 사람들이 많다. 하지만 석양처럼, 아름답게 질 수 있는 것도 매우 중요하다는 무엇인가를 안겨준다. 허련의 삶을 읽으면서.

8코스 진도군
운림산방 주차장- 삼별초공원- 송정지- 아리랑마을 관광지 입구- 귀성삼거리
/ 22.8km

삼별초 이야기가 있는 삼별초공원

운림산방에서 1km 정도 리본 따라 거닐면 삼별초공원이다. 공원이 전라남도기념품제126호이다. 고려시대에 삼별초 항쟁의 본거지 진도가 '삼별초' 이름을 넣어 역사성을 상기시킨 공원이다. 지금은 캠핑장소로 집단 활동을 대신하도록 유치하고 있다(진도군).

'삼별초호국열사탐방길'이라 적힌 말뚝이 길을 안내한다. 삼별초의 항쟁 유적지를 걷는 코스다. 삼별초공원을 중심으로, 섬 동북쪽에 들어선 벽파진의 이충무공전첩비와 용장산성을, 남쪽으로는 남도석성, 왕온의 묘(지방기념물제126호), 떼무덤, 그리고 삼별초 궁녀둠범을 둘러보는 탐방길이다. 삼별초가 진도의 역사테마 관광자원이 된 것이다.

삼별초는 몽골이 고려를 침략하기 전인 고종 17년1230 당시 권력자 최우가 조직한 것이다. 『순례자의 인문학』에서 문갑식 작가는 최우가 처음 만든 것은 야별초였다고 한다. 1219년 도둑을 막고 야간경비를 위해 설치한 야별초가 확대된 것으로 고려시대 경찰과 전투의 임무를 수행하는 부대였다. '별초'란 용사들로 조직된 선발군이라는 뜻이다. 좌별초, 우별초, 신의군으로 점차 확대 조직되었다.

삼별초는 최씨 무신정권의 군사적 기반으로, 무신정권이 무너지고 몽골과 강화가 성립되어 고려가 개경으로 환도하자 개경환도에 반대하여 대몽

항쟁을 일으켰다. 배중손의 지휘 아래 승화후承化侯 온溫을 왕으로 추대하고 진도와 제주도로 본거지를 옮겨 항쟁을 벌였으나 1273년 진압 당했다.

몽고군은 일본을 정벌하고자 새로 개발한 화포를 삼별초군과 싸울 때 사용했는데 진도에서 10일 동안 벌어진 전투로 삼별초군은 위기에 몰리게 되며, 그들이 궁궐로 사용하던 용장사 큰 가람은 완전히 불타버렸다.

패주하던 왕온王溫은 너무나 다급한 나머지 왕무덤재를 올라갈 때 말을 거꾸로 탄 채 말꼬리를 붙잡고 달렸다는 얘기가 있다. 어쩌면 낙마하여 꼬리를 붙잡고 달렸는지도 모를 일이다.

왕무덤에서 붙잡힌 왕온과 그의 아들 항의 목을 치자는 주장과 목숨을 살려 데려가자는 주장이 맞섰지만 결국 이들 부자父子는 논수골에서 죽임을 당했다. 고려의 자주自主를 위해 항거하던 삼별초 정신과 몽고의 속국이 되어 자주 항거 집단을 토벌하러 나선 고려 개경 정부의 조카들이 진도의 이름 없는 어느 산골짜기에서 몽골 장수의 고집을 꺾지 못하고 만다.

외세의 압력에 따라 조카가 백부를 죽이고 사촌 형제의 목을 치는 고려 왕실의 비극이 논수곡論首谷과 논수동論首洞이라는 이름을 남겨놓았다. 왕무덤재는 물론 왕온의 무덤이 바로 옆에 자리한 이유 때문에 붙여진 지명이고, 바로 밑에 왕이 탔던 말의 무덤이 남아 있으나 아들 항의 무덤은 남아 있지 않다.

패주하던 삼별초가 돈지에서 둘로 나뉘어 김통정金通精은 금갑에서 배를 타고 제주까지 건너가 그곳에서 항몽전을 펴다가 섬멸되었다.

삼별초 궁녀둠벙

서해랑길은 또 하나의 역사적 장소를 지난다. 궁녀들이 몸을 던져 죽음을 택한 삼별초 궁녀둠벙이다.

궁녀둠벙

전투 중에 피난 중이던 여기女妓·급창及唱 등 삼별초의 부하와 궁녀들은 창포리에서 만길리로 넘어가는 고개인 만길재를 넘다 몽고군에게 붙잡힌다. 이때 함께 도망치던 여인들은 붙잡혀 욕을 보느니 차라리 스스로 목숨을 거두자고 마음먹고 만길재 밑 우황천에 몸을 던져 자결의 길을 택했다. 지금의 둠벙에 몸을 던져 목숨을 끊었던 것이다.

그 뒤 비가 오는 날이면 이곳 둠벙에서 여인네의 울음소리가 슬피 들려온다는 소문이 마을을 덮었다. 지금으로부터 20여 년 전까지만 해도 밤에는 이곳을 지나는 이가 거의 없었다고 한다.

지금도 한적한 곳이기는 매한가지다. 이곳을 진도사람들은 '여기·급창둠벙'이라 부른다. 궁녀뿐만 아니라 왕손을 따르던 급창과 애계라는 기생도 이 못에 빠져 죽었다. 그래서 급창둠벙 또는 애계둠벙이라 부르기도 한다. 그 당시 삼별초와 함께 투쟁했던 진도인들 특히 여인들의 절개가 돋보이는 뜻깊은 역사의 현장이다.

지금은 깊어 보이지 않으나 그 당시에는 물이 많아 깊었을 것으로 미루어 짐작된다. 당시 이곳 둠벙의 수심은 매우 깊어서 절굿대를 넣으면 우수영 또는 금갑 앞바다로 나온다는 전설도 간직하고 있다.

이는 나당연합군에 의해 백제가 망할 당시 3천 궁녀가 부여 낙화암에서 몸을 던져 목숨을 끊었다는 내용과 견줄 수 있는 이야기다.

죽림어촌체험마을

죽림어촌체험 휴양마을센터가 보인다. 한반도의 남쪽 끝 진도 죽림마을이다. 여귀산 아래 쪽빛 바다와 논밭의 풍경이 수채화처럼 펼쳐진다. 지금은 밀물이 갯벌을 삼켜버린 상태지만, 아이들은 바다로 내려가 장난을 치고 논다.

죽림마을은 해송이 어우러진 바닷가로도 유명하다. 예전에는 대나무 숲이 많다고 해서 '죽림리'라 칭했다. 덕분에 인근 탑립, 강계, 동헌, 죽림 마을을 통합하여 죽림리라고 불리게 되었다.

그러나 400년 전에 해풍을 막아 농사를 짓기 위해 심은 소나무가 어느덧 숲이 됐다. 강풍과 수해를 막아주고 시원한 그늘이 되어주어 2007년 아름다운 숲 대회에서 '공존상'을 받은 뒤 전국에 이름을 알렸다. 해송이 어우러진 아름다운 풍경의 죽림마을로 바뀐 것이다. 마을 곳곳에 낮게 쌓아올림 돌담이 어촌의 운치를 더한다.

죽림마을은 2003년 해양수산부가 지정한 '어촌체험마을'로 이름을 얻어 '죽림어촌체험마을'이 되었다. 개매기개맥이 체험장으로 이용되며, 바다에서는 낚싯배를 타고 나가 고기를 잡는 프로그램이 운영된다.

도로 건너편 앞바다가 갯벌체험장이다. 이곳 갯벌에서는 조개 잡기 체험이 즐길만하다. 바닷물이 빠지길 기다려 물 따라 조개를 잡는다. 3,000여 평의 갯벌에 바지락 등 10여 종의 조개가 서식하고 있기 때문이다. 간조 시 노출되는 넓은 간척지에 바지락, 마조개, 해방고동, 울조개, 떡조개, 귀머거리, 동죽, 비들이 등이 풍부하여 빈손으로 가게 하지 않는단다.

개매기 체험은 조수간만의 차가 큰 바닷가 갯벌 위에 소나무 말목을 박고 그물을 쳐놓은 후 밀물 때 조류를 따라 들어온 물고기 떼를 썰물 때 그물에 갇히도록 하여 손으로 물고기를 잡는 고기잡이방법을 말한다. 주로 보리숭어와 참숭어가 많이 잡힌다. 전어, 도다리 등도 직접 잡아 맛볼 수 있다. 최간조 시에는 개매기 어구에서 숭어 등 고기잡이 재미도 느껴볼 수 있다. 갯마을의 정취에 흠뻑 젖게 만들어주는 죽림어촌마을이다.

죽림어촌마을체험관 옆 작은 미술관

아이들이, 청춘들이 오솔길로 연신 들어간다. 아취 숲 위에 '작은 미술관' 간판이 호기심을 자극한다. 얼마나 작은 미술관일까, 궁금하다. 나도 오솔길로 들어가 본다.

잔디 마당이 나오고 진도와는 동떨어진 이미지의 하얀 건물에 '우초 그림이야기'가 적혀 있다. 지중해에 있는 하얀 건물이 아니라 진도 죽림마을 바닷가에 있는 빨간 지붕에 하얀 건물이 유럽풍이다. 작은 미술관 이름이 '우초 그림이야기'이고.

우초愚艸는 진도 출신 박병락朴秉洛 작가다. 그는 진도에서 18년째 작품 활동을 하는 한국화가다. 미술관 전시실에는 크고 작은 다양한 그의 작품이 시선을 사로잡는다.

작품을 둘러보다가 바닷가의 커다란 바위그림에 발걸음이 멈추어버린다. 바위의 질감이 그대로 전달되어 나도 모르게 '그래 이런 바위야, 바닷가 바위는, 이런 바위가 많지' 하는 생각이 든다. 그리고 진도마을의 그림 앞에서는 진도마을은 '이런 집들이 진도의 정체성인가', 속으로 말하면서 가슴으로 그림을 보게 한다. 진도의 최남단 동령개 앞에 떠 있는 목섬을 그린 그림도 멋스럽다. 작가는 실제 봄날 동령개의 바위에 앉아서 밀물과 썰물에 따라 길이 열리고 닫히는 목섬을 바라보는 정취가 그만이라고 한다. 그림으로도 그만이다. 전시실에 있는 문화일보2010와의 인터뷰에서 작가는 말했다.

멀찌감치 떨어져야 제대로 보입니다. 먼발치에서 바라보는 야트막한 구릉의 선이며 부드럽게 흘러가는 강물의 유연함. 그런 것들이야말로 남도의 풍경을 제대로 볼 수 있는 시선이지요.

작은 미술관, 우초 그림 이야기

진도의 최남단 동령개와 목섬의 그림을 보면서 이런 풍경이 있을까 싶다. 동령개는 서해랑길 다음 9코스에서 그냥 지나친다. 시간을 가지고 동령개로 내려가서 목섬을 관망하는 것도 좋겠다.

그의 그림은 남도예술은행을 통해 거래된 실적이 굉장했다. 진도 작가의 그림을 만나는 작은 미술관, 유익하고 즐거워 작은 기쁨이 된다.

여귀산 자락에 울리는 국악

만주야 봉천은 얼마나 좋은가/
꽃과 같은 나를 두고 만주 봉천을 가는가/ (후렴)
오늘 갈지 내일 갈지 모르는 세상/
내가 심은 호박 연줄 담장 넘는다/ (후렴)
청천 하늘에 잔별도 많고/
요내 가슴속에 수심도 많다/ (후렴)

가사가 끝날 때마다 후렴구, '아리 아리랑 스리 스리랑 아라리가 났네. 아리랑 응응응 아라리가 났네.'가 이어진다.

구슬프지만 신명나는 노래 가락은 여귀산 꼭대기까지 도달한다. 그러면 정상에서 증폭되어 하늘을 꿰뚫고 다시 바다로 흘러들어간다. 시간의 흐름을 잠시 동안 멈추게 하고, 살아 있는 모든 힘이 노래 가락으로 집중시킨다. 측량할 수 없는 긍정의 힘을 준다.

우리의 노래, 우리의 가락이 힘차게 이어지게 하는 곳이 국립남도국악원이다. 국악 연구와 보급에 앞장서며 공연, 교육, 체험 등 다양하게 진행한다. 매주 금요일 오후 7시에 우리 가락을 듣고 즐기고 노래할 수 있다. 코로나19 기간을 제외하고 한 주도 빠진 적이 없단다. 2004년에 개원하고 내년이면 20년이 된다. 우리 가락의 역사가 쌓이고 또 쌓이는 곳이다. 예전엔 가끔 시간을 내어 우리 가락을 즐기기도 했는데.

남도국악원 뒤로는 여귀산 자락이 둘러싸고 앞으로는 멀리 바다가 보인다. 배산임수背山臨水. 멀리 바다가 보이는 마을 또한 정겹게 안착했다. 이런 풍광이 우리의 가락에 예술혼을, 정기를 불러 넣어 주는 것이 아닐까, 느껴진다.

여귀산457m은 계집 여女와 귀할 귀貴자로 '귀한 여자'라는 뜻이다. 산 이름이 그래서인지 이 산을 남쪽이나 북쪽에서 올려다 볼 때 정상과 작은 여귀산으로 불리는 뾰족한 봉우리가 마치 여인의 젖무덤처럼 느껴지기도 한다나.

여귀산은 두 얼굴을 가진 산이다. 정상은 제법 오르기가 험난한 바위지대로 이뤄진 반면 정상을 중심으로 좌우로 흘러내린 지능선들은 부드러운 산세를 이루고 있기 때문이다. 또한 밖에서 올려다본 여귀산은 어느 방향으로든지 쉽게 오를 수 있을 것으로 보이지만 산으로 들어서면 수림이 워낙 빽빽하게 들어차 있어 기존 등산로를 벗어나서는 육지의 여느 산과 달리 수림지대를 뚫고 나아가기가 어렵다고 한다.

그래서인가? 진도의 지인이 나더러 절대 여귀산은 가지 말라고 경고했다. 여귀산은 '귀'자가 귀신鬼神을 의미하여 여자 귀신이 붙은 산이라고. 산에 가서 돌아오지 못한 사람들이 많다고. 산에는 길도 없다고. 마침 '산' 잡지에 여귀산 등반이 소개되어 물었던 적이 있었는데, 경고에 가까운 대답이 아직도 기억 속에 남아 있다.

그러나 일단 주능선이나 정상에 오르면 남서쪽 아래로 시원하게 터지는 다도해해상국립공원을 비롯한 바다풍경이 황홀하게 파노라마로 펼쳐진다. 바다를 주홍빛으로 물들이는 일출과 낙조를 볼 수 있는 여귀산이라고 하니 도전해 봐야겠다.

입으로 전해지는 진도아리랑

국립남도국악원으로 올라가는 길에서는 나도 모르게 아리랑을 부르며 휘청거려졌다. 진도아리랑을 이야기하지 않고 그냥 넘어갈 수 없다.

입에서 입으로 구전되어 내려오는 남도의 소리들, 삶 속에 절절이 스며 있다. 그런 가락 중에 하나가 아리랑Arirang이다.

옛말로 전해지기를 아리랑은 이승과 저승을 가르는 고개의 이름이라고 했다. 아리랑 고개를 넘으면 아라리 강이 있는데 아리랑 고개에서는 이승으로 돌아올 수 있으나 아라리 강에 들어서면 돌아오지 못한다. 아리랑 고개는 산 자와 죽은 자의 경계를 뜻했다. 더불어 내 님이 내 곁에 있는 차안此岸과 내 님이 내 곁을 떠나버린 피안彼岸의 경계를 의미키도 했다. 아리랑 노래들은 내 곁에 있는 나의 님을 염려하고 축원하거나 먼 곳의 님을 축원하는 내용들이 많다.

한국에서 가장 유명한 아리랑은 강원도의 '정선아리랑', 호남지역의 '진도아리랑' 경상남도 일원의 '밀양아리랑' 등 3가지이다.

아리랑 아리랑 아라리요 아리랑 고개를 넘어간다. (여음)나를 버리고 가시는 님은 십리도 못 가서 발병 난다. (사설)

흔히 '진도아리랑'은 예부터 진도에서는 '아리랑 타령'이라 하여 구전으로 불러왔다. 그 시원은 알 수 없으나 조선시대 말엽인 1900년대 초부터 진도아리랑이라 부른다. 가락은 흥겨운 멋을 간직한 속에 애절한 한이 깃들어 있고 비애를 사랑으로 승화시킨 노래로 후렴 중의 '응-응-응-' 소리는 슬픔과 기쁨이 한데 엉겨 있는 것과도 같다. 기존의 사설을 바탕으로 창자唱子가 새로운 사설을 덧붙일 수 있는 선후창 방식으로 연행된다.

진도 지역의 지역성 표출과 두드러진 부요적婦謠的 성격, 육자배기토리를 배경으로 한 선율 구조 등은 진도아리랑 고유의 특색이라고 한다. 토리는 민요를 구성하고 있는 음과 그 음들의 기능, 방식, 발성법, 장식음 등을 모두 포함하고 있다. 육자배기토리의 음계는 3음의 계면조로 가락이 구성지고 애절해서 격렬하게 떠는 음과 꺾는 음을 많이 사용한다. 진도아리랑은 물론 농부가와 강강술래가 대표적이다. 진도아리랑은 2001년 진도군 향토무형유산제1호으로 남도민요보존회에서 기능보유자를 관리하고 있다.

실제 노래판에서 불리는 〈진도아리랑〉의 사설은 모두가 생활에서 뿜어 나는 진솔한 이야기들이다.

> 씨엄씨 잡년아 잠 짚이 들어라/느그 아들이 염렵하면 내가 밤모실 돌까/ (후렴)저 건네 저 가시나 앞가심 봐라/넝쿨 없는 호박이 두 통이나 열렸네/ (후렴)줄 듯 줄 듯 하다가 아니나 주고 간 조 잡놈/다이도끼 삼 년에 ×이나 뭉텅 빠져라/ (후렴)

한국의 대표적인 민요인 아리랑은 세계문화유산 무형유산에 2012년에 등재되었다. 인류 보편의 다양한 주제를 담고 있고, 지극히 단순한 곡조와 사설 구조를 가지고 있기 때문에 즉흥적인 편곡과 모방이 가능하고, 함께 부르기가 쉽고, 여러 음악 장르에 자연스레 수용될 수 있는 장점이 있다(유네스코).

전문가들에 따르면 '아리랑'이라는 제목으로 전승되는 민요는 약 60여 종, 3,600여 곡으로 추정하고 있다. 인간의 창의성, 표현의 자유, 공감에 대한 존중이야말로 아리랑이 지닌 가장 훌륭한 덕목 중 하나라고 할 수 있다. 누구라도 새로운 사설을 지어 낼 수 있고, 그런 활동을 통해 아리랑의 지역적·역사적·장르적 변주는 계속 늘어나고 문화적 다양성은 더욱 풍성해진다.

『남도가 정말 좋아요』에서는 '우리네 마을마다 또랑광대가 있었다'고 한다. 또랑광대는 '소리를 잘 못하는 사람'이라는 의미다. '또랑'이란 집 담벼락 옆을 흘러가는 작은 실개천, 즉 '또랑'에서나 소리 자랑을 하는 어쭙잖은 소리광대라는 뜻을 가지고 있다. 허나 어디 못해서 못한다 했으랴. 소소한 행사마다 불려가 흥을 돋구는 마을의 최고 소리꾼인 것이다. 진도에는 마을마다 너나없이 모두가 또랑광대다.

아무튼 진도 어디를 가도 사람이 모이는 곳에서는 기회만 주어졌다 하면 소리와 춤사위가 자동이다. 진도 씻김굿, 진도 다시래기, 진도 강강술래, 진도 상여소리, 진도 아리랑, 남도 들노래, 흥타령도 뭍의 사람이 보기에 아마추어 솜씨가 아니다. 육자배기나 흥타령에 맞춰 가사를 개조해 퓨전방식으로 좌중을 포복절도하게 만드는 감각도 기가 막힌다. 『이야기 땅 남도에 가고 싶네』에도 나오는 이야기이다.

허술한 국밥집 벽에도 사군자가 걸려 있고, 밭 매는 할머니조차 듣는 이 애간장 녹이는 육자배기 타령쯤은 일도 아니다. 그런 곳이 진도다. 진도아리랑이 절로 구전되는 것이 아니다.

아리랑마을 관광지는 2015년 중요무형문화재 제129호로 지정되었다. 임회면 상만리 귀성마을 비롯한 팔도아리랑과 진도홍주에 대한 이해를 넓힐 수 있는 문화공간이 되었다. 시간을 가지고 둘러보면서 아리랑을 배워보는 것도 재미있겠다.

9코스 진도군

귀성삼거리- 짝별방파제- 동령개 삼거리- 남도진성- 서망항 / 12km

국가어항 서망항

 서망항 입구, 빨간 꽃게 모형이 상징하는 것이란? 꽃게가 유명한 항구라는 것이다. 항구에 사람들이 모이니 마을이 되었다. 서망항을 들러싼 항구마을 풍경이 아담하다. 활어위판장 수협, 해경과 항로표지관리소가 마을의 지지처가 되고 있다.

 서망항은 진도 서남단에 위치한 어업 전진기지다. 호남의 대표 어항 여수의 국동항과 같은 급의 국가어항*이다. 한 마디로 만만치 않게 큰 항구다. 진도의 국가어항은 4개인데, 그 중의 한 곳이 서망항이다. 수품항, 서거차항, 그리고 초평항.

 '진도항로표지종합관리소'가 서망항에 있다. 진도, 완도, 강진, 해남 등 일대의 유인등도 3개소와 무인등도 73개소 등 모든 항로표지를 관리하며 지나가는 선박에 항해 정보를 제공한다. 세월호참사 당시 제 기능을 못해 문제가 제기되기도 했지만.

 진도에서도 서망항은 제법 알아주는 항구다. 그것이 봄, 가을에 찾는 꽃게가 풍성하기 때문이다. 김준 박사는 『섬문화 답사기』에서 특히 해오蟹螯라 칭하는 '게의 집게다리 살'을 최고로 꼽았다.

---

* 국가어항이란 이용범위가 전국적인 어항 또는 도서, 벽지에 소재하여 어장의 개발 및 어선의 대피에 필요한 어항으로 지정권자 및 개발 주체는 해양수산부 장관이고 관리청은 광영시장 또는 시장 군수가 된다.

서망항

꽃게라는 이름은 곶해串蟹에서 비롯되었다. 등딱지 두 개의 꼬챙이가 곶처럼 생겼기 때문이다. 넓적하게 생긴 다섯 번째 뒷다리를 이용해 노를 젓듯이 수영한다.

조선시대 정조가 반한 음식이 꽃게탕이다. 그뿐만 아니다. 고대 중국의 주당 필탁畢卓이라는 관리는 '늘 한손에 개의 발을 들고 다른 손에는 술잔을 들고 주지酒池에 빠져 생을 마치면 무엇을 더 바라겠는가'라고 노래했다. 중국의 4대 소설의 하나인 『홍루몽』에서도 꽃게는 특별한 음식으로 날을 잡아 모든 사람들이 손을 씻고 손으로 직접 먹는 장면이 기록되어 있을 정도다. 조선의 선비 김종직, 정약용, 허균도 식탐을 금하는 양반 체통을 잠시 뒤로 미루고 맛을 즐겼던 이야기가 남아있다.

서망항에서는 꽃게잡이에 통발을 이용한다. 꽃게잡이도 극한 직업에 속한다. 자망이나 안강망을 이용하는 꽃게잡이와는 다르다. 물론 충남 일대에서도 통발을 이용하는 경우가 있다. 밤에 활동하는 꽃게를 잡아야 하기 때문에 어민들도 밤낮이 바뀌는 것은 물론이요, 낮에도 양망과 투망을 위한 준비로 잠을 자지 못한다. 봄과 가을 각각 한 달에서 한 달 반 동안에 일 년 농사를 지어야 하므로 선주들과 선원들은 내내 바다에 머문다. 게다가 거친 바다와 사투를 벌여야 하는 일이 많다. 그들의 극한 작업 덕분에 귀한 해오를 먹을 수 있는 것이다.

꽃게만이 아니라 오징어도 이제는 진도의 서망항이다. 2005년부터 동해에 냉수대가 자리를 잡는 바람에 난류를 찾아 오징어들이 남하하면서 나타난 현상이란다. 여름철이면 40-50척의 동해안 오징어 배들이 내려와 조업을 한다.

서망항은 여름철에는 장어와 오징어 파시가, 봄과 가을철에는 꽃게 파시가, 늦가을에는 조기 어장도 형성된다. 이런 어장을 두고 '물 반 오징어 반' 아니면 '물 반 꽃게 반'이라는 기사가 종종 올라온다. 요즈음 바닷일이 없어 배에서 청소나 하고 있다는 어부는 "아직은 고기가 없어 안 나가지만 그래도 감성돔 계절"이라며 미소 짓는 모습이 여유로웠다.

진도 남도진성

산 위가 아니라 바닷가 앞에 조촐한 돌담에 둘러싸인 석성이 남도진성이다. 조선 초기 왜구 침입에 대비해 축성한 해안 방어기지였다. 돌로 쌓아 남도석성이라고도 부른다. 국가지정 사적제127호으로 1964년에 지정되었다. 남도진성이 조선시대 수군진영의 진지로서 그 보존 가치가 매우 크다는 뜻이다.

남도석성은 백제시대 매구리현의 중심지였던 곳으로 여겨지는데, 고려 삼별초군이 몽고군과의 항쟁을 위해 이곳에 성을 다시 쌓아 대몽항쟁의 근거지로 사용했다고 전해진다. 임회면 방면으로 패주했던 배중손 장군과 그 부하들은 남도진성에서 최후를 마쳤다.

오늘날 남아 있는 성벽은 세종 20년1438 정월에 남도포에 만호부萬戶府를 파견하였다는 기록으로 미루어볼 때 그 뒤에 쌓은 것으로 추정된다. 특히 남도진성은 남해안과 서해안이 맞닿는 곳에 위치하여 그 지리적 특수성으로 말미암아 숙종 9년1683에는 전라남도의 수군기지인 가리포 진관에 딸린 수군의 근거지로 활용되었다. 얼마나 치열한 전투였는지, 처절한 방비만이 살 길이라고 하였다.

남도진성의 규모는 둘레가 1,233척, 높이 8척이지만 석성의 길이 610m, 높이 5.1m, 샘과 우물이 각각 1개씩 거의 원형대로 보존되어 있다. 성안의 관아와 객사 및 내아가 복원되었다(진도군지 상). 둥그런 성벽은 대문이 셋이었다. 동문과 서문 그리고 남문이 거의 그대로 있다. 북문은 따로 내지 않았다. 북문은 망자들이 오가는 문이란 풍문도 있었다. 서문 양 옆에 밖으로 튀어나온 치가 남아있다. 성 안에는 민가가 수십 호 들어서 있고, 마을 사람들은 이 옛 성문을 통해 출입했다. 두 개 모두 편마암질의 판석을 겹쳐 세워 만든 것으로 규모는 작지만 전국적으로 유례를 찾기 힘든 특이한 양식이다.

남도진성을 둘러보자 옛날 옛적의 남도진성이 저절로 상상된다. 성 밖으로는 주위에 산과 자연림이 울창하고 앞으로는 바다가 펼쳐져 있으며 밀물 때에는 바닷물이 성 밖까지 출렁인다. 남도석성 남문 앞으로 흘러가는 가느다란 개울을 건너기 위해서는 다리를 놓아야 했다. 그 다리가 두 개의 운교무지개다리 쌍운교와 단운교이다. 다리를 건너 군사들은 훈련 장소인 사대射臺로 갔고 일부는 선소로 가서 배를 건조하며 나날을 보냈을 것이다.

사대射臺는 궁술훈련을 하던 장소로 수군진성의 축조시기와 관계없이 수군진의 설치과정에서 필수적으로 갖추어야 하는 시설이다. 남도포진의 축조와 더불어 축조되었다. 사대는 1872년 「남도진여지도」에 선소 북서쪽의 가장 안쪽 해안가에 표기되어 있어 이 위치인 것으로 추정된다. 이곳은 마을 주민들에 의해 사장射場, 즉 활터로 구전되어 왔으며, 마을에서 상喪이 있을 때 마지막으로 망자를 애도하는 장소로 이용되고 있다. 2005년 (재)전남문화재연구원에서 실시한 시굴조사에서 사대 관련 유구는 발견되지 않았으나 석관묘와 백자편, 기와편 등이 출토되었다. 2011년 선소와 함께 진도 남도진성 추가 보호구역으로 지정되었다.

선소는 조선시대에 배의 출입과 건조 및 수리를 하던 곳이다. 수군진성의 축조시기와 관계없이 수군진의 설치과정에서 필수적으로 갖추어야 하는 시설이다(진도문화원). 이러한 사대와 선소로 볼 때 성을 지키기 위한 노력이 대단한 만큼 왜의 침략 또한 심상치 않았음을 역사는 말해준다.

성문 밖에는 무예에 능한 여섯 분의 만호비가 역사를 증명해준다. 원래 만호비들은 남도석성 안에 마을 중간쯤에 있었던 것이나 마을 사람들의 합

남도진성 입구

남도진성 만호비

의 하에 성문 밖으로 옮겨진 것이란다. 만호비는 조선 후기 수군만호의 선정비善政碑로 영세불망비永世不忘碑 또는 청덕淸德선정비로 돌에 새겨 만호들의 공적을 기렸다. 영세불망비는 서성록1849 김후이1864, 이찬홍1874, 김명하1875, 청덕선정비는 김공익1753, 노홍선의 비였다.

지금도 계속 복원 중이다. 최근까지 남도석성 안에서 살던 사람들을 성 밖으로 이주시키고 정비 중이다. 큰 도로가에 줄지어 있는 펜션이 그들의 이주 장소라고 알려준다. 굴포식당에서 만난 진도 토박이의 이야기다. 이젠 평화의 시간이 된 것 같다. 성 밖에서 살게 되었으니 말이다.

진도 미르길 따라 국립공원 산림유전자원 보호구역으로

곧이어 국립공원 산림유전자원보호구역에 들어섰다. 그런데 바리게이트로 통제된 임도. 서해랑길 리본이 길을 막아놓은 바리게이트에서 '여기여기' 하고 팔랑인다. 관리직원 외 입산 통제지역150ha인데 바리게이트 옆으로 지나간 길, 발자국이 뚜렷하다. 아마도 서해랑길을 걷는 자만의 특권인지 싶다.

동령개와 남동마을의 3km의 구간. 난과 분재의 채취금지. 산림보호법 제15조 제1항에 따라 임산통제구역으로 지정된 지역이므로 허가를 받지 아니하고는 입산하지 못합니다. 만일 허가 없이 입산하게 되면 같은 법 제57조 제4항에 따라 30만 원 이하의 과태료를 부과합니다. −서부지방산림청 영암국유림관리소

마치 서해랑길이 허가받은 것처럼 나도 당당하게 마음 놓고 발을 들여놓는다. 통제구역에. 임도가 넓고 평편하고 나무가 울창하다. 천혜의 자연을 그대로 간직하고 있는 오래된 길을 거니는 기분이다. 햇살이 나무와 나무 틈으로 내리비쳤다. 봄 햇살이 몸에 닿아 퍼지는 듯하다. 숲 주위가 환

하다. 돌 의자가 앉으라고 손짓한다. 맘에 드는 풍경이다 싶어 잠시 앉았다 가기로 한다. 눈을 감으니 아늑하고 평화롭다. 온갖 사념들이 맥락 없이 왔다가 어느 결에 사라진다.

'길 위의 휴식'이라고 해도 전혀 이상할 것 같지 않은 분위기다. 자연의 소리만이 가득한 숲속에서 오가피차 향기 입안에 가득 머금다 나릿나릿 간다. 산봉우리가 보이다가 지나가고 다시 산봉우리가 보인다. 그렇게 몇 개의 산봉우리를 넘어간다. 지나온 길 같기도 했고 오래 갈 길 같기도 했다.

말하자면 나의 작은 세상을 독차지한 셈이다. 걸으면서 삶의 전부를 생각하는 듯도 했고 아무 것도 생각하지 않는 듯도 했다. 고즈넉한 풍경 속 무척 편안했다. 길을 걷는 자가 아니라 그냥 여기서 나고 자라 평소에 아침저녁으로 오간 영혼처럼.

쉼은 한자로 休휴이다. 새삼 '휴'의 가치를 발견하고 치유의 가치를 부각시키는 요즘이다. '휴'하려면 떠나는 게 최고다. 일상에서 떠나고 습관에서 떠나고 모든 인연에서 떠나면 그때 비로소 비워진다. '휴'에서 멈춤이 생기고 새로운 자극이 생기며, 모험이 일어나고, 새로운 시작을 할 마음도 생긴다. 여행에서도 쉼을 가지기 쉽지 않지만, 이곳에서는 최고의 쉼이 챙겨진다.

클라우디아 해먼드의 『잘 쉬는 기술』에서는 쉼은 휴식을 뜻하는 영어 단어 rest로 rasta에서 왔다. 이는 본래 거리 단위를 뜻한다. 열심히 걸은 다음에 멈추는 일, 멈춰 온 거리를 잰 결과다. '쉬다'는 '일하다' 다음에 온다. 걸어온 거리를 되돌아보려면 의식이 깨어 있어야 한다. 책에서는 진정한 휴식으로 생각하는 10가지 활동이 소개돼 있다. 놀랍게도 1위는 독서였다. 그 다음은 자연체험, 혼자 있기, 음악 듣기, 빈둥대기, 산책, 목욕, 몽상, TV 시청, 명상 순이다.

명상이든 산책이든 독서든 휴식의 공통점은 두 가지다. 혼자 있기와 다른 세계로 떠나기다. 고독을 즐기면서 번잡한 현실로부터 자신을 놓아줄 때 비로소 우리 영혼은 쉰다. 잘 쉬는 법도 익혀야 할 인생 기술이 아닐까.

서해랑길의 이 코스는 '진도군 미르 트레킹길'과 연결된다. 굴포에서 서망까지 일부 구간은 진도 미르길을 걷는 것과 마찬가지다. '2021년 걷고 싶은 전남 숲길'로 선정된 길이다. 해안경관을 즐길 수 있고 다도해의 비경을 볼 수 있어 특별한 길이라고 자랑한다. 진도의 미르 트레킹길은 임회면 굴포항에서 국립진도자연휴양림까지 7.1km로 경사가 완만하고 2시간 내외로 산행할 수 있는 길이다. 도전해 볼만하다.

미르길은 헌복동에서 서망까지 가는 해안길은 바다를 끼고 구불구불, 오르락내리락하는 오솔길이다. '미르'는 순우리말 고어古語로 용龍이란 뜻이다. '용이 승천을 준비하려고 움직이고 있는 모습'을 상상하면서 걷는 미르길이다. 서남해안의 수려한 경관과 다양한 생태가 살아 있는 옛길을 따라 푸른 하늘과 파도소리를 함께 감상하며 걷는 재미는 특별하다. 총 6개의 코스로 나뉜다. 1코스는 헌복동-죽림 시앙골1.5km, 2코스는 죽림 시앙골-탑립1.6km, 2-1코스는 탑립-귀성3km, 3코스는 귀성-중만2.1km, 4코스는 굴포-동령개6km, 5코스는 동령개-남동3.0km, 6코스는 남동-서망2.5km이다.

서해랑길은 미르길 4코스에서 6코스를 함께 한다. 굴포에서 서망까지 일부 구간이다. 천혜의 자연을 그대로 느끼는 길이다.

임도를 벗어나 큰 도로가를 걷다 보면, 길가 공원에 엄청난 큰 돌 작품이 여기저기 놓여 있다. 자세히 보니 그림과 시가 있는 돌들이다. 이곳을 '거리공원의 시화詩畵전시실'이라고 나 스스로 명명했다. 돌의 크기가 장난이 아닐뿐더러 돌에 새겨진 시와 그림도 장난이 아닌 작품 그 자체였다. 그림과 시에 모두 작가의 이름이 적혀 있다. 노천명 시인의 「저버릴 수 없어」가 심오한 땅 냄새를 맡고 느끼게 한다.

누가 뭐라고 하든/ 내가 이 땅을 저버릴 수 없어

불타는 가슴을 안고/ 오늘도/ 보리밭 널린 들판을 달린다.

착한 사나이가 논을 갈고/ 지어미가 낮밥을 이고 나온 논 뜰

미나리 냄새나는 흙에 입 맞추고 싶구나.

누가 뭐라고 하든/ 내가 이 땅을 저버릴 수 없어

노여운 눈초리를/ 오월의 푸른 가랑잎으로 벗어보다. -노천명

그저 상투적인 언술이 아니라 허허로운 마음으로 자연의 품에서 쉬고 싶은 시인의 목소리가 들린다.

어쨌든 노래와 그림과 시가 함께 하는 삶을 이어가는 진도인의 모습이 그대로 반영된 공원이라는 점에서 진도다운 발상인가 싶다.

윤고산둑과 윤선도 선생

고산둑에 도착했다. 교육방송EBS에서 방영된 '한국의 둘레길' 중 진도 코스에서 인상적으로 본 곳이었다.

윤고산둑은 고산孤山 윤선도尹善道 선생이 만든 방조제防潮堤를 말한다. 우리나라 민간 간척 1호로 꼽힌다. 고산공, 윤선도 선생이 1649년에서 1650년으로 2년간 축조한 것으로 추정된다. 고산둑은 길이가 380m, 간척 면적이 100ha이니 30만 평이 넘은 농지가 생긴 것이다.

민간인으로 둑을 쌓았다는 것은 경제적 뒷받침이 없고는 불가능한 일이다. 윤선도 선생이 풍요했다는 것을 입증한다. 그리고 농사와 관련된 치세에도 능했다는 사실을 반증한다.

이 간척지는 굴포리, 남선리, 백도리, 신동리 4개 마을 농민들에게 나누어 농사를 짓게 하였다. 이 둑은 지금까지 한 번도 무너지지 않고 농사를

윤고산둑

지어오고 있다는 점에서 잘 만든 방조제다. 4개 마을 주민들은 그때부터 지금까지 매년 정월 대보름이면 고산사당에서 고산에게 감사드리고 풍년과 풍어를 기원하면서 고산 당사제를 지내오고 있다.

고산사당, 홍보제洪報齊는 둑 바로 앞에 220년 된 단아한 해송과 함께 바다를 바라보고 있다. 홍보제 안으로 들어가면 사당 고산사孤山祠가 안쪽에 위치한다. 어부사시사가 새겨진 석비의 무게감이 시대를 대표했다는 분위기다. 1651년 당시 65세에 어부사시사 40수를 보길도에서 지었다. 어부사시사의 춘하추동 중 봄을 읽어 본다.

동풍이 잠깐 부니 물결이 곱게 인다.
돛 달아라 돛 달아라.
동호東湖를 돌아보며 서호西湖로 가자꾸나.
지국총至菊恖 지국총至菊恖 어여차
앞산이 지나가고 뒷산이 나아온다.

우는 것이 뻐꾹샌가 푸른 것이 버들 숲인가.
노 저어라 노 저어라
어촌 두어 집이 안개 속에 들락날락.
지국총 지국총 어여차
맑고도 깊은 연못에 온갖 고기 뛰노네.

송강 정철에게 「사미인곡」「속미인곡」이 있다면 고산 윤선도에게는 「오우가」와 「어부사시사」가 있다. 현대시에 김소월의 「진달래꽃」이 있다면, 고시조에는 고산의 「오우가」가 있다. 그만큼 고산의 시조는 명실상부하게 한국고전시가를 대표하는 작품이다.

  윤선도는 1587년 6월 22일 한성부 연화방, 지금의 종로구 연지동에서 태어났다. 1594년 당시 8세에 큰아버지 윤유기의 양자로 입양되어 해남 윤씨 가문의 종손이 된다. 1603년 17세에는 윤돈[尹暾]의 딸인 남원 윤씨와 결혼한다.

  고미숙 작가의 『윤선도 평전』에 따르면 고산은 14세를 전후하여 시작된 한시 창작은 만년에 이르기까지 지속된다. 20세에 승보시[陞補試]에 연속으로 장원하고 향해[鄕解]에 합격했으나 정계에 진출하기까지는 많은 시간을 기다려야 했다. 22세 되는 1608년 여름에 양어머니 구씨 부인이 세상을 떠났고, 그 다음해 가을에 생모인 안씨 부인이 사망했기 때문이다. 1612년[광해군4] 가을 진사에 합격하고, 그 해 겨울에 생부 유심이 병들어 주야로 시중들기를 그치지 않았으나 몇 개월 지나지 않아 세상을 떠나고 말았다. 그리고 29세에 비로소 탈상한다.

  하지만 30세에 대북파 이이첨의 전횡을 비판하는 「병진소」를 올렸고, 이로 인해 함경도 경원으로 귀양을 가게 된다. 해배 후 은둔생활을 하며 남도의 숨겨진 비경을 만나게 되고 그 속에서 시적 화자의 감수성 또한 폭발하게 된다.

  63세 되던 해인 1649년 인조가 승하하고 고산이 사부 노릇을 했던 봉림대군이 효종으로 등극한다. 이에 다시 정계에 나아가게 되고 정치적 논쟁에 휘말려 패배한 사람으로 다시 유배에 오른다. 그때가 74세이고 81세에 임금의 특명으로 해배된다.

  고산은 자신이 원하는 바 대로 약 3년여를 부용동 낙서재에서 은거하다 85세의 나이로 조용히 생을 마감한다. 30대 초반에 시작된 그의 정치 역정은 유배로 시작하여 유배로 마감한 파란만장 그 자체였다. 공교롭게도 초년에 「병진소」로 인해 귀양을 갔을 때도 약 7년이었고, 말년에 예송논쟁으로 귀양 갔을 때도 7여 년의 시간이었다.

10코스 진도군
서망항- 팽목항- 봉암저수지- 가치버스정류장 / 15.9km

진도 팽목항의 잔상

서망항에서 팽목항으로 가다보면 연안항에 여객선이 멋지게 보인다. 마치 내가 크루즈여행을 금방이라도 떠날 것 같은 쓸데없는 상상을 해본다. 하지만 고개가 숙여진다. 팽목항의 잔상殘像 때문이다.

팽목항의 연안여객터미널 주차장은 처연하다. 썰렁한 주차장에는 '팽목성당'과 '0416팽목기억관'이 외로이 버티고 있을 뿐이다. 바닷가 철망에는 노란색 리본이 바람에 휘날린다. 그날의 울음 섞인 아우성처럼. 갖가지 시설물들이 헝클어진 모습으로 경계를 지우고 있는 것도. 하늘나라로 떠난 젊은이들의 명복을 빈다.

0416팽목기억관은 2014년 4월 16일에 있었던 세월호참사에 의해 무참하게 목숨을 바다에 잠기게 한 304명을 기억하고 추모하는 분향소다. 미국은 지난 2001년 뉴욕 세계무역센터 테러 참사 후 처음에는 '뉴욕 테러' 등으로 표현했지만 이후 지명을 뺀 '9·11 테러'로 부르고 있다. 0416팽목기억관도 마찬가지다.

세월호참사와 관련하여 팽목항은 개인적으로 처음 방문한다. 아픈 기억을 충격적으로 환기시키기에 앞서, 우리에게 새로운 각오를 다짐하게 한다. 0416팽목기억관의 문을 열고 안으로 들어갔다.

'팽목순례 구간' 지도가 문 안에 놓여 있다. 하나로마트에서 팽목항 분향소까지 9.5km다. 하나로마트- 송원삼거리- 신동삼거리- 백도삼거리- 기

진도항, 0416팽목기억관

억의 숲- 내연동삼거리- 팽목향 분향소. 자세하게 적혀 있는 것이 누구나 세월호참사를 기억하며 걷기를 희망하는 것이겠다. 팽목순례 구간을 걸으면서 세월호참사를 기억하고 문제의식을 느끼고 공감하는 시간이 누구에게나 필요하겠다는 생각이 든다.

또 다른 작은 방이 있어 유리창으로 들여다보았다. 허망하게 죽은 아이들의 영정사진들이 벽에 가득 붙어있는 기도실이다. 차마 문을 열고 들어가기에는 용기가 나지 않았다. 그래도 용기를 내보았다. 마음이 무겁고 매우 힘들었지만 기도했다. 조용히 두 손 모아.

팽목항

진도군 홈페이지에서 세월호에 관한 기사를 찾아보았다. 2021년에 진도항 방파제 등대에서 있었던 '세월호참사 7주기' 추모 행사가 마지막 기사였다(https://www.jindo.go.kr/home, 2023). 어느덧 세월이 흘러 2023년 올해가 9주기가 된다. 추모행사는 코로나19 사회적 거리두기 지침을 준수해 간소하게 진행됐다는 것이다. 추모식은 4·16 세월호참사 희생자 추모를 위한 헌화 등을 통해 가족을 잃은 슬픔에 대한 위로와 치유, 회복을 기원했다. 이동진 진도군수는 "세월호참사 이후 안전이 경제, 문화 등 민생과 연결되는 모든 분야의 우선순위가 되었다"며, "세월호 희생자들의 명복을 빌며, 유가족께 깊은 위로를 전합니다. 다시는 세월호 같은 참사로 고귀한 생명을 잃는 일이 일어나지 않기를 바라는 마음이다"고 밝혔다.

정말 세월호참사와 같은 사건은 다시는 없어야 한다. 너무나 처참한 사건이기 때문이다. 많은 이야기들이 책으로 영상으로 다양한 퍼포먼스로 전해진다.

세월호참사가 터지자 곧장 현장으로 달려간 작가가 있다. 김탁환 작가다. 그는 현장에서 유가족, 그들의 이야기를 들어주고 그들 대신 목소리를 내고, 그들을 끌어주고, 슬픔을 이기는 방법을 모색하는 등 많은 활동을 시도했다. 그 중에 하나가 세월호 문학이 아닌가 싶다. 『아름다운 그이는 사람이어라』, 『그래서 그는 바다로 갔다』, 『목격자들』 등등.

황망한 긴급 상황 속에서 잠시 스쳤던 구조자와 피구조자가 눈동자의 기억만으로 서로를 알아보게 되고 그 눈동자의 가족을 인지한다. 출입국심사대 직원은 돌아오지 못한 아들을 위해 그 사용되지 못한 여권에 죽기 전 약속한 해외여행 인증스탬프를 받고자 하는 아버지에게 규칙을 위반하며 기어이 스탬프를 찍어주는 사건. 잠수사는 트라우마에 시달려 자살을 결심했지만 결국 다시 사람을 구하기 위해 그 실행을 포기한다. 어떤 생존 학생은 제자들을 구하려고 자신을 희생한 담임교사가 걸어간 인생행로를 그대로 따라 걸어가며 그 삶을 되살린다. 그리고 어떤 유가족은 참사의 진실을 위해 헌신한 변호사의 국회의원 당선을 위해 자신의 슬픔과 고통을 인내하며 기꺼이 선거운동에 동참한다.

『아름다운 그이는 사람이어라』에서 나온 이야기들이다. 이런 이야기들은 허구와 실제를 오가며 비극 속에서 서로 보듬어 연대하고 사랑하는 인간들의 아름다움을 도드라지게 보여준다. 그럼으로써 이 참사가 단지 비극으로 드러나는 게 아니라 사실은 그 안에 빛나는 인간 연대의 기념비를 숨기고 있음을 전한다.

부제 조운선 침몰사건, 『목격자들』에서는 조운선 침몰로 9세 아들을 잃은 엄마의 슬픔이 한양까지 올라가 신문고를 울렸다. 발바닥이 갈라지고 찢기는 고통도 감내하며, 아들은 차가운 바다 속을 헤매는 데 나만 편히 신발을 신고 다닐 수 없다며, 맨발로 밀양에서 영암을 거쳐 한양으로 간 것이다. 봄날에 덧없이 바닷속으로 사라진 이들의 최후를 반드시 밝히겠다는 다짐이 담기는 계기가 된 것이다.

이번에는 전남도립도서관 홈페이지에서 '세월호' 세 글자를 쳐보았다. 관련 책자들이 셀 수 없을 만큼 무수히 많았다. 김성장 외『그날을 쓰다; 침몰하지 않는 기억』, 최봄의『노란 리본』, 윤소희 청소년소설『우리는 서로를 구할 수 있어』, 생존자 김홍모의『홀: 어느 세월호 생존자 이야기』, 김은지의『이제 혼자 아파하지 마세요』『그날을 말하다; 미지 아빠 유해종』『그날을 말하다; 혜원 아빠 유영민』『그날을 말하다; 휘언 엄마 신점자』『그날을 말하다; 수정 아빠 김종근』등등. 제목만 봐도 가슴이 찡해진다. 시간을 두고두고 읽어야 할 게다.

팽목성당, 아무도 없는 0416팽목기억관, 가건물인 것이 아쉽다.

작지만 아담한 기억관이 필요하다. 추모는 아픈 기억으로 단순화할 수 있다면 아픈 기억은 분명 즐거운 기억보다 쉽게 잊힌다. 꺼낼 때마다 아프니, 한번 꺼내 보기가 쉽지 않다. 모든 이들이 억지로라도 아픈 기억을 끄집어내지 않으면 추모가 잊히기 쉬운 것은 이 때문이다. 치유가 되는 따뜻한 공간으로 거듭나길 바란다.

진도항에서 떠나는 가고 싶은 섬 여행

이젠 팽목항 이름은 잊자. 그리고 진도항으로 부르자. 진도와 제주로 오가는 카페리호는 물론 인근 섬을 이어주는 여객선 전용항구가 팽목항이었다. 팽목항은 진도를 대표하는 어항으로 그 이름도 진도항으로 바뀌었지만 세월호참사 이후 팽목항으로 더 알려졌다.

진도군에는 섬이 많다. 그 중에서 가고 싶은 섬으로 대마도와 관매도 두 군데가 선정되었다. 진도의 숨은 보물섬 대마도로 떠나보자. 천혜의 자연

환경과 풍부한 해양자원의 보고로 남아 있는 대마도로.

대마도 하면 열이면 열 일본의 '대마도對馬島, 쓰시마'를 떠올릴 것이다. 우리나라에도 대마도大馬島가 있지만 그 사실을 아는 사람은 거의 없다. 행정구역으로는 진도군 조도면의 부속 도서로, 진도항팽목항에서 정기여객선을 타고 1시간 30분가량 들어가야 닿을 수 있기 때문이다.

대마도는 섬이 '큰 말大馬' 모양으로 생겼다고 해서 붙여진 이름이다. 해안선 길이 14.5㎞의 비교적 큰 섬이다. 조선시대에는 말 목장이 있었다. 현재 총 64세대, 108명의 주민이 거주하고 있다(전라남도).

다도해해상국립공원으로 지정된 곳이기도 하지만 사람들에게 잘 알려지지 않아 발길이 뜸한 곳이다 보니 천혜의 자연환경과 풍부한 해양자원이 그대로, 잠재력을 갖고 있다. 대마도는 암석해안과 해식동굴이 발달되었다. 온화한 해양성 기후로 인해 해변 배후 방품림으로 해송숲 등의 천혜의 자연환경을 머금은 섬이다. 마미동, 방막터, 시아시라고 불리는 세 곳의 아름다운 해변과 백사장이 있어 북적이는 여름철, 평온한 휴가를 보내기에 안성맞춤이다.

대마도에는 보양탕도 유별나다. 황칠나무 보양탕이다. 찬란한 황금빛 때문에 왕실의 칠로 통하는 황칠은 옻칠보다 더 귀하다. 황칠은 황칠나무 수액을 정제해 만드는데, 종이나 대나무는 물론 금속 공예에 도료로 쓰인다. 전복, 문어 등 귀한 해산물과 토종닭에 대마도에서 자란 황칠나무 잎과 가지를 넣고 푹 삶아 내는 요리가 대마도의 명물이다.

자! 이번에는 관매도로 떠나보자.

빼어난 풍광 '관매 8경'을 보러 관매도로. 국토해양부가 다도해해상국립공원 중에서도 가장 아름다운 섬으로 선정된 곳이다. 진도군의 서남쪽에 위치한 관매도는 진도항에서 배를 타고 1시간 20여 분을 가야 하는 외진 곳에 있다.

작은 섬이지만 절경만큼은 대한민국 어느 곳에 비겨도 뒤지지 않는다고 자부하는 섬이다. 제1경인 관매해변을 비롯하여 2010년 국립공원제1호 명품마을로 지정된 광활한 송림과 아름다운 백사장이 어우러져 한 폭의 그림을 연상시키는 곳이다. 갯바위 위에 서 있는 관매3경 '꽁돌'에는 재미있는 설화가 전해져 내려오고 있다.

하늘나라 옥황상제가 애지중지하던 꽁돌을 두 왕자가 가지고 놀다가 실수로 지상으로 떨어뜨리자 옥황상제는 하늘장사에게 명하여 꽁돌을 가져오게 하였으나 하늘장사가 왼손으로 꽁돌을 받쳐 들려고 하던 차에 주위에 울려 퍼지는 아름다운 거문고 소리에 매혹되어 넋을 잃고 말았다고 한다. 그러자 옥황상제는 두 명의 사자를 시켜 하늘장사를 데려오게 하였으나 두 명의 사자마저 거문고 소리에 매혹되어 움직일 줄을 모르니 옥황상제가 진노하여 그들이 있던 자리에 돌무덤을 만들어 묻어 버렸다는 것이다. 하늘장사와 두 명의 사자가 돌로 변해버렸다.

이곳은 수많은 관광객들을 유혹하는 포토 존 photo zone 으로 자리 잡았다. 관매5경 '하늘다리'는 바위산 중심부를 칼로 자른 듯이 똑바르게 갈라져 있는데 그 폭이 3~4m정도로, 바다 수면을 향해 돌을 던지면 물에 떨어져 닿기까지 13초나 걸리는 아슬아슬한 재미가 있다(전라남도). 그 위에 감히 서 있을 수 없어 엎드려서 머리만 내밀고 내려다보면 산이 움직이는 듯 온몸에 찬 기운이 오싹할 정도이다. 그 주변 기암절벽에 감탄을 억제할 수가 없는 절경이다. 이곳은 그 옛날 방아섬에서 방아를 찧던 선녀들이 날개를 벗고 쉬던 곳이라는 전설을 안고 있다.

해안선을 따라가면 수령 약 300여 년의 천연기념물로 지정된 후박나무가 멋진 자태를 뽐내고 있다.

자연과 삶을 느끼고 공감하는 섬 여행으로

코로나19 이전에 예약했던 북서프랑스 여행이 실행되었다. 여행 중에 섬을 탐방하는 시간이 있었다. 벨섬Belle-ile이었다. 프랑스어의 Belle은 아름답다는 의미이고 île은 섬이므로 아름다운 섬이다. 자동차가 없는 주민들이 사는 섬으로도 알려져 있다.

대서양이 바라보이는 항구, 퀴베롱Quiberon 항구에서 쾌속선을 타고 40분 정도20km 물살을 헤치고 팔레 항구에 도착했다. 놀라운 사실은 벨섬 '그랜드 투어Grand tour' 홍보가 여기저기 붙어 있는 것이다. 섬에 웬 '그랜드투어'? 하늘, 바다, 높은 절벽 사이의 자연 휴양지로서 브르타뉴 섬에서 가장 크고 가장 언덕이 많은 때 묻지 않은 자연의 섬으로 2022년 프랑스 최고의 '그랜드투어GR®' 지역으로 선정되었던 것이다. 4개의 마을이 있고 자랑스럽고 진실하며 진정한 섬사람들이 사는 섬이란 주제로.

그랜드투어는 '대여행大旅行'이란 의미로 영국과 유럽에서 16-17세기에 대유행을 했다. 그랜드투어는 영국의 귀족 자제들이 교육을 완수하는 뜻으로 이탈리아를 목적지로 한 교육여행으로 시작되었다. 영국은 지리상의 이유로 대륙문화에 소외되어 국민들은 열등의식이 있었다. 이에 여행루트는 영국 런던을 출발하여 이탈리아 로마를 목적지로 삼았다. 18세기 영국 미술사에 영향을 미친 중요한 세 가지 요소로 산업혁명, 영국박물관, 그랜드투어 등을 들고 있을 정도로 큰 역할을 하였다.

벨섬에서는 '그랜드투어' 버스를 타고 먼저 비극의 여주인공인 유명한 영화배우 사라 베른하르트 별장 주차장에서 내렸다. 그녀가 살던 집, 10평도 안 되는 작은 박물관에서 그녀의 삶을 보았다. 거리의 딸에서 유명한 배우가 된 그녀의 진지한 삶이 돋보이는 갤러리가 삶 자체로 다가왔다.

그리고 프랑스의 '세상의 끝', 프랑스에서는 '바다의 끝'이라고 명명

된 등대까지 걸어서 갔다 왔다. 2시간의 멋진 트레킹이었다. 어떤 인공적인 시설물도 없었다. 그냥 바다의 전망을 바라보며 길 따라 걸었다. 마침 '2022 벨섬트레킹대회'가 열리고 있었는데, 총 길이가 81km이었다. 뛰어가는 선수, 걸어가는 선수 등 자유 그 자체였다. 항구로 와서 점심을 먹고 파스텔 톤의 집들이 즐비한 활기찬 항구 주변을 산책하고, 비우만 원수의 보반 성채를 관람하고 모네가 75일간 체류하며 39점의 작품 활동을 했다는 해안과 해수욕장에서 인생 샷을 남기고, 마을에 있는 성모승천 교회를 둘러본 가로 20리, 세로 40리의 섬은 마음에 오래 간직될 것 같다. 맑은 공기, 신선한 바람과 조용한 섬이 아름다운 장소로 느껴졌다.

벨섬을 사랑하는 3가지 좋은 이유는 섬 생활과 교차로를 발견하는 시간을 가지는 것이고, 신선한 공기를 마시며 돌아다니며 배터리를 재충전하는 것이며 파도와 폭풍의 마법에 빠져보는 것이다

섬이 많은 전라남도의 경우, 섬 관광에 관한 다양한 대안이 요구되는 시점이다. 섬은 육지와는 달리 아직도 섬 자체의 생활방식, 특수한 문화와 역사, 그리고 음식과 언어 등 많은 흔적이 남아 있다. 어느 곳이나 역사와 문화적 의미가 없는 곳이 없다. 정자 하나라도 풍광이 좋고 발아래 바다가 보이고 들판 저 너머 서해가 한 눈에 들어온다면 이보다 더 좋은 장소는 아마 없을 것이다.

가끔 바람개비를 많이 접하게 되는데 오히려 거부감이 느껴지기도 했다. 이젠 인위적인 바람개비나 꽃, 그리고 조각 작품이나 골목 벽화는 더 이상 새로운 것이 되지 못한다.

'시간을 잃어버린 현대인'에게 자신을 찾는 시간이 필요하다. 나만의 좋은 시간을 가질 수 있는 곳, 조용한 섬 말이다. 순수한 자연에서 나 자신을 돌아보는 여행은 어떨까? 섬 자체의 자연과 삶을 느끼고 공감하는 시간을

가지는 섬 여행이 사랑받는 그날이 오길 바란다.

팽목바람길

또 하나의 길을 만난다. 팽목바람길. 기억과 성찰의 도보여행길이다. 또한 '진도 산티아고 순례길 4코스'라 적힌 하늘색 리본도 휘날린다.

팽목바람길은 세월호참사의 아픔을 기억하고, 생명 존중과 더불어 살아가는 세상을 꿈꾸며 진도

팽목바람길, 잔등너머 가는 길

군 임회면 마사리 주민과 '어린이청소년책작가연대'가 함께 만든 도보여행길이다. 2018년 4월 16일 개통 후 문화예술인들과 함께 운영되고 있다.

코스는 진도항 세월호 기억의 벽을 출발점으로 팽목마을- 팽목방조제- 마사선착장- 다신기미- 잔등너머- 마사마을- 갈대밭길에서 다시 팽목방조제로 돌아오는 12km의 도보길이다. 꼭 진도항이 아니더라도 '진구지 수문'에 자동차를 놓고 걸어도 된다. 순환형 코스이므로 다시 돌아오기 때문에 좋고, 10km만 걸어도 된다.

서해랑길은 진도항에서부터 마사마을까지 팽목바람길과 함께 한다. 진구지 수문을 지나 팽목방조제를 지나면 마사선착장이다. 팽목방조제에서 보이는 바다는 절경이다. 바다에 떠 있는 섬들의 풍광이 바다에 뿌려 놓은 수묵화 점 같다. 자연이 보여주는 그림 같은 풍경에 탄성이 절로 난다.

마사선착장은 진도항과 마주한다. 진도항의 빨간 등대가 작게나마 보인

다순기미 소망탑

다. 마사선착장은 마사마을 어민들이 바다 일을 할 때 이용하는 선착장이다. 마사마을은 하늘에서 내려다보면 말이 달리는 모양을 하고 있으며, 선착장 왼쪽의 작은 섬은 말의 입에 해당되어 '마구도'라고 부른다.

마사선착장에서 산으로 올라간다. 800m의 낙엽이 깔린 바다 옆 벼랑길 따라 가면 '다순기미 소망탑'에 이른다. 나도 소망탑에 돌 하나를 얹었다. 아무 생각 없이. 잔등너머와 마사마을까지 좁은 벼랑길에 빨간, 파란 부표들이 길을 안내한다. 걷는 내내 한바탕 눈물을 쏟아 내고 왔다.

겨우내 탁한 먼지를 뒤집어쓰고 있던 바위틈에서 샛노란 민들레가 돋아나고, 보랏빛 제비꽃과 연분홍색 진달래가 오밀조밀하게 자기만의 색 보따리를 풀어놓고 있다. 바다 위 벼랑길이지만 충분히 즐길만한 오솔길이다.

팽목바람길 걷기 행사가 2019년에는 세월호참사 기념행사가 끝난 후 이루어졌다. 그리고 6월 22일 토요일에도 송은일 작가와 함께 걷고 마사마을 회관에서 '늙어감'에 대해 이야기를 나누는 시간을 가졌단다.

목숨이 있는 것들은 태어나면서부터 죽음을 향해 나아간다고 한다. 죽음을 향해 나아가는 게 삶이라고 치면 죽음은 곧 삶이고 삶은 죽음이다. 그 연장선에서 보자면 임종 즈음이 삶의 극점이라고 볼 수도 있다.

작가의 책 『대꽃 피는 마을까지 백 년』은 삶의 극점에 다다른 사람들 이야기다. 마치 칸칸이 밤이 깊은 푸른 열차를 타고 백 년이 걸려 대꽃이 피는 마을에 도착한 사람들 같다고나 할까. 한 마을에 살고 있는 사람들의 삶이, 어떻게 늙고 죽어가는가를 보여주는 의미심장한 이야기들이다.

갈대밭길 화살표에서 팽목바람길과 헤어져, 봉암저수지로 향했다. 오랜만에 보는 큰 저수지다. 동네가 크기로 유명한 봉암마을, 저수지 크기가 어림잡아보아도 만만치 않다.

하봉암마을회관이다. 아하! 봉암마을이 상·하로 나뉘어 있는 게다. 할머니에게 상봉암마을이 어디인지 물었다.

"상봉암마을이요? 저기 저 위쪽 마을이라요. 보이지도 않소." 역시나 봉암마을은 큰 터를 아우르고 있는 것이다.

벚나무가 지천이다. 벚꽃은 아름다우면서도 신령스럽다. 기적이 일어난 듯 탐스럽게 피어 있다가 눈이 내리는 것처럼 떨어지겠지. 벚꽃의 계절을 운명처럼 느끼며 길 따라 올라간다.

곧바로 가치마을이 나온다. 할머니가 나를 보자, 말했다.

"곧 버스가 오것소. 지들리시오." 점쟁이가 따로 없다. 덕분에 1,000원짜리 버스를 타고 알려준 대로 십일시에서 내렸다. 이번에는 운전기사가 "저기서 20분 정도 기다리면 팽목항 가는 버스 올 것이요." 친절한 사람들이다. 정확하게 20분 후에 팽목-서망항 버스로 갈아탔다.

11코스 진도군

가치버스정류장- 금노마을- 금노항- 하보존마을- 대홍포방조제- 소포방조제- 쉬미항 / 22km

시닉드라이브코스의 시작점 금노마을

　가치마을에서 넘어가면 바닷가 금노마을이다. 금노마을 끝자락에 이르면 바다가 아득히 펼쳐진다. 비밀의 바다처럼. 투명하게 고운 바다가 눈부시게 아름답다. 이런 바다를 보며 드라이브할 수 있는 시닉드라이브코스 Scenic Drive Course가 이곳에서 시작된다. 낙원해안로, 초록빛 낙원길이다. 깔끔한 도로마저 때묻지 않은 상태다. 기대 이상으로 아름다웠다. 세계 어디에 내놓아도 손색이 없을 정도로 아름다운 비경의 연속이었다.

　다도해의 아름다운 섬들과 청정해역에서 뿜어내는 맑은 공기를 마시면 걷는 길이다. 바다의 향기가 몸에 스몄다. 몸속으로 펼쳐지는 바다를 느낀다. 윤슬에 반짝이는 바다는 고요하고 색이 신선하다. 이곳 바다에서만 볼 수 있는 오묘한 색이다. 꼭 가봐야 할 아름다운 자전거길 100선에도 속한다.

　'작고 소박하지만 정감 가는 나루터'라는 말에 금노항에 기대를 했다. 하지만 장비로 막아놓은 입구에 실망하고 말았다. 쓰다버린 어망이 여기저기 폐쇄된 포구나 다름없다. 접안시설이 허술했다. 아주 작은 배들이 몇 척 떠 있는 것으로 보아 어선들은 먼 바다로 나가지 못하고 가까이 오는 물고기를 잡는 것이다. 이젠 금노마을 사람들이 가끔 이용하는 어항일 뿐이다.

　아름다운 바다를 가진 금노마을. 포구로 이용되기 보다는 아름다운 바다로 남는 것이 제격인 것 같다.

진도 낙원해안로 시작점

하보전마을에서 대흥포방조제까지

가치마을, 금노마을 다음이 하보전마을이다. 모두가 큰 마을들이다. 효행비, 효열비, 공덕비 및 기념비가 마을 입구를 장식한다.

하보전마을은 1614년경 해남 윤尹씨, 이천 서徐씨가 들어오면서 마을이 형성되었다. 다음으로 청주 한韓씨, 김해 김金씨, 전주 이李씨, 청송 심沈씨, 남양 홍洪씨, 밀양 박朴씨, 진주 소蘇씨, 담양 전田씨가 정착하여 현재에 이르고 있다. 처음에는 보점保店으로 불리었으나 1896년에 땅이 기름진 옥토라 하여 보전寶田으로 개칭되어 지금까지 보전마을로 불리고 있다.

하보전마을을 지나자, 바다 풍경이 남다르다. 섬들이 손에 잡힐 듯 가깝다. 바다에 누가 수를 놓았나. 부표들이 한 땀 한 땀 점점이 떠 있다. 한 폭의 그림 같은 바다양식장이다. 지산면 거제리에서 이어지는 전복양식장이 바다의 풍광을 바꿔놓았다. 그림 같은 바다를 벗 삼아 함께 걷는다.

무작정 걷다 보면, 어느새 우울한 마음은 잦아들고, 갑갑한 가슴은 풀어지고, 복잡한 머리는 가지런해진다. 막혀있던 아이디어가 뚫리고 생각지도 못했던 해결책이 떠오르기도 한다. 걷기는 참 신비한 활동이다.

소포리방조제 둑길

어느새 안치마을의 뚝방, 대홍포방조제에 이른다. 1975년에 준공된 대홍포방조제는 590m 길이에 수해면적 65ha이 적지 않다. 방조제로 인하여 생긴 많은 농토와 갯벌에서 일궈놓은 작물이 얼마나 의미 있고 빛나는지를 알게 한다.

소포방조제의 걸작 진도 소포검정쌀

소포방조제가 대홍포방조제보다 더 길다. 1,349m 길이에 11,198ha의 엄청난 유역면적이 방조제로 만들어졌다. 이 일대의 논밭이 최고의 넓이를 자랑할 만하다고 하보전마을 주민이 말할 정도다. 1924년도에 준공되었으니 딱 100년이 된 방조제다. 세월의 흐름에도 굳건히 제 역할을 지켜낸다.

진도군에서도 자연마을 단위로도 제일 큰 소포마을이란다. 진도읍에서 서쪽으로 12km지점의 웃당뫼 산 아래 자리 잡고 있으며, 웃마을 위당, 남쪽 당을 모신 당섬, 서쪽 당을 모신 서당으로 3당을 모신 마을로 둠뫼, 동굼뫼, 망뫼, 나름뫼, 웃당뫼로 다섯 봉우리의 산이 각 방위로 망을 보고 있어 마을이 번창하였다고 한다.

소포방조제가 쉬미항을 감싸고 돈다. 진도대교가 세워지기 전 목포-진도 간 여객선이 왕래하던 유일한 나루터로도 유명하다. 그 넓은 곳을 방조제로 만들었으니 얼마나 큰 농토가 얻어졌겠는가.

진도의 특산품인 검정쌀이 이곳 소포리에서 최초로 재배되었다. 그래서 소포 검정쌀은 진도는 물론 전국에서도 알아주는 쌀이 되었다. 넓은 해수만이 넘실될 정도로 수해면적 1,190ha이 광활하다. 따라서 오염되지 않은 갯벌에서는 뻘낙지가, 청정해역 바다에선 모자반과 김을 비롯하여 전복이 넘쳐난다. 친환경 재배로 생산되는 진도대파와 월동배추로도 유명한 지역이다.

이뿐만이 아니다. 소포에는 많은 민속놀이와 전통 민요가 지금까지 옛 모습 그대로 전승 보전되고 있다. 소포전통민속체험관에서. 그 중에서도 거지행세를 하며, 적군의 동태를 파악하여 우군에게 알려주어 승리를 하였다는 걸군농악전라남도 무형문화재 제39호, 아녀자들이 마음속에 담아두었던 한풀이를 베틀 짜며 노래로 불렀던 베틀노래, 사주팔자에 명이 짧은 어린애의 수명이 길어지도록 기원한 명다리굿, 만선의 꿈을 안고 출항하여 고기잡이를 하면서 부르던 닻뱅노래 등이 있다.

유람선 선착장 쉬미항

관광유람선 타는 곳, 쉬미항. 진도읍에서 2.5km떨어진 서쪽에 쉬미항이 있다. 내비게이션 따라 가는데 쉬미항 안내판이 보이지 않았다. 길가에 차를 세우고 어르신에게 정중하게 물었다.

"이 길로 가면 쉬미항이 나오나요?" 돌아온 대답은 허무했다.

"쉬미항은 모르지만 이 길 끝까지 가면 바다가 나오긴 허요. 바다 끝잉게 항구가 있을랑가 모르겠네만." 자신 없이 말했다. 주민도 항구 이름 쉬미항을 알지 못했다. 지금은 추억의 쇄락한 항구로 변한 것인가?

하여튼 끝까지 갔다. 바다가 나왔는데 청룡어촌마을이다. 진도 눈부신 바다 위의 '푸른 빛 낙원길', 드라이브코스가 반갑게 맞이한다. 진도의 금노마을에서 시작된 시닉드라이브코스Scenic Drive Course의 끝자락이다. 바다를 친구 삼아 낙원길 따라 2km 정도 가야만 쉬미항이 나온다.

수백 년 동안 명실공이 진도의 제일 관문이었지만 진도대교의 건설로 그 명성을 내려놓고 기억 속으로 숨어버렸다. 쉬미항에서는 옥소호를 타고 2시간 동안 목포로 향했다.

섬사랑 7호가 예전처럼 목포와 조도를 이어주지만 이제는 목포로는 가

쉬미항 여객선터미널

지 않는다(이재언). 이 배를 광대도, 혈도, 주지도 등 섬 주민들이 즐겨 이용하지만 본도 사람들은 전혀 관심이 없다 해도 과언이 아니다.

시간은 끊임없이 모든 것을 변하게 만든다. 쉬미항도 변화의 흐름에 변신을 꾀했다. 관광유람선의 취항이다. 아일랜드 제이호 관광유람선은 쉬미항에서 출발해 저도, 광대도^{사자섬}, 송도, 혈도^{구멍섬}, 주지도^{손가락섬}, 양덕도^{발가락섬}, 방구도^{방귀섬}을 돌고 세방낙조 앞 해상을 둘러 쉬미항으로 귀항하는 코스다.

섬의 중앙에 있는 바위가 마치 상투, 손가락, 남근 같이 생겼다하여 상투섬, 손가락섬이라고도 한다. 인근에 구멍 뚫린 혈도와 마주보고 있으며 곁에 양덕도와 함께 두 섬은 멋있는 쌍을 이루고 있다. 동백사(지력산324m)의 전설로 가사5군도 주 섬으로 재미있는 설화가 전해지고 있는 섬이다.

혈도는 섬의 지형이 활모양처럼 생겨서 활목섬이라고도 한다. 대포를 쏘아 뚫린 것처럼 구멍 뚫린 섬이라하여 공도孔島라고 불리기도 한다. 혈도는 천 년 전 거센 파도에 의해 구멍이 생겼다고 하는데 구멍을 통하여 다도해 전경을 바라보면 더욱 신비롭다.

섬의 형상이 발가락인 발가락섬. 거북이를 닮은 형상을 하고 있으며 이곳에 낙조가 떨어질 때면 달마섬이라고도 부른다. 섬은 면적이 0.19㎢, 해안선 2.3㎞, 표고 155m, 쉬미선착장에서 8.8㎞, 양덕도에서는 0.9㎞의 거리에 있다.

송도는 1600년경에 주민이 정주하였다고 한다. 섬 안이 소나무만 자생한다고 하여 송도松島 또는 솔섬이라 한다.

1시간 30분 동안 바다를 즐기고 섬을 즐긴다. 이름도 재미난 섬들이다. 계절과 요일에 따라 다소 변동이 있으나 많은 때는 하루 5번이나 운행한다. 언제나 쉬미항으로 가면 재미난 섬으로 갈 수 있다.

사자섬, 구멍섬, 손가락섬, 발가락섬, 방귀섬.

12코스 진도군

쉬미항- 백조호수공원- 나리방조제 북단- 건배산 등산로 입구(범바위)- 우수영국민관광지 / **22.5km**

청룡어촌체험마을

우연은 가끔 필연인양 찾아든다. 예기치 못했던 김정숙 선생님의 전화다. 광대섬에서 나와 진도읍에 있다는 것이다. 그녀와는 도서(섬)학회에서 만나 함께 임원으로 활동한 인연으로 연락하고 지낸다. 마침 쉬미항에서 걸어볼까 생각하던 차에, 다음날 쉬미항에서 만났다. 거의 1년 만에 재회한 우리는, 쉬미항에서 출발해 진도 서해랑길 12코스를 함께 걸었다. 그녀의 광대섬^{사자섬} 생활 이야기를 들으면서.

쉬미항에서 청룡어촌마을을 향해 가다 보면 전망 좋은 곳에서 보이는 바다와 섬들이 어우러져 환상적인 풍광을 자아낸다. 한마디로 멋지다. 주홍색 부표와 어망, 뗏목 양식장으로 어우러진 바다 양식장이 삶을 돋보이게 한다.

조망지점에서 보이는 섬들이 있다. 경점景點은 하태도, 작도도, 고사도, 삼태도, 율도, 장산도, 희어도다. 주변에 자잘한 섬을 여럿 거느리고 있는 광경이 돌다리를 건너듯 뛰어넘을 것 같다.

청룡어촌체험마을에 도착했다. 조용하다 못해 비어 있다. 밀물로 해안가에 물이 차는 광경을 지켜보면서 빠른 시일 내 어촌마을이 회복되길 바랄 뿐이다.

진도에는 3개 마을에서 어촌체험이 가능하다. 죽림어촌마을과 이곳 청

청룡어촌마을 바다풍경

룡어촌마을, 그리고 접도어촌마을이다.

청룡어촌마을도 죽림어촌마을과 마찬가지로 개매기 체험이 특징이다. 이곳에서도 숭어가 많이 잡힌다.

간재미가 맛있는 고장이라면 단연 진도를 꼽는데, 그 중에서도 간재미가 많이 나는 곳이 바로 청룡마을이다. 오독오독 씹히는 간재미회에 인정까지 버무려 주는 사람들이 사는 마을이다.

이 조그마한 포구는 간재미며, 각종 생선을 낚아 올리는 전형적인 어촌마을이다. 간조 시 노출되는 넓은 간척지에서 바지락 및 고동캐기 체험을 통해 각종 어류를 잡는 체험을 즐길 수 있다.

백조도래지 군내호

길조로 알려진 고니白鳥가 우아하게 거니는 모습을 상상해 보라. 호수에 앉아 한동안 그 우아한 자태를 즐길 수 있는 곳이 여기다. 우리나라에서도 이곳 군내호에서 백조를 관조할 수 있다는 것이 신기할 뿐이다.

고니는 진도군 군내면 해안 일대와 다도해 해안에서 12월-2월 사이에 월동한다. 고니가 날아드는 곳은 진도읍 수유리 해안일대, 군내면 간척지 담수로, 둔전저수지 등이다. 장관을 이룬다. 서남해안 유일의 백조도래지로 호수와 어우러진 겨울 철새의 군무가 장관인 '군내호'.

고니는 1962년 12월 3일 천연기념물제101호로 지정되었다.

이곳은 한국 남해안 지역에서 월동하는 고니류 집단의 일부에 불과하나, 한국의 서남부에 위치한 유일한 월동지이며 또한 한반도 서남부해안을 거쳐 이동하는 고니 집단의 평화로운 휴식처로 알려져 있다.

그러나 무분별한 간척 사업 등으로 습지가 사라지면서 매년 철새 개체수가 줄어들고 있는 실정이다.

건배산이 품은 이야기들

루루- 랄라-. 날씨도 좋고 풍경도 좋고 기분도 좋았다. 녹진 승전공원에서 나와 농공단지를 지나고 죽전마을을 들어설 때 보이는 밭 풍경이 마음을 끌었다. 주인이 누군지 모르지만 정리된 밭은 정원이라도 해도 손색이 없을 정도로 명상하기에 딱 좋은 그런 환상적인 모습이었다. 모든 것을 잊고 한동안 명상에 빠졌다.

헌데 마을이 끝나고 뒷산으로 올라가는데, 마침 내려오는 사람들을 만났다. 4박 5일 동안 진도 서해랑길을 마스터하고 마지막 걸음이라는 이들.

죽전마을 밭

 땀을 뻘뻘 흘리면서 '산이 생각보다 힘들다'고 전한다. 산이 높진 않으나 올라갔다 내려갔다 반복한다는 것이다. 하여 나더러 아주 천천히 가라고 당부한다.
 예측이 빗나갔다. 나란 인간이란 이렇게나 미욱하다. 코스에서 '건배산 등산로 입구(범바위)'라는 걸, 등산로 입구에 범바위가 있고, 그냥 건배산을 스쳐지나가는 것으로 이해했다. 건배산 등산은 생각지도 못했다. 깜빡 속은 기분도 든다. 범바위는 입구가 아니라 산꼭대기에 있으므로 등산을 해야만 접할 수 있다.
 지금부터 건배산 등산이다. 용기를 내본다. 서해랑길 리본 따라 천천히 정말 천천히 올라갔다. 산은 능선을 따라 이어지고 다시 능선 따라 나 있는 봉우리에 올라설 때 그 광활함이 가늠되지 않을 정도다. 사통팔달, 온몸의 기운이 시원하게 뚫리면서 눈이 밝아졌다. 계속 이어진 산길이 7km, 3시간 걸어서야 '건배산 등산로 입구'로 내려올 수 있었다.

등산 소감은 범의 웅크린 형상 따라 한 바퀴 돌아 나온 기분이다. 죽전마을이 범의 꼬리가 되고 엉덩이로 올라가서 산등어리, 즉 범의 허리뼈를 몇 개나 지나, 범의 오른발 쪽으로 내려가야 입구다. 건배산에 '범바위 둘레길'이 있을 정도다.

건배산에서는 건배바위 사이를 걸어 빠져나간 다음엔 우람한 범바위를 만난다. 전설이 전해지는 바위다.

옛날에 나리마을에 나씨 성을 가진 할머니가 바닷가 외딴집에 백구 한 마리와 외롭게 살고 있었다. 어느 날 어미를 닮아 복스럽게 생긴 강아지 다섯 마리를 낳았는데 산고 끝에 병을 얻어 시름시름 앓게 되자 할머니는 온

건배산, 범바위

정성을 다했다.

　어느 날 마을 뒷산에 호랑이 한 마리가 나타나 밤마다 강아지를 잡아가지만 어미 개는 속수무책이었다. 강아지를 모두 잡아먹은 호랑이는 할머니를 잡아먹으려하자 어미 개는 할머니를 살리기 위해 호랑이를 유인해 북쪽으로 도망을 쳤다. 그러나 어미 개 앞에는 깎아지른 절벽 낭떠러지에 금방이라도 삼켜버릴 것 같은 파도가 일렁이고 있었다. 벼랑 끝에 밀린 어미 개는 하늘을 향해 울부짖었다. 그러나 호랑이는 금방이라도 개를 삼켜버릴 듯 점점 가까이 오고 있었다. 몸을 숨기고 공포에 떨고 있던 할머니는 개의 울부짖음을 듣고 겨우 목만 내밀어 바라보니 벼랑 끝에 있는 개를 향해 호랑이가 달려드는 모습을 본 할머니는 호랑이의 먹이가 되는 개를 그냥 바라볼 수가 없었다. 할머니는 하늘의 신께 간절히 기도를 올렸다. 할머니의 간절한 기도와 정성이 하늘에 닿았던지 호랑이는 서해 바다를 향해 포효하는 모습으로 그대로 돌이 되고 개도 바닷가에서 그대로 돌이 되어버렸다. 지금 이곳 범바위에서 떨어져 나간 턱바위, 똥바위, 호랑이 항문의 모습이 그대로 있다.

　또 다른 이야기도 전해진다. 비늘등 마을 이야기다.

　건배산에서 내려다보이는 남쪽 마을들이 나리구지이고 큰골, 가늠목, 언건네, 웃골이 있다. 옛날에는 바닷물이 웃골까지 들어왔는데 바다고기가 얼마나 많았는지, 갯막이 그물을 소장골에서 가늠목으로 설치하면, 잡힌 물고기를 소달구지로 밤새 실어 날랐다는 이야기다. 그래서 갯벌에 고기비늘이 쌓여 '비늘등'이라는 옛말이 있다.

　지금은 간척사업으로 농사를 짓지만 만약에 자연 그대로 보전했다면 세계 어느 곳 뒤지지 않게 어족이 풍부한 어촌으로 부를 누리면서 살고 복 받은 섬으로 남았을 것으로 진도인들은 생각한다는 것이다. 자연을 가꾸고

보호하며 살아야 하는데 일시적인 안목으로 후대에 남겨줄 유산을 잃어버릴 수 있다는 점을 고려해야 함을 강조한다.

충무공 이순신 동상 앞에서

서해랑길 12코스는 진도의 마지막 코스다. 진도대교 아래 '울돌목' 해협을 사이로 '이충무공 승전공원'이 마지막을 장식한다. 충무공 이순신 장군 동상이 바다를 바라보고 있다. 어떤 동상보다도 멋지고 웅장하다.

진도의 6코스의 시작에서는 명량대첩 시 진도 지역민의 활발한 활동상을 보여준 작은 영웅들의 이야기가 있다면 마지막 지점에는 성웅 이순신 장군의 이야기로 끝을 맺는다. 그러나 성웅 이순신 장군을 어떻게 짚고 넘어가야 할지 자신이 없다.

김훈의 『칼의 노래』를 사랑하는 것은, 그의 소설이 불가능에 가까운 승리를 이룬 한 인간의 위대함이 아닌, 그 위대함을 향해 나아가는 동안 한 인간의 마음속에서 일어날 수밖에 없었던 격랑을 너무나 잘 묘사하고 있기 때문이다. 김훈의 소설 속 인물보다 어찌 더 나은 묘사를 감히 할 수 있을까라고 고민에 잠겼다. 이 책 저 책 떠들어보면서.

다행히 이야기를 찾았다. 십경도十景圖이다. 이순신의 생애에서 가장 특기할 만한 10가지를 그림으로 묘사한 것이다. 이는 정창섭, 문학진 교수의 작품으로 현충사의 본전 안 벽면에 걸려 있다. 1970년 4월 한국기자협회에서 기증한 것이다. 10가지 이야기는 소년시절에서 청년시절, 녹둔도 싸움, … 명량해전, 그리고 충무공 최후 노량해전으로 끝난다. 시간과 주제에 따라 간단히 요약해 본다.

제1경 소년시절. 집안이 나쁘다고 탓하지 마라. 나는 몰락한 역적의 가문에서 태어나 가난 때문에 외갓집에서 자라났다.

승전공원, 이순신 장군 동상

이순신은 1545년 3월 8일 새벽에 한성부 건천동에서 태어났다. 이순신의 형제는 네 명인데 그 가운데 셋째이다. 어려운 환경에서 자랐다.

제2경 청년시절. 머리가 나쁘다고 말하지 마라. 나는 첫 시험에서 낙방하고 서른둘의 늦은 나이에 겨우 과거에 급제하였다.

이순신이 스무 살이 될 즈음 북쪽 변경에는 오랑캐들이 넘나들며 우리의 백성들을 괴롭히고, 남쪽 바닷가 마을에는 왜구의 노략질이 심하였다. 이 사실을 알게 된 이순신은 겨레의 방패가 되어 나라를 구하리라 결심을 하였다. 당시 무인의 길이 비록 문인들로부터 업신여김을 받고 있었지만 그것이 나라에 충성하는 길이라 여겼던 것이다. 이러한 뜻에서 이순신은 28세가 되던 해 8월, 훈련원에서 실시하는 별과시험을 치렀다. 그런데 이순신은 시험장에서 무예시험 중에 말을 타고 달리다가 불행히도 말에서 떨어져 왼쪽 다리가 부러졌다. 이를 바라보던 모든 사람들이 '저 사람은 죽었구나', 하고 놀라고 있을 때 이순신이 한발로 일어나 곁에 있는 버드나무 껍질을 벗겨 다리를 매고 걸어 나와 보던 사람들을 놀라게 하였다. 이순신이 얼마나 자조, 자립정신이 강했던가를 보여준 일화의 하나이기도 하다.

제3경 녹둔도 싸움. 좋은 직위가 아니라고 불평하지 마라. 나는 14년 동안 변방 오지의 말단 수비 장교로 돌았다.

조산보 만호로 부임한 이듬해 1587년 8월 공은 녹둔도의 둔전관을 겸하게 되었다. 어느 날 섬사람들이 논밭에 모두 나와 마을은 텅 비어 있을 때 오랑캐들이 몰래 쳐들어왔다. 마을을 지키던 10명의 군사들은 엄청난 수의 오랑캐들을 당해낼 수 없었다. 들에서 추수를 돕고 있다가 뜻밖의 보고를 받은 이순신은 군사들을 이끌고 마을을 향해 달려와 사로잡혀 가던 우리 백성 60여 명을 구했다. 이순신은 적과 싸우는 동안 왼편 다리에 화살을 맞았지만 병사들의 사기가 떨어질까 봐 화살을 뽑고 용감하게 싸웠던

울돌목

것이다.

　제4경 전라좌수사 시절. 기회가 주어지지 않는다고 불평하지 마라. 나는 적군의 침입으로 나라가 위태로워진 후 마흔일곱에 제독이 되었다.

　제5경 부산해전. 조직의 지원이 없다고 실망하지 마라. 나는 스스로 논밭을 갈아 군자금을 만들었고 스물세 번 싸워 스물세 번 이겼다.

　제6경 한산도 생활. 윗사람의 지시라고 어쩔 수 없다고 말하지 마라. 나는 불의한 직속상관들과의 불화로 몇 차례나 파면과 불이익을 받았다.

이순신은 남해해상 연해지역의 소탕작전을 꾸준히 계속하다가 1593년 7월 좌수영을 여수에서 거제 한산도로 옮겨 왜적 침략의 수로를 가로막고 삼도수군통제사가 되었다. 이순신이 전라좌수사로 있을 때 곤궁에 빠져 있는 피난민을 정성껏 돌봐왔었고 통제사가 된 이후로는 더욱 민생문제와 군량을 염려하여 돌산도와 도양장道陽場에 군민 합작 둔전屯田을 설치하였다.

제7경 충효의 본보기. 옳지 못한 방법으로 가족을 사랑한다 하지 마라. 나는 스무 살의 아들을 적의 칼날에 잃었고, 또 다른 아들들과 함께 전쟁에 참사하였다.

제8경 억울한 누명을 쓴 이순신. 윗사람이 알아주지 않는다고 불만 갖지 마라. 나는 끊임없는 임금의 오해와 의심으로 모든 공을 빼앗긴 채 옥살이를 하였다.

1597년 2월 26일 이순신은 공직을 박탈당하고 서울로 압송되는 이변을 맞게 되었다. 서울로 압송된 공은 사형처분을 받을 뻔했으나, 판중추부사 정탁鄭琢의 청원으로 4월 1일 간신히 출옥하여 백의종군하게 되었다. 이곳이 두 번째 백의종군이다. 옥에서 풀려나온 공은 뒤늦게야 홀어머니의 부음을 듣고 장례도 제대로 치르지 못한 채, 6월에 도원수 권율의 막하로 들어갔다.

제9경 명량해전. 약무호남若無湖南 시무국가是無國家 만약 호남이 없으면 곧바로 나라가 없어졌을 것이다. 상유십이尙有十二 미신불사微臣不死 아직 배가 12척이나 있고 저는 죽지 않았습니다.

제10경 충무공 최후 노량해전. 죽음을 두렵다고 말하지 마라. 나는 적들이 물러가는 마지막 전투에서 스스로 죽음을 택했다.

혈전이 거듭되고 있는 상황에서 지휘를 하던 이순신은 적이 쏜 유탄에 맞아 쓰러졌다. 그리고 "방패로 나를 가려라. 싸움이 한창 급하니 내가 죽었다는 말을 하지 말라."라는 말을 남기고 숨을 거두었다. 이때가 1598년 11월 19일 새벽, 이순신의 나이 54세였다. 이순신의 유언대로 이순신의 큰 아들 회와 조카 완은 이순신을 배 안으로 옮기고, 이순신을 대신해 독전기를 흔들면서 전투를 계속하여 낮 12시경에 200여 척의 일본 전선을 격파하였다.

임진적란에 장하게 싸운 반도의 수군 제독 이순신의 난중일기를 도적맞은 일이 그것입니다. 반도인들이 철 있는 자들이었다면 이 일에서 깊은 뜻을 읽었어야 했을 것입니다. 이순신은 죽어서도 불초의 동족들의 안위를 걱정하여 스스로의 마음을 적은 유품을 도적의 손에 맡겨 보임으로써 무엇인가를 알리고자 한 것입니다. 바로 칠생보국, 일곱 번 다시 태어나도 나라를 지킨다는 가위 충신입니다.

소설이지만 『총독의 소리』에서 최인훈 작가는 이순신 장군을 불러내 마음을 잃지 말라 함을 당부한다.

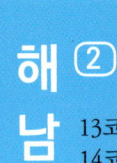

해 ② 남 군

13코스 —
14코스 —
15코스 —
16코스 —

영암호를 가로지르는 솔라시도대교

13코스 해남군

우수영국민관광지- 우수영- 예락마을회관- 임하도 입구- 학상마을회관 / 16.3km

해안길로 이어지고

  서늘한 바람이 불고, 그 바람에 물든 나뭇잎이 떨어지고, 떨어지는 나뭇잎이 길 위에 쌓이고. 왠지 허전하여 따스한 차라도 한잔 그리운 계절이다.

  학상마을회관에서 우수영을 향한 서해랑길은 추수가 끝난 텅 빈 들판으로 아름답지만은 않았다. 유독 외로운 길임을 확인시켜 주듯 빈 벌판 속에서 발길이 늦가을 품으로 빠져든다. 누구나 이 길을 걸으면 나만큼이나 지루하고 외로워할지 모르겠다.

  누구나 아름다운 풍경을 좋아하지만 그런 풍경을 항상 볼 수 있는 건 아니다. 유명한 화가이자 문학가인 펑쯔가이는 누구나 마음에 렌즈가 하나씩 있다고 말했다. 이것을 통해 보면 더 이상 '변형'의 힘에 기대지 않고도 아름다운 세상을 볼 수 있다고. 렌즈를 통해 삼라만상을 바라보면 모든 사물이 실용성과는 무관해지고 오로지 고유한 사물로서 존재감을 갖는 생명체로 변한다는 것이다. 사물 하나하나가 독립적인 존재가 된다고. 일상생활에서 우리는 여러 가지 일들에 치여 이 렌즈를 사용하지 않는다. 하지만 시골 들판을 산책하거나 깊은 밤 달빛 아래에서 있을 때면 마음껏 이 렌즈를 사용한다.

  그래서일까? 마음의 렌즈를 통해 보니까, 바닷물이 빠진 갯벌이 발걸음을 멈추고 내려다보게 하고, 생명체가 바쁘게 움직이는 느낌 자체가 나의 마음을 움직이게 한다. 구릉을 따라 걷다가 내려가는 길에 바다목장을 보면서 바다의 풍부함에 감탄이 절로 났다. 심심하지만, 평화로운 마을에서는 조용하고 잔잔한 자연을 느끼고 공감하면 그뿐. 행여나 아름답지 않지만, 그래도 길이 끝나지 않길 바라면서 즐겁게 걸었다.

해남 해안도로를 걸을 때에는 길이 없을 것 같아도 언덕길을 내려가면 해안길이 이어지고, 돌아나가도 또 다른 해안길로 이어진다. 이미 있는 길들이다. 사람들이 다니지 않은 길인 것 같지만 그 길로 가는 것은 이미 있는 길을 걷는 것이다. 출발지와 목적지, 시작이 있고 끝이 있는 길이다. 길은 길 위에 올라 선 사람을 데리고 간다. 길의 끝까지. 여기서는 헤맬 수가 없다.

그래도 가끔은 갈래 길이 나오고 개인집 마당으로 들어서야 하는 경우가 있다. 길은 계속 변하기 때문이다.

그때마다 '한국의 둘레길' 서해랑길 13코스 내비게이션이 도움을 준다. 덕분에 궤도에서의 이탈을 몇 번이나 막을 수 있어 다행이었다.

「해안선」이라는 김선태 시인의 시를 뇌이면서 거닐었다.

서해를 옆구리에 끼고
천천히 자전거 페달을 밟는다.
자연의 길은 구불구불해서
앞만 보며 내달릴 수 없다
생각을 유연하게 구부려야
몸과 마음도 해안선이 된다. -「해안선」 전문

해안선을 자전거를 타고 가며 느낀, 이 시에 대한 이경철 문학평론가의 시평은 날카롭다. 바다와 땅의 모든 것을 품어 주는 부드럽고 구불구불한 해안선을 달리면 온몸으로 모성과 하나가 된다는 것이다. 그러면서 앞만 보며 달리는 직선의 현대 문명사회를 비판하는 곡선의 미학이 녹아 있는 시다. 그리고 구불구불한 자연의 길, 해안선에 직선으로 길을 뚫고 간척을 하고 각종 개발에 몸살을 앓는 땅과 바다, 자연을 그린 생태 환경기로 읽을 수 있는 시다.

망해루

긴 해안길도 끝이 나고 우수영마을 안으로 들어선다. 사람들의 훈훈한 온기가 느껴지기 시작한다. 노인정 마당에는 남자 노인들이 우루- 몰려나온다. 집으로 돌아가는가 보다.

해남군 문내면 서상리 망해산73.7m 정상으로 올라간다. 전라우수영의 망루, 망해루望海樓를 향한다. 전라우수영 망루는 망해루 외에도 구 충무사의 남장대(정해루靜海樓)와 북장대가 더 있다. 망해루는 성과 함께 성루로 건립되었다. 건립된 시기는 자세히 알 수 없으나 밝혀진 건립 시기는 1665년 무렵이다.

망해산 망해루 터는 2004년 명지대학교 한국건축문화연구소에서 발굴조사를 실시하였다. 북문과 서문 사이의 토성 부분에 해당하는 정상 부근에 망해루가 위치하고 있었다고 전해진다. 장흥진관도, 해남현지도 등의 자료에 명확히 표시되어 있다.

누각의 규모는 정면 3칸 중앙에 어칸을 두고 좌우에 협칸을 둔 구성이며, 측면은 1칸-2칸 사이였을 것으로 추정된다. 지붕의 형식으로는 우진각 지붕의 형태를 취했으며, 지붕의 용마루는 다른 건물과 다르게 양성마루로 추정된다.

망해루

명랑해협이 내려다보이는 곳에 위치한 망해루는 조선시대 누정으로 전라우수영의 성격을 잘 보여주는 전지戰地 유적이다.

강강술래 노래가 강강술래길이 되고

… 보름달이 뜨는 저녁이면 진도 여자들은 바닷가 언덕에 모여서 둥그렇게 원을 그리며 춤추고 뛰고 노래했다. 우수영 쪽 여자들도 바닷가에서 둥글게 춤추면서 물 건너 진도 쪽 여자들에게 화답했다. 그 노랫소리는 수영 안까지 들렸다. 스스로 살아가는 백성들의 생명이 모질고도 신기하게 느껴져, 칼 찬 나는 쑥스러웠다. 적들은 멀리서 다가오고 있었다.

김훈 작가가 장편소설 『칼의 노래』에서 명량대첩 당시의 강강술래의 우리가락을 묘사한 대목이다.

강강술래Ganggangsulla가 임진왜란 당시 큰 역할을 했다는 이야기는 누구나 안다. 1592년 이순신 장군은 여자들에게 밤에 모닥불을 가운데 두고 강강술래를 하도록 했다. 멀리서 보았을 때 깜박거리는 그림자 때문에 일본의 왜군은 이순신 장군의 병력을 과대평가했고, 결국 아군이 승리하게 해주었다.

해남 우수영이 강강술래의 발상지라고 주장하는 까닭은 임진왜란 때 명량대첩과 관계가 깊기 때문이다. 아무튼 '강강술래'가 민요가락과 춤을 겸한 민속놀이의 하나로써 호남지방 고유의 놀이인 것이다. 그런데 놀이가 변환되어 길이 되었다. '강강술래길'.

강강술래는 전통적으로 설·대보름·단오·백중·추석·중구절重九節 등 한국의 대표적인 명절에 행해졌다. 추석에 하는 것이 가장 규모가 컸다. 그래서 강강술래는 주로 추석에 널리 이루어지는 행사로 발전하게 되었다. 추석날 밤, 밝은 달밤에 수십 명의 젊은 농촌 여성들이 손을 맞잡고 원을 그리며 노래를 부르면서 춤을 춘다. 한 사람이 '강강술래'의 앞부분을 선창先唱하면 뒷소리는 여러 사람이 이어받아 노래를 부른다.

강-강-술-래- 강-강-술-래-
뛰어 보세 뛰어 보세 강-강-술-래-
윽신 윽신 뛰어 보세 강-강-술-래-
앞서 가는 군사들아 강-강-술-래-
발맞춰서 뛰어 가세 강-강-술-래-
곁엣 사람 보기 좋고 강-강-술-래-
먼뎃 사람 듣기 좋네 강-강-술-래-
윽신 윽신 뛰어나 보세 강-강-술-래- -『진도군지』

해는 남성을 상징하며 달은 여성을 상징하고, 여성의 신체적 특징을 둥근 형태로 표현하므로, 강강술래는 고대의 미학을 반영하는 주술적 성격 가운데서도 모성의 성격을 띠고 있다. 한편 이 춤은 힘이 많이 들기 때문에 젊은 여성들만이 할 수 있었으며, 가임여성들의 특권이기도 했다. 그래서 풍작과 풍요를 기원하는 풍속의 하나로 꼽힌다.

이러한 놀이는 밤새도록 춤을 계속 추며 원무를 도는 도중에 민속놀이를 곁들인다. 강강술래 노래를 부르다가 기와 밟기, 덕석몰이, 쥐잡기놀이, 청어 엮기 등 농촌이나 어촌 생활을 장난스럽게 묘사한 놀이를 하는 것이 특징이다.

강강술래 춤의 이름은 노래의 후렴구에서 따왔지만, 그 정확한 뜻은 알려져 있지 않다. 옛날에 한가위를 제외하고는 농촌의 젊은 여성들이 큰 소리로 노래를 부르거나 밤에 외출하는 것이 허용되지 않았는데 이 놀이를 통해 잠깐이나마 해방감을 느끼며 즐길 수 있었다고 한다.

한편 김현 작가의 유고 일기 중 1986년 10월 6일자에서도 '강강수월래를 보았다'고 쓰고 있다. 목포에서도 강강술래가 1986년에 대대적으로 행해졌던 기록이다.

어제 저녁에 오랜만에 강강수월래를 보았다. 내 유년의 기억 속에서, 그것은 찬란한 축제의 이미지였다. 보름달이 뜨면, 거리거리가 조금씩 달아오르면서 북교국민학교로 가는 인파들이 집 앞을 가득 메웠다. 그 인파들에 휩싸여 학교까지 가보면, 운동장을 가득 메운 사람들이 강강수월래를 추고 있었다. 그 빛나는 둚 속에 내가 모르는 어떤 성적인 것이 숨겨져 있었고, 나는 그것이 무엇인지 몰라 애달아하였다.

주로 한반도의 남서쪽 지역에서 널리 행해 왔다. 하지만 연행繹行되는 지역이 차차 줄어들어 오늘날에는 주로 전라남도의 해남군과 진도군에서 축제로 이루어지고 있을 뿐이다. 제17회 전국민속예술경연대회에서 최고상인 대통령상을 수상한 바 있다. 무형문화재제8호로 지정되었다(이해준).

한국 전역에서 펼쳐지는 공연 예술로서 이 풍속은 한국의 대표적인 민속예술이라 할 수 있다. 강강술래는 시골의 일상생활인 쌀농사 문화에서 유래하는 중요한 전래 풍습이다. 단순한 음률과 동작 때문에 배우기 쉽고, 여성들이 이웃 여성들과 함께 춤추는 가운데 협동심·평등·우정의 교류를 함께 했다(유네스코).

강강술래는 또 역사적인 기능도 했다. 가사를 귀 기울여 들어보면 거기에는 사회를 비판하는 내용이 들어 있음을 알아차릴 수 있다. 특히 일제강점기 때 쓰인 가사에는 일제에 대한 한국인의 저항 의식을 반영하고 있다.

우수영 5일장

우수영 5일장은 매달 4, 9일에 열리는 전형적인 재래시장이다. 해남 우수영은 문내뿐만 아니라 진도, 화원, 황산, 목포 등을 잇는 서남권 교통의 요충지에 위치한다. 그래서 해남에서 두 번째로 큰 장이 우수영장이다. 유동인구가 많기 때문이다. 관광지 손님들도 장날이면 이곳으로 많이 찾아온다.

우수영 5일장은 조선시대 우수영성 안에서 이뤄지다 해방 이후 지금의 자리로 옮겨졌다. 예전에 장날이면 투전 등 잡기판도 벌어지고 풍물놀이 등 많은 볼거리가 있었다. 왁자하게 붐비던 호시절은 낡은 옛 기억으로만 남고. 시간의 시련을 이겨낼 수 있는 것은 아무 것도 없다. 지금은 오히려 시장이 열리지 않는 날이면 빈 장터에 남자들이 여럿이 모여 두런두런 이야기를 하거나 잡기를 풀어놓는 곳이 된다. 오늘은 장기를 두고 있고 뒷자리에선 훈수가 대단하다.

인근 바다에서 잡아 올린 신선한 해산물과 좋은 흙에서 자란 양파, 고구마 등 지역 특산물부터 지역민들을 위한 잡화와 생필품까지 두루 취급한다. 평상시에도 200여 명의 상인들이 들어서고 수많은 사람들이 찾아 발 디딜 틈이 없을 정도로 활기를 띠고 있어 해남의 3대 5일장으로 손꼽혔다. 허나 지금은 20여 개의 점포로 이루어진 소형시장이자 장옥형 시장이다.

"아이고매, 이거 폴아서 뭐가 남겠소? 움직일라고 여기 나와 있소만." 왁자-하게 붐비던 호시절은 낡은 옛 기억으로만 남고. 이 장터의 가녀린 숨결이 아슬아슬하기만 하다.

시골 5일장의 순수한 느낌과 풍성한 손맛, 그리고 북적거림이 서남해안의 중심 풍물시장으로 다시 유명해지길 바랄 뿐이다.

시장 주변에 동외일저수지, 동외이저수지 등의 관광지가 한몫을 한다. 물론 우수영관광단지도 있고.

명량대첩비 문화유적지

말로만 듣던 새로 조성된 명량대첩비 문화유적지다. 명량대첩비가 처음 세워진 장소를 중심으로 성역화되었다.

문화유적지는 크게 세 영역으로 나뉜다. 비각영역, 강강술래마당, 그리고 사당영역. 중앙으로 들어가면 먼저 외삼문을 통과한다. 그러면 양쪽에 동무와 서무가 위치하고 중앙으로 사당, 충무사가 자리 잡고 있다. 서무 건물 옆으로 강강술래마당이 있고 작은 언덕에 비각이 있다.

비각영역은 명량대첩비와 보호시설인 비각, 주변 담장과 협문으로 이루어진 공간이다. 명량대첩비는 1597년 명량해전을 승리로 이끈 이순신 장군의 공적을 기리기 위하여 세운 비였다. 비문은 1686년에 쓰였고 2년 뒤인 1688년에 전라우도 수군절도사 박신주가 비를 세웠다. 조선시대 수군진성 성곽의 모습이 아직도 남아있다.

그러나 역사의 세월 속에 몇 번이나 옮겨지다가 제자리로 돌아오게 되었다. 1942년 일제가 강제로 철거하여 서울 경복궁 근정전 근처에 버려졌던 것을 1950년 우수영지역 유지들이 문내면 학동리[1186-7번지]로 옮겨 세웠다. 그 뒤 국도 18호선을 확장하고 고가도로를 새로 세우면서 명량대첩비 주변 경관이 나빠져 2011년 3월 명량대첩비가 처음 세워졌던 이곳으로 옮겨졌다.

강강술래마당은 임진왜란 때 이순신 장군이 의병술로 이용하였다고 전해오는 강강술래를 기념하고 시연하기 위한 곳이다. 강강술래는 1966년 중요무형문화재[제8호]로 지정되어 해남군 문내면 우수영의 부녀들이 온전하게 지켜 나가고 있다. 2009년 9월에 유네스코 '인류구전 및 무형유산'으로 선정되었다.

  사당영역은 충무공이순신을 추모하기 위해 건립한 사당이다. 명량대첩비의 기존 사당과 부속시설 등이 좁아 제례를 비롯한 의식이나 행사를 치르기에 불편하여 이를 고쳐 새롭게 꾸몄다고 한다. 넓은 공간에 조성된 유적지를 천천히 돌아보면서 역사의 한 마당을 넘겨보자.

법정스님을 만날 수 있는 곳

  법정스님 마을도서관이다. 생가를 없애고 생가 터에 새로 지워, 2021년 문을 연 '법정스님 마을도서관'이다. 다시 새롭게 지은 생가보다 오히려 나은 발상으로 여겨진다.

법정스님 마을도서관

대문 밖에서도, 저만치 보이는 법정스님의 뒷모습 모형이 진짜 걸어가시는 모습 같다. 나도 모르게 느닷없는 생각에 마음이 찡해진다. 빨리 뛰어가서 스님을 불러야 할 것 같다. 그래야 스님을 만날 수 있지 않겠나? 법정스님을 다시 만나 뵐 수 있는 공간이다. 재빨리 문 안으로 들어섰다.

'빈 마음'이란 글이 바닥에 크게 적혀 있어 눈길이 먼저가 읽는다.

빈 마음
그것을 무심이라고 한다.
빈 마음이 곧 우리들의 본마음이다.
무언가 채워져 있으면 본마음이 아니다.
텅 비우고 있어야 거기 울림이 있다.
울림이 있어야
삶이 신선하고 활기 있는 것이다.   −법정法頂

법정스님의 '무소유'의 삶을 되새길 수 있는 문화공간이듯, 무소유란 '아무 것도 갖지 않는다는 것이 아니라 불필요한 것을 갖지 않는다는 뜻이다. 우리가 선택한 맑은 가난은 부보다 훨씬 값지고 고귀한 것이다.'라는 글귀가 법정스님의 뒤를 따른다. 우리에게 무소유를 되새기게 한다.

평생 사용한 나무의자. 일명 '빠삐용 의자'가 눈에 띈다. 1970년대 순천 조계산 불일암에 계실 때 설해목雪害木을 주워 겨우살이를 준비하는 과정에서 손수 만들었다는 소박한 나무의자다. 스님의 '무소유' 정신을 다시금 돌아보게 한다. "비움이 곧 채움이라는 소중한 가르침"이 전해진다. 법정스님이 생전 머물던 송광사 불일암에 보관돼 있던 빈 의자가 실물과 똑같은 크기로 만들어져 설치된 것이다.

여기까지 왔으니 그냥 돌아설 수 없다고 생각하며, 마을도서관 문을 당긴다. 마루바닥이 반짝반짝하다. 함부로 해서도, 더러운 발로도 안 될 것 같은 느낌이 든다. 슬리퍼가 있어 신발을 벗었다. 문화해설사가 반겨주는 사이로 법정스님의 얼굴이 클로즈업 된다. 드디어 스님을 만날 수 있었다. 매서운 눈초리로 쳐다보신다. 그대는 무소유를 실천하고 있는가, 묻는 것 같다.

한국의 승려이자 수필 작가인 법정스님 마을도서관 안에는 법정스님의 서책과 찻잔, 법정스님의 흔적, 집필 저서, 이해인 수녀 등 추모 글, 법정스님의 일대기 등이 전시되어 있다.

법정스님1932-2010은 전라남도 해남군 문내면 선두리에서 출생하여 우수영초등학교를 졸업하였다. 법정스님이 입적하신 후 스님을 기리기 위하여 문내면 기관단체 및 초등학교 동문회 등에서 '생가복원추진위원회'를 구성, 법정스님 생가 복원을 추진한 결과, 해남군에서는 '법정스님 마을도서관'을 건립하고 마을주민, 관광객에게 개방하여 법정스님을 기념하기로 한 것이다.

문화해설사가 건네는 따뜻한 커피 한잔이 먼 길을 걸어온 마음을 다독인다. 책장엔 책들보다 빈 공간이 더 많지만, 많은 책들을 집필한 흔적들이 가득하다. 문을 연지 얼마 안 되어 많은 자료가 없다면서 문화해설사가 사무실 안에서 이것저것 챙겨 주신다.

자료는, 가난한 절 길상사와 이 땅의 텅 빈 사람들에게 법정스님이 보내는 메시지가 있는 월간지 『맑고 향기롭게』이다. 시절 인연을 비롯하여 법정스님이 주시는 선물, 법정스님 따라 하기, 법정스님 소참법문, 법정스님 흔적, 선재동자와 함께 떠나는 선지식 여행, 다실/이해인 수녀의 시가 실려 있다. 『맑고 향기롭게』의 11월에는 '시절인연' 이야기가 다음과 같이 시작된다.

11월을 아메리카 인디언들은 '모두 다 사라진 것은 아닌 달'로 불렀다. 평원의 들짐승들의 자취가 뜸해지고 나무에서 잎이 떨어져 내린다. 지상에 무성했던 것들이 수그러든다. 그렇지만 모두 다 사라진 것은 결코 아니다. 한동안 지웠다가 때가 되면 다시 채워질 것들이다. 내년을 기다리는 마음으로 살아야겠다.

다실에서 이해인 수녀의 시 '그리운 추위'도 읽어본다.

장갑을 끼어도/ 손이 시린 겨울
털양말 신어도/ 발이 시린 겨울
동상 걸린 발로 괴로워해도/ 겨울은 나를 강하게 했다
힘든 것을 견뎌 내는/ 지혜를 주었다.

추위가 없는 겨울엔/ 추위가 그립다

나의 삶에서/ 탄력을 앗아 가는
편리하고 편안한 겨울을/ 문득 원망해 보는 오늘
-「그리운 추위」 전문

14코스 해남군
학상마을회관- 오시아노관광단지- 장수마을회관- 당포버스정류장 / **18.2km**

바다가 보고 싶으면 오시아노해변으로

가끔은 바다가 그립다. 누구를 보고 싶을 때. 무엇인가를 마음에 담고 싶을 때. 하여튼 우리에게 바다는 꽤 중요한 의미를 가져다준다. 극소수만 아는, 언제 가도 한적한 그런 바다를 찾으면 그 바다에 성실한 애정을 쏟는다. 누구나 그런 바다가 마음속에 있지 않을까. 그 바다에서 이야기하는 건 우리에게 의미 있는 일이 된다.

14코스는 학상마을회관에서 서해바다의 아름다운 해안 비경을 찾아 떠나는 걷기여행이다. 13코스의 우수영에서 시작된 해남해안도로가 다시 14코스로 이어진다. 총 18km의 해안도로에서 현시점에서 6km가 남았다고 안내판이 알려준다. 해안 따라 6km를 여유롭게 걸었다.

길가에 매달린 '시아로552' 팻말이 달랑거리며 손짓한다. 오시아노는 '해양'을 뜻하는 이탈리아어에서 따온 이름이란다.

오시아노 관광단지는 해변 오토캠핑장과 골프링크스존 등이 있는 종합휴양단지로 운영 중이다. 아름다운 자연 청정바다가 펼쳐진 최상의 조건 속에서, 최고의 휴식을 즐길 수 있는 분위기다.

들은 적은 있었지만, 이런 멋진 해남 화원면 관광단지를 둘러보다니! 제주도 올레길에서도 중문단지를 걷는 기분이랄까? 너무나 달라진 거리의 풍경에, 이렇게 달라질 수 있다는 생각에 무한한 가능성이 엿보였다. 그만큼 획기적인 변화였다. 한편으론 즐길 거리가 있다는 감사한 마음도 들었고.

산 쪽으로는 아트빌리지문화예술촌, 마린월드존 등의 팻말이 꽂혀 있다. 앞으로 조성될 예정지로. 그런데 예정대로 진행될까? 하는 의구심이 든다. 한편으론 조성이 불투명해 보인다는 생각이 들기도 하고. 윤고은 작가의 소설 『Q』가 떠올랐기 때문이다. Q도시에 대한 이야기다. 비가시적으로 교묘하게 목을 죄어오는 자본의 속성, 위태롭게 구축되는 도시의 허울을 겨냥하고 있었다.

P는 지금 Q를 조급하게 만드는 경쟁 도시였다. 그는 아트 벨리의 현재를 생각해 보았다. 그가 자주 갔던 단골카페는 한때 밀려드는 손님들로 즐거운 비명을 질렀으나 곧 밀려드는 카페공세에 도태되었다. P의 커피 값은 두 배로 뛰어올랐다. 그의 지인들이 그렸던 거리의 벽화는 P를 대표하는 포토 월이 되었다. 출사를 한다며 카메라를 총처럼 멘 사람들이 다녀갔다. 주말마다 P는 몸살을 앓았다. 몇 군데 프레임 안에 자주 포착되던 동네들은 인기도만큼 훌쩍 뛰어올랐다. 커피 값도, 옷값도, 땅값도, 집세도, 도태될 사람은 도태되었고, 살아남을 사람은 살아남았다. 그가 아는 사람들은 대부분 도태된 쪽이었다.

언덕을 올라가다 보면, 관광단지 내에 위치한 파인비치골프장이 훤히 들여다보인다. 3면이 바다로 둘러싸인 나지막한 구릉지가 골프장이다. 서해랑길에서도 골프장이 보이고, 그 너머 바다가 보이는 것이 환상적이다. 해안가의 자연을 최대로 살려 눈앞에 펼쳐진 망망대해를 가로질러 라운딩하는 코스로 '동양의 페블비치'라는 호칭을 얻고 있다. 한국관광공사 전남지부 건물을 끝으로 오시아노해변은 끝이 난다.

오시아노 호랑가시나무 가로수길

　오시아노 관광단지의 가로수는 호랑가시나무다. 풍광이 낯설다. 남도만의 특별한 가로수길이다. 호랑가시나무 가로수 길을 처음 걸어본다.

　호랑가시나무가 늘어서 있는 것이 특이하고 열매가 생기를 불어 넣어준다. 하여튼 특별한 길이다. 계절에 물들어 빨간 열매가 실하게 맺힌 호랑가시나무가 줄지어 오시아노관광단지에 운치를 더한다. 서해랑길에서 만나는 반전이 기다리는 길이다. 말끔하고 정리된 단아한 길.

　걷는 이들을 호랑가시나무가 정렬하여 기다린듯하다. 나만 걷는 것이 아니다. 배추를 절이기 위해 바닷물을 길러 가신다며 물통을 끌고 가는 할머니, 뒤뚱거리면서도 밤사이 자신의 밭이 잘 있는지 보러 가신다는 발이 아픈 할아버지, 캠핑장 텐트에서 자고 나온 아이들이 뛰어간다. "엄마" 부르면서.

　호랑가시나무는 언뜻 거칠게 보인다. 두꺼운 이파리 끝에 뾰족한 가시가 달려 있다. 진녹색으로 윤기도 흐른다. 열매는 빨간색의 콩알만 한 크기로 무수히 달린다. 이파리와 열매의 빛깔이 대비를 이룬다. 하지만 속내는 다소곳하다. 가정의 '행복'과 '평화'를 꽃말로 지니고 있다. 빨간 열매는 연말연시 불우이웃 돕기의 상징이 된 '사랑의 열매'로 디자인돼 쓰이고 있다.

　호랑가시나무는 호랑이가 이파리에 돋아난 가시로 가려운 데를 긁었다고 하여 이름 붙었다. '호랑이 등 긁기 나무'다. 가시가 호랑이 발톱처럼 매섭게 생겼다고 '호랑이 발톱나무'로도 불린다. 억세고 단단한 가시를 호랑이도 무서워했다는 얘기도 전해진다. 햇볕 다사로운 남해안과 제주도에서 자생한다. 꽃은 봄에 피고 향기가 짙다. 열매는 늦가을부터 겨울에 맺힌다. 새빨갛게.

　서양에서는 '예수나무' 또는 '크리스마스 나무'로 통한다. 호랑가시나무 이파리에 달린 가시가 예수의 면류관을 상징한다. 빨간 열매는 핏방울, 쓴맛의 껍질은 예수의 고난을 나타낸다. 하얀 꽃은 예수의 탄생을 의미한다. 크리스마스가 되면 호랑가시나무로 장식을 하는 이유다.

우리나라 일부 지역에서는 주술적 의미가 있어 유행병이 돌 때 정어리의 머리에 호랑가시나무를 꿰어 문지방에 걸어 놓고 액운을 쫓았다고 한다.

화원반도길, 자전거길

저만치 장수마을이 둥지를 틀고 있다. 장수마을 바깥 길로 서해랑길이 이어진다. 마을 이름의 유래를 제대로 아는 사람은 없다. 장수마을이라고 해서, 오래 사는 사람들의 마을이라기보다는. 그저 옛날 옛적부터 불려온 대로 무심히 부를 뿐이라는 것이다.

"사는 것 다 똑같지 뭐가 다른 게 있나? 우리 마을이나 장수마을이나 노인들은 매한가지여."

인지마을에 사시는 할머니의 말씀이다. 그러면서 장수마을이라고 우리 마을보다 더 오래 사는 사람들도 없는 것 같다고 덧붙인다.

이번에는 자전거로 씽-씽- 달려가보자. 서해랑길이 자전거길, '화원반도길'과 함께 한다. 당연히 자전거로 달리면 화원반도가 온몸으로 짜릿하게 만끽될 것 같지만, 걸어서 가는 것도 흥미롭다.

화원반도길을 해남군에서는 이렇게 말한다. '에메랄드빛 바다가 그림 같은 목포구등대가 있는 비경의 해안길'이라고. 다른 말로는 '해남 땅끝자전거길'이라고 부른다. 땅끝 해남의 해변, 평야, 산악 코스를 총망라하는 11개 코스가 땅끝자전거길에 있다. 총 길이 475km이니 꽤 달릴 만하겠다. 아니 조금 힘들 수도 있다. 걸어보니 언덕이 꽤 가파른 지점이 한두 곳이 아니다. 지자체 코스 중에서 전국에서 최장 코스를 자랑한다고 할 만큼 길

호랑가시나무 가로수길

인지마을 배추포기 묶는 작업

고 굴곡이 많은 길이란다. 태안반도보다도 훨씬 긴 자전거길로 알려졌다.

해남땅끝자전거길을 코스별로 보자. 공룡산맥이 병풍처럼 이어진 달마산을 에워싼 1코스인 달마고도를 시작으로 2코스 화원반도길로 이어진다. 구릉지와 광야를 지나는 3코스가 우수영길이다. 그리고 각양각색의 해안길이 펼쳐지는 4코스 바다백리길, 지평선이 아득한 광야를 직선으로 꿰뚫는 5코스 지평선길이 있다. 녹우당의 정취를 물씬 느끼는 6코스 윤선도길, 너른 들과 큰 호수, 철새를 벗 삼아 달리는 7코스 고천암호반길, 해남의 진산 8코스 금강산일주, 기암괴석 명산의 특별한 오지산행 9코스 흑석산길, 갈 길을 잃게 만드는 매혹의 바닷길 10코스 노두길, 거친 산길의 스릴을 느끼는 11코스 주작산길이다.

화원반도길 2코스와 더불어 7코스의 고천암호반길이 서해랑길에 속한다. 2개 코스지만 충분히 즐길 만하다.

배추밭에선 겨울배추 작업이 한창이다. 많은 작업자들이 허리에 노끈을 한 다발씩 등지고 구부리고 일한다. 배추 속이 차도록 배추 포기마다 하나씩 묶어주는 작업이다. 한편에서는 배추를 캐서 망에 넣은 작업을 하고, 길에서는 물을 대는 작업도 한다. 이를 구경하면서 천천히 언덕을 넘었다.

그런데 갑자기 빗방울이 한두 방울씩 떨어지기 시작하더니, 순식간에 빗줄기가 굵어졌다. 세우에도 옷이 젖는 법인데 금방 양쪽 팔 부위의 패딩이 다 젖어버렸다. 할 수 없이 송천삼거리 버스정류장으로 피신했다. 버스정류장 의자에 앉아 망중한을 보낸다.

비는 모든 것을 멈추게 하는 힘이 있다. 비가 오면 우리는 가던 길을 멈추고 물끄러미 비를 바라본다. 혹은 하던 일을 멈추고 하염없이 생각에 잠긴다. 그러다 보면 가끔 빗줄기에게 뭔가 고백하고 싶은 생각이 든다. 더 나아가 비에게 용서를 구하고 싶은 마음도 든다.

그런데 비는 주룩주룩 내린다. 비가 그치기를 기다려야 할지, 걷기를 접고 돌아가기 위해 택시를 불러야 할지, 갈피를 잡을 수 없다. 버스정류장이니까, 버스가 오면 타는 것으로 일단 정해버렸다. 오히려 마음이 편해진다.

송천버스정류장은 삼거리에 있다. 오른쪽에서 차가 씽하고 지나가면, 이번에는 왼편에서 붕붕거리며 택배차가 지나가고, 언덕에서는 미끄러질까 봐 살살 조심스럽게 차들이 내려온다. 길에 따라 찻소리가 다소 달랐다. 언덕 길가 집들이 다행이다 싶다. 언덕을 내려오는 자전거 라이딩을 보고 싶은데, 자전거는 나타나주지 않고.

30여 분이 지났는데도 버스는 감감 무소식. 버스시간표도 없는 버스정류장에서 버스를 기다린다는 것이 마땅한 일이겠지만, 왠지 속상하다. 시나브로 빗방울은 줄어들고 바닥에 떨어진 빗줄기마저 희미하게 퇴색된다. 다시 배낭을 메고 일어났다.

15코스 해남군

당포버스정류장- 마산제- 금호갑문- 달도교차로 / 13.6km

마산제 가는 길

당포버스정류장에서 출발하여 자동차도로를 따라 걷는다. 고개 넘어 보이는 바닷가에 있는 삼호조선소가 색다른 풍광으로 다가온다.

구림리에서 대한조선소를 지나는 구간은 해안선을 잇지 못하고 아스팔트 포장도로를 따라서 2.5km를 가야 조선소 지역을 벗어나 매월리 양화마을로 가는 해안도로로 접어든다. 월호천을 막은 방조제 건너 양화마을 선착장까지는 30분쯤 걸린다. 양화마을부터 수류미 등대까지는 깃대봉 222.9m의 북동쪽 산자락 해안선을 따라서 걷는 길이다. 바다 건너 달리도를 보면서 걷노라면 여객선이며, 해양대학실습선, 화물선과 어선 등이 끊임없이 드나드는 것을 볼 수 있다.

목포항의 현관 격인 이 해협의 폭은 불과 600m, 제주행 여객선처럼 큰 배가 통과할 때면 해협이 가득 찬 것처럼 보이기도 한다. 1.3km쯤 가서 북쪽으로 돌출한 작은 곶을 돌아서면 100m가량 아늑한 만과 모래밭이 펼쳐진다. 여기서 수류미 등대 사택 후문까지는 산허리길 400m쯤이 이어지는데 걷기에는 편하다.

사택 경내에는 1908년에 세워진 무인등대가 그대로 보존되어 있고, 새롭게 2003년에 완공된 등대는 100m쯤 아래 높게 솟아 있다. 배의 선수를 형상화한 수류미 등대는 높이 38m, 꼭대기 등탑까지는 아파트 15층 높이임에도 불구하고 엘리베이터가 없다. 근무하는 직원들이 나선형 계단으로 오르내린다. 사무실이 있는 2층 바깥 베란다는 한 바퀴 돌면서 주변 경치와 목포항을 드나드는 배 구경하기 딱 좋은데 안좌도며 팔금도, 암태도 등 신안군의 섬들이 한눈에 들어온다.

별암리 선착장에서 중간 목표인 휘바위를 지나 망골 월산선착장까지는 해안선 따라서 2km로 40분쯤 걸린다. 지령산$^{288.8m}$ 동쪽을 감싸고도는 길이다. 월산선착장에서 1.2km쯤 해안선을 따라가면 콘크리트 포장도로에 올라서는데 이곳이 바로 마산리 접듬이다. 접듬에서는 무인도인 어도까지 드나드는 길이 500m쯤 갯벌 위로 나 있다. 접듬에서 다시금 해안선을 따라서 길을 이어나가면 이번에는 마산리 큰봉산^{200m} 동쪽을 감싸고돌아서 구림리까지 해안선 따라 1.4km를 걷는다.

별암선착장

화원반도 끝자락 수류미 등대로 향하는 걷기 여행의 들머리는 영암·금호방조제 남쪽 끝에 있는 별암리 선착장이다. 옛날, 목포로 나가는 여객선이 드나들던 별암선착장은 영암·금호방조제가 생기면서 그 기능을 상실한 지 오래다(한국해양재단).

염암·금호방조제를 따라서 4차선 도로까지 나는 판이니 이제 화원반도 어디에서도 하루에 몇 차례밖에 안 다니는 배를 기다려서 목포까지 갈 일은 없어졌다. 게다가 가장 중요한 것은 방조제와 배수갑문 때문에 뱃길이 끊어졌다는 사실이다. 그래도 별암선착장 화장실 옆 옛 여객선 터미널 건물 벽에는 아직도 목포행 배편을 알리는 안내판이 떨어지지 않고 건재하다.

여객선이 다니지 않아도 고깃배는 여전히 드나들며, 근근이 명맥을 이어나간다. 덕분에 횟집과 가게가 있는 선착장 일대는 아직 이곳을 찾는 이들에게 확신을 준다. 이제는 별암선착장이 아니라 그냥 '별암리'로 통한다.

별암리로 가자는 말은 회를 먹으러 가자는 말이거나 낚시를 즐기러 가자는 말이다.

거대 금호갑문

멀리서 보이는 큰 갑문이 멋지다. 신비의 도시로 들어가는 거대한 길목의 입구처럼 보인다. 서해바다와 영산강이 갑문을 사이에 두고 서로 마주하고 있다.

영암·금호방조제는 전남 영암군 삼호면과 해남군 화원면, 산이면을 잇는 방조제로 1985년에 공사를 시작해 1996년에 준공되었다. 영암군 삼호면 삼포리에서 해남군 화원면 별암리 간 4.3km의 바다를 막는 대규모 간척사업이었다. 여의도 면적의 약 24배에 이르는 22,049ha의 간척지가 농경지와 공업용지로 활용되었고, 약 3억1,700톤의 농·공업용수를 확보할 수 있게 되었다.

주차장이 넓게 자리 잡고 있는 영암·금호방조제 양쪽에는 낚시꾼들이 많이 몰리는 곳이기도 하다. 영암 삼호읍과 해남 산이면을 연결하는 영암호 방조제2.2㎞는 1993년 12월 영산강 Ⅲ-1지구 종합개발 사업으로 준공된 방조제다. 예전에는 배를 타고 먼 바다로 나가야 잡을 수 있었지만 이제는 제방에 앉아 낚을 수 있는 전국에서 유일한 갈치낚시터가 되었다. 특히 갈치낚시의 묘미는 짜릿한 손맛과 밤바다에 밝혀둔 집어등 아래서 야행성인 은빛갈치가 파닥거리며 올라오는 모습 또한 환상적이다.

해남반도 최북단에서 금호도를 연결한 수변길이다. 휴게소가 있는 건물로 가면 언덕에 조성된 '영암·금호방조제 준공탑'이 하늘을 찌르듯 위세가 당당하다. 하늘 높이 용 솟아오르는 중앙탑을 간척역군의 양손으로 힘 모아 받쳐주고 있다. 이는 힘차게 웅비하여 번영된 미래를 맞이하고 신념과

영암·금호방조제 준공탑

의지로 조국발전과 민족번영을 성취하고자 하는 방조제 축조이념을 나타낸 것이다. 중앙탑 오른편에는 거대한 대자연에 도전하여 이를 이겨내고 방조제 공사를 완공한 간척 역군상을 왼편에는 서해안시대를 맞아 방조제 준공으로 이루어진 결실로 풍요롭고 화목한 농어민상을 형상화하여 조각 배치하였다.

한편에는 해목海木 최일환崔日煥 시비詩碑 「남쪽 섬들」과 청해 박종욱 시비 「이두의 딸」이 나란히 세워져 있다. 남쪽 섬들이란? 궁금하여 읽어본다.

작은 섬들 사이사이로/ 비단 폭 한 자락/ 휘어진 바다
그 푸른 바다에/ 옹기종기 너무 정다운/ 예쁜 섬들
바다는 그 섬들을 잃을까 봐/ 가지가지 섬 모양을/
그대로 담아 놓고 한아름 꽉 안고/ 둥둥 떠서
남쪽 그 바다에만/ 언제나 작은/ 남쪽 섬들…
  　　　　　　　　　　　　　 －「남쪽 섬들」 전문

16코스 해남군
달도교차로- 솔라시도대교 입구- 공도교- 세한대학교 영암캠퍼스 / **16.2km**

햇빛도시 솔라시도

영어 알파벳 'Solaseado'가 유난히 두드러져 보인다. 드넓은 부지는 황량하기만 하다. 전라남도 해남군 산이면 구성리. 서해랑길 16코스의 시작지이자 종착지이다.

태양Solar과 바다Sea가 조화롭게 어울려 여유로운 삶이 만들어지는 도시라는 이름의 솔라시도. 도, 레, 미, 파, 솔, 라, 시, 도의 솔라시도는 음계의 높은음 자리 '솔, 라, 시, 도'와 같은 소리의 값으로 전라남도 영암군 삼호읍과 해남군 산이면 일원에 조성되는 관광레저형 기업도시 브랜드를 말한다(전라남도).

기후변화와 저성장 시대에 대응하고 디지털 기술을 통해 진정한 행복을 만드는, 사람과 자연 모두가 지속가능한 '신新환경 미래도시'를 의미한다. 키워드는 3개다. 정원도시, 태양에너지 도시, 그리고 디지털 플랫폼도시.

정원도시는 어디서나 문을 열면 눈앞에 정원이 펼쳐지는 도시를 말한다. 자연을 보존하고 사람을 생각하며 새로운 문화를 만들어가겠다는 것이다. 사람과 자연, 그리고 에너지 공존의 의미를 담고 있는 태양의 정원과 복합문화공간인 산이정원, 대규모 주거단지로 조성 예정인 솔라시도 골프앤빌리지의 별빛정원 등이다.

태양에너지 도시, 블루 이코노미와 한국형 그린 뉴딜정책의 핵심도시로 탄소중립, 에너지 자립, 재생에너지로 기후변화에 대응한다는 것이 요점이다.

솔라시도 기업도시

　디지털 플랫폼도시, 이는 디지털 기술로 완성되는 안전하고 편리한 도시를 상상하면 된다. 자율자동차와 네트워크기술이 복잡한 도시의 한계를 극복한다는 것이다.

　2005년 기업도시로 지정되었고 서남해안기업도시개발은 한양, 보성산업, 전남도, 해남군 등이 솔라시도 개발을 위해 함께 만든 특수목적법인(SPC)이다. 해남군에 조성 중인 총 2089만㎡(632만 평)에 이루어진다. 솔라시도는 국내 최대 규모의 민관협력 개발기업도시의 하나이다. 전라남도 인근의 재생에너지 잠재용량을 허브터미널로 연결시켜 대규모 전력 소비시설인 데이터센터에 안정적으로 공급할 수 있다는 점에서다. 특히 전력 수요처인 데이터센터에서 인근 재생에너지 발전량 대부분을 직접 소비하도록 하는 것에도 큰 의미가 있다. 솔라시도는 데이터센터를 확장할 수 있는 대

규모 부지가 장점이다.

Renewable Energy재생에너지100을 의미하는 RE100은 2050년 혹은 2040년 등 기업들이 스스로 정한 기간까지 사용 전력량의 100%를 태양광, 풍력 등 재생에너지 전력으로 대체하겠다는 기업들의 자발적인 약속을 의미한다. 2014년, 영국 런던에 소재한 비영리기구인 Climate Group과 CDP carbon Disclousure Project탄소정보공개프로젝트라는 두 조직이 연합해서 RE100을 주창했다. 대부분 글로벌 기업들이 참여하고 있다.

먼저 가시적인 효과로 보여준 것이 '솔라시도 대교'다. 2015년 12월에 착공해 2022년 12월 9일 개통되었으니 7년이 소요되었다. 영암호를 가로지르는 12.19km의 왕복 4차선 대교로 위로는 분리대가 있는 도로이고, 아래는 특이하게도 다리 양쪽으로 인도와 자전거길이 나 있다.

인도를 걸으면서 바라보는 영암호는 또 다른 운치를 자아낸다. 하늘에 떠 있는 구름이 호수 속에 함께 떠서 물과 산과 갈대숲과 한데 어울려 천 가지 만 가지 조화를 부리고 있다. 발걸음 시시각각 색과 자태가 다르게 보인다.

양쪽 통로바닥에 전망대까지 1Km 안내표시가 있다. 목포에서 해남까지 거리가 30분으로 단축되었다. 솔라시도 접근성이 훨씬 가까워졌다. 지방도 801호선으로 지정 고시되고, '솔라시도로'로 광역도로명이 부여됐다.

철새들의 고향 영암호

전라남도 영암군 삼호읍 용앙리. 우리나라의 대표적인 철새 도래지로 알려진 영암호를 따라 걷는다. 이 길은 환경부에서 지정한 멸종위기 야생동식물을 관찰할 수 있는 수변길이다.

갈대숲으로 이어진 서해랑길이 더할 나위없는 산책로이다. 평평한 길이 무심히 걷기에 안성맞춤이다. 참으로 고요하다. 고요함으로 마음을 지키면 활발하게 일어나는 만물의 본바탕으로 돌아가게 되는데 바로 이것이 마음을 비워 몸을 잘 관리하자 함이다.

삐잇-! 삐잇-! 새소리가 났다. 그런데 새들은 보이지 않는다. 어떤 새는 까르르 끌끌끌 혀를 차는 듯했고 다른 새는 쪼르르 쪼르르 베를 짜듯 바디질 소리를 냈다. 새소리의 화음이 노랫소리만큼 아름답다. 새들의 천국이다.

"새소리가 대단하네요!" 오늘 함께 걷는 안권숙 교수가 감탄했다.

지저귀는 새소리 낭랑한 가운데 솔라시도 대교를 바라보며, 걷기에 좋은 운치 있는 수변길이다.

영암·금호방조제가 준공되면서 대규모 인공호수, 영암호가 만들어진 것이다. 이 일대는 먹이가 풍부한 개펄과 넓은 수면, 따뜻한 기온 때문에 철새들의 이동통로이자 중간 기착지로서 겨울철새 100여 종 30만 마리 이상이 서식하고 있다.

거기다가 염암·금호방조제 사이로 담수와 해수가 갈려 담수어와 해수어 낚시를 동시에 즐길 수 있는 곳이기도 하다(영암군).

환경부 국립생물자원관이 지난달 중순 전남의 주요 철새 도래지 15곳에 대한 겨울철새 서식 현황 조사 결과, 65종 11만6000여 마리가 확인됐다. 지역별로는 순천만 3만 마리, 고흥호 1만9000마리, 영암호 1만3000마리, 금호호 9000마리 등이다.

전라남도 소식지 '전남새뜸'에 난 겨울철새 소식이다. 영암호도 겨울이면 철새들의 고향, 보금자리인 것이다. 전국에서 유일하게 호수에서 떠오르는 해를 맞으러 가고 싶다면 영암호 일출이라고 전라남도는 홍보한다. 전남에서 특별한 일출은 영암호, 땅끝마을, 율포해변, 항일암, 작금항, 벌교의 호동리해변과 구례 오산을 꼽고 있다. 서해랑길에서는 영암호와 땅끝마을에서 일출을 감상하자.

길 위에서 만난 미술관

종착지에 도착할 즈음 '이안갤러리IAN ART GALLERY' 화살표가 발길을 이끈다. 들녘에 무슨 미술관? 이런 생각이 들겠지만 16코스의 끝자락을 장식해 줄 들려볼 만한 미술관이다.

한국 고유의 미를 담고 있는 전통미술, 독창적인 남도 예술의 미를 중심으로 다양한 세대와 다양한 분야의 예술장르가 어우러지는 공간, 아트 갤러리다. 2022년 11월 14일 개관한 이안미술관은 첫 발로 신춘기획전 '하늘 위 파랑새'전을 개최했다. 그리운 사람을 만나고 자유롭게 정담을 나눌 수 있는 세상이라는 의미와 희망의 메시지를 전달하고자 한 것이다.

이안미술관은 전라남도 영암군 녹색로 1126-171. 호남에서 으뜸가는 그림 같은 산으로 인정받고 있는 월출산 아래 병풍처럼 펼쳐진 영암지역의 개인 미술관이다. 3층 규모로, 제1, 2전시실, 야외전시실, 유럽식 정자, 야외공연장 등을 갖추고 있다. 갤러리 마당에 위치한 유럽식 정자도 들어가서 운치 있게 머물고 싶지만 미술관 안으로 들어가면 차茶공간이 느긋하게 여유를 안겨준다. 차인茶人 노미정 관장이 차려내는 차 한 잔이 힘든 노정을 말끔하게 가라앉혀 준다. 작품만을 전시하는 미술관의 개념을 넘어서 자연과 사람이 함께 어우러지려고 만든 미술관이라는 점이 입구에서부터 느껴진다.

남도지역의 훌륭한 예술가들의 철학이 깃든 다양한 예술을 통해 지역민의 문화예술 향유를 위해 영암지역 사회의 예술 정서발달에 중심적인 역할을 할 것으로 기대되고 있다(목포타임즈).

마침 '위장된 풍경'이란 홍시연 작가의 개인초대전이 진행되고 있다. 현대인의 고독과 자신의 비밀스러운 공간에 대한 이야기를 이색적인 얼룩말과 자연풍경 속에 빗대어 그린 매우 생동감 넘치는 작품이다. 현대인의 모습은 겉으로 들어나는 얼굴이 전부일 수 없고, 내면 깊숙이 숨어 있는 자신의 얼굴은 또 다른 모습이라는 점에서 새롭다. 감상하는 동안 무수한 자극을 받았다. 무엇보다 강렬한 색채감이.

영암군
17코스

영산강 석정포구

17코스 영암군

세한대학교 영암캠퍼스- 농업테마공원- 삼호대교- 목포지방해양수산청 / 11.0km

영산강의 제9경 영산호

모처럼 걸어야겠다고 마음먹고 나서는데 전화가 왔다. 중간고사 기간이라며, 같이 점심이나 먹자는 제의였다. 전화를 받는 순간, 머리에서 신호가 빤짝거린다. 새한대학교로 가야 하므로 이참에 영암 17코스로 방향을 틀기로 했다. 목포지방해양수산청에 자동차를 주차하고 영암으로 향했다.

'영산호' 표시석 앞에 서서 삼호대교 아래를 내려다보았다. 영산호는 심하게 부는 바람으로 물살이 출렁거리고 춤을 춘다. 강바람을 쐬니 머릿속이 이내 개운해진다. 가을바람이 물살의 뒤척이는 소리처럼 듣기 좋다. 계속 서 있으니 조금만 더 큰 물살이 밀려오면 강 속으로 휩쓸려 들어가 버릴 것 같다. 아찔하기도 했지만 그 물살 위에 서 있다는 것 자체가 두 다리가 후들후들 떨리면서도 가슴이 뛰었다.

'영산호'에 갇힌 영산강이 살아서 꿈틀거리는 생동감이 육중한 몸무게로 나를 위협하는 듯했다. 이곳에서 바라보는 영산호가 영산강의 제9경이다. 이젠 영산강이 아니고 호수에 잠긴 강이 되어 버렸고 맞은편에 보이는 수문이 열려야 바다와 만나 영산강이 회포를 풀 것이다.

영산강은 담양의 용추산에서 비롯한 율원천, 창평의 서봉학, 장성의 백암산, 나주 작천의 물과 장성천이 합류, 목포에 이른 길고 긴 영산강 칠백리 길이다.

제9경 영산강을 거슬러 올라가면 제8경인 석정포石亭浦(구)에 달한다. 석정포 일대는 '무안군 몽탄면 몽강리' 일원으로 조선후기부터 1970년대까지 옹기와 질그릇을 생산했던 주요 도요지로 백자와 분청사기도 만들어 왔다. 1960년대에는 마을주민 90호가 옹기 생산에 참여하였고, 4개의 가마와 공방이 있었다. 이곳에서 생산된 옹기 등은 석정포에서 돛배에 실려 남해안과 제주도 등 전국 각지로 운반되어 판매되었다. 옹기 원료인 점토와 고령토는 원료의 주산지였던 강 건너 나주시 동강면 일대에서 배를 통하여 들여오는 등, 석정포는 완제품 수송과 원료 수송의 요충지로써 그 역할이 중요했다. 또한 목포에서 영산강을 오르내리던 돛배의 중간 휴식처로 변모하여 주변에 포구천이 형성되어 번성하기도 했다.

'석정포'라는 이름은 '돌코쟁이 포구'라는 말에서 온 것이라고 한다. 돌코쟁이는 '돌곶이'라는 말이다. 이는 포구가 위치한 지형의 포구가 강심을 향해 약간 돌출된 지형이기 때문이다.

영산강변에 식영정도 있다. 담양 식영정息影亭과 한자를 달리 쓰는 식영정息營亭이 무안군 몽탄에 있다. 쉬면서 앞날을 짊어질 인재를 키운다는, 세상 경영의 의미를 담고 있다. 한호 임연이 1630년에 지었다는 누정을 수령 500년 넘은 팽나무와 푸조나무가 둘러싸고 있다. 호젓한 식영정 마루에 앉아 고목 사이로 영산강 풍경을 내려다보는 호사를 누린다. 가을이 한창 무르익은 10월 중순 영산강변을 싸고 있는 코스모스로 눈길이 간다.

문순태 작가의 대하소설 『타오르는 강』에서 타오르는 강은 바로 영산강이다. 영산강을 중심으로 살아왔던 우리나라 노비들의 삶을 통해 일제강점기 빼앗긴 땅을 되찾기 위해 얼마나 많은 민초들이 죽어갔는지를 상기시킨다. 노비의 눈에 비친 삶의 터전 영산강이다.

달이 떠오르자 어둠 속에서 파묻혔던 영산강이 은빛 비늘을 일으키며 큰 구렁이처럼 꿈틀거렸다. 영산강은 달빛에 젖으면서 다시 살아나고 있었다. 즐치櫛齒가 가늘고 촘촘한 영암 참빗으로 삼단 같은 검은 머리를 빗듯 달빛이 어둠을 착착 벗어 내리자 해넘이 이후 잠시 모습을 감췄던 삼라만상이 지싯지싯 기지개를 켜며 얼굴을 들었다. 나뭇가지 하나 줄 이파리 하나까지도 달빛을 머금으며 소롯이 되살아났다. 달빛 속에서 뱀처럼 또아리를 푸는 영산강의 모습은 햇빛을 머금었을 때보다 훨씬 생명감이 느껴졌다. 가만히 손끝을 대기라도 하면 놀라서 꿈틀 몸을 뒤척일 것만 같았다

〈영산강〉을 주제로 '사라지는 것을 살아나게 멈춘 것을 다시 흐르게' 라는 사진전2022을 연 김지연 작가는, 과거의 물은 사라진 것이 아니라 계속 흘러 '지금' 속에서 미래와 함께 흐르고 있다는 것이다. 마치 사진처럼 강물은, 한 사진작가가 살아오면서 경험한 기억의 잔상을 현상現像해 준다. 흘러가며 사라진 것이 아니라 자신이 흘러온 곳곳의 흔적을 강물에 비춰 다시 보게 한 것이다. 작가가 영산강으로 간 이유이다.

산이 아버지라면 강은 어머니 역할인 셈이라고 '향토지리연구소' 김경수 소장은 말했다. 강은 생명의 원천으로 거대한 생명체로 받아들여진다. 영산강의 정령은 영산강변에 사는 모든 사람들의 운명을 단단히 거머쥐고 있는지도 모른다. 영산강 정령은 사람들에게 재앙과 고통을 주기도 하지만 그것은 내일의 행복을 안겨주기 위한 시련이라고 믿고 싶다. 그러기에 영산강은 절망이 아닌 희망의 강인 것이다.

영산강은 행정구역상 전라남도 영역에 속한 3대 강의 하나이다. 호남정맥의 산줄기를 중심으로 서편은 화강암과 평야 중심의 영산강, 동편은 편마암 산지 바탕의 섬진강, 남쪽은 탐진강이다.

영산강榮山江의 어원인 영산榮山은 고려 말 영산현에 출발하여, 조선시대에

들어와서는 영산현에 있었던 영산창榮山倉을 통하여 전승되었다(변남주). 영산강 명칭 유래에 대해서는 몇 가지 설이 있다. 영산강이라고 불리게 된 내력이 어느 효부의 설화에서 기인한 전설로 전한다(나경수).

나주에 정노인이 살고 있었다. 부자일 뿐만 아니라 팔자가 좋아서 아무 근심 걱정 없이 살았다. 고을 원님이 생각해 보니 사람으로서 근심이 없이 산다는 것이 이해할 수 없는 일이었다. 그래서 하루는 정노인을 불렀다. 여의주를 주면서 보관하고 있다가 가져오라고 하면 언제든지 가져오라고 하는 것이었다. 정노인이 동헌을 나서자 사공을 불러서 정노인이 배를 타고 집에 갈 때 여의주를 물에 빠트리도록 사고를 내라고 명령했다. 여의주를 강물에 빠뜨린 정노인은 큰일이 났다. 더구나 한 달 후에 여의주를 가져오라는 전갈이 왔다. 노인은 걱정 때문에 시름시름 앓고 있는데, 효부가 시아버지의 치료를 위하여 잉어를 구해서 끓여 올렸다. 그런데 젓가락 끝에 여의주가 걸린 것이었다. 정노인은 원님 앞에 여의주를 가져갔다. 놀라는 것은 원님이었다. 자초지종 이야기를 들은 원님은 자신이 꾸민 일도 털어놓고 큰 상을 내렸다. 원님은 효부의 이름을 따 영산서원을 건립하였다. 이로 인해 영산강이라는 강 이름이 시작되었다는 이야기다.

조선 후기 들어 17세기 중반에 영산창이 복설되면서 영산창, 영강포, 나주 영산강, 영수, 영산강 등으로 되살아난다. 전체 물길을 통칭하는 영산강은 개화기 일제에 의하여 처음으로 채택 사용되었다. 반면에 목포, 금강, 남포, 금천, 금수 등과 같은 고유 물길명은 소멸되었다.

영산강은 대한민국 4대 강이고, 1970년대 농업용수용 4개 댐과 1981년 12월 하구 둑이 설치되었다. 영산강은 '영산포'에서 유래하였고, 21세기 4대강사업으로 승천·죽산보가 놓였다.

영산호를 지나 약 40분 걸으면 영산 강변길이 끝난다. 도보로 40분 거리니 약 3km는 족히 될 듯싶다. 평소엔 핑하니 3-4분에 차를 몰고 다니던 길을. 여러 가지 생각이 교차된다.

나불공원 섬이었던 나불도의 전설

나불공원이 있는 이곳은 섬, 나불도였다. 나불도는 외도, 문도, 구와도, 고마도, 서도 등과 함께 영암군에 딸린 여섯 개의 섬 가운데 가장 큰 섬이었다. 1981년 영산강 하굿둑이 준공되면서 육지가 되었다(영암군). 나불공원으로 자리매김하게 된다.

재미난 옛이야기로 전설되고 있는 나불도다.

지금부터 약 700년 전 그러니까 고려 충렬왕[1304년] 때의 일이었다. 예부터 궁중에는 후궁에게 선물로 임금님께서 섬을 하사하시면 왕실이 번창한다는 풍습이 있었다. 때마침 충렬왕에게는 임금이 아주 사랑하는 후궁이 있었다. 이 후궁은 미모가 매우 뛰어났을 뿐만 아니라 마음씨 또한 비단결처럼 고와 임금의 총애를 받아왔다.

"내 너에게 어느 섬을 줄까 생각 중이니라."

궁궐 뜨락을 오락가락하며 골몰하던 임금은 생각이 났다는 듯이 만면에 웃음을 띠며 말했다.

"전라도 땅 월출산과 유달산 사이에 있는 나불도와 계도, 문도 등 세 개의 섬을 너에게 내리겠노라."

"성은이 망극하옵니다."

충렬왕은 이곳에 사람이 살고 있지 않음을 알기 때문에 이 섬에도 사람이 살 수 있도록 배려를 해 주었다. 이 섬에 와서 사는 사람에게는 부역을 면제해 주거나 세금을 면제해 주는 등 치외법권을 인정해 주자, 이때부터 많은 사람이 이 섬에 와서 살게 되었다.

그런데 계도에는 자연석으로 된 불상이 있었다. 이 불상은 영험이 있는 불상으로 유명했다. 나불도에 사는 곽씨라는 사람이 있었는데, 결혼한 지 20년이 지나도 자식이 없어 걱정하고 있었다. 여러 가지로 노력했으나 여전히 자식을 얻지 못하자 자식이 없는 것을 한탄하며 살고 있었다. 이들 부부는 영험이 있다는 계도의 부처님께 정성을 들여 기도해 보기로 했다. 계도는 나불도에서 가깝게 있는 섬이기 때문에 이들 부부는 하루도 빠짐없이 새벽 같이 일어나 찬 새벽공기를 가르며 계도를 향해 노를 저어 갔다. 그리고는 불상 앞에 엎드려 정성을 다해 빌었다.

"부처님, 불쌍한 저희들을 위해 자식 하나 점지해 주십시오. 나무아미타불 관세음보살."

곽씨 부부의 정성이 얼마나 지극하였던지 100일이 지나자 부인에게 태기가 있었다.

"고맙습니다. 부처님."

곽씨 부부는 부처님의 은덕으로 아들을 얻게 되자 그 기쁨은 이루 말할 수 없이 컸다. 그래서 이들 부부는 계도의 불상을 돌보며 칠순이 되어 계도가 영산강 하구언 공사로 없어질 때까지 돌보았다는 것이다.

또한 강 건너 편인 목포 갓바위에는 자연석 모양의 두 스님이 바랑을 등에 지고 목탁을 손에 든 채 계도에 있는 부처님을 모시고자 하였으나 영산강이 가로 막아 계도에 오지 못해 건너다보면서 매일 정성을 드렸다는 이야기도 전해지고 있다. 그래서 이 두 스님의 소원을 이루어 주려고 오늘날 하구언 공사가 이루어졌다고 말하는 사람들도 있다는 것이다.

수확의 계절 가을

전라남도 농업박물관은 1993년 9월 24일 농업과 농경문화를 전시하는 농업 전문박물관으로 개관하였다. 전라남도는 따뜻한 기후와 기름진 들녘을 바탕으로 일찍이 농업이 발달하고 찬란한 농경문화를 꽃피웠던 고장이다. 이러한 농업지역의 특성을 살리고, 점차 현대화 물결 속에 사라져 가는 전통농경문화유산을 연구·수집·보존, 전시하여 우리 문화의 옛 모습을 후손들에게 이해시키고자 설립하게 된 것이다.

'영원한 인류의 생명창고 농업'이란 주제로 농경역사실, 농경사계실, 공동체 문화실로 구성하여, 2013년 재개관하였다. 지금은 주 전시실인 농경문화관 외에 남도생활민속관, 농경문화체험관과 쌀문화관 등이 다양한 전시를 잇는다. 농업박물관은 농업테마공원의 동물가족체험장, 주말농장, 모내기체험과 더불어 고구마 캐기 체험이 이루어지고 있다.

농업박물관 텃밭 고구마캐기 체험

농업박물관 농장 고구마밭에서 유치원 어린이들이 고구마를 캐는 체험을 하고 있는데, 고사리 같은 손으로 흙을 열심히 파서 옆으로 옮기고 고구마를 끌어내는 모습이 너무나도 진지하여 신기하기까지 했다. 한편에서는 수확한 고구마를 어른들이 굽고 있고, 다른 한편에서는 아이들이 군고구마 껍질을 까서 흘리지 않고 입에 정성스럽게 넣고 있었다. 행동 하나하나가 신중하고 슬거운 데가 있었다. 어린이들은 가을을, 고구마를 캐며 결실을 실감하는 것 같았다. 허투루 버리는 것이 없었다. 결실의 계절 가을. 보는 사람조차 자연이 가져다주는 풍요로움이 느껴진다.

　걸으면서 가끔은 진정으로 자연과 친구가 된다. 덕분에 농사지으며 사는 삶이 얼마나 이상적이고 건강한 생활이며 또 자연스러운 것인가를 걸을 때마다 느낀다. 집집마다 길가마다 남은 땅이 조금만 있어도 다양한 먹거리를 심고 키우는 농민들의 삶이 부럽기도 하고 존경스럽기 조차 했다. 그리고 가을이면 자잘한 모든 결실을 털고 닦고 다듬어 1년 동안 먹을 양식으로 담에, 마당에, 지붕에, 길가에 준비하는 모습을 보면서 그들이 자연처럼 느껴졌다. 오늘 아이들이 고구마밭 체험을 바탕으로 흙이라는 자연의 기운이 영원히 간직되길 염원했다.

　안토니오 비발디A. Vivaldi의 〈사계〉 중 '가을' 편이 귓가에 맴돈다. 바이올린 협주곡 사계가 생생하게 와 닿는 이유가 가을을 실감나게 표현해 주기 때문이다. 사계 중 '가을'에선 풍요롭고도 여유로운 느낌을 담아내고 있다.

　헨리 데이비드 소로는 『월든에서 보낸 눈부신 순간들』에서 10월을 이렇게 말했다.

10월은 인생에서 더는 일시적인 감정에 얽매이지 않으며, 모든 경험이 지혜로 영글어 가고, 모든 뿌리와 가지와 잎사귀는 성숙함으로 빛나는 시기를 닮았다. 봄과 여름에

해 둔 일의 결과가 나타나고 인생의 열매를 거두는 때를…

가을은 마지막 농염한 빛깔을 기운껏 발산하고 쇠잔과 소멸 직전의 마지막 생명의 아름다움을 보여준다. 자연이 내려준 축복에 감사하면서 다가올 겨울을 준비하는 시기다.

가을은 우리에게 많은 것을 준다. 수확의 즐거움을 기뻐하고 흥겨움에 빠진다. 농부들이 춤과 노래로 수확의 즐거움을 기뻐하고 유쾌하게 술 한잔 나눈다. 아이들은 군고구마를 맛있게 먹으며 수확의 기쁨을 나름 느낄 것이다.

영산재에서 들녘길로

'영산재'가 보인다. 길가에 허수아비들이 나란히 서서 길을 안내한다. 영산재는 순수한 우리나라 한식형 호텔이다. 겉보기보다 안이 중후하고 멋스럽다. 우연히 회의에서 만난 지인이 영산재에 갔다며 "좋았다"고 말해 주었다. 시골에 있지만 한옥형 호텔로는 손색이 전혀 없는 그런 곳이다. 광고를 하고자 하는 것이 아니다. 그렇다고 홍보 효과를 노리는 것도 아니다. 단지 알리고 싶은 호텔이기 때문이다.

하여튼 멋진 호텔 영산재를 돌아나가면 '들녘길'이 나온다. 영산강 하구둑을 지나는 또 다른 길이다. 이런 길이 있는지도 모르고 지냈는데 서해랑길을 걸으면서 처음 와서 걸어본다. 어머나! 모터보트를 탈 수 있는 선착장도 있다는 사실을 몰랐다니. 아는 만큼 보인다고, 아는 사람들만 보트를 타면서 영산강을 즐겼다는 것이 아닌가? 영산재에 머무르면서. 아는 만큼 보인다는 것을 너머 이젠 아는 만큼 즐긴다고 하는 것이 맞을 것 같다.

들녘길을 천천히 걸어 나가면 그 길 끝자락에서 '영암군 생활복지시설'

영산재 입구 허수아비 전시

과 '골프연습장'이 나란히 있다. 뒤안길에서 만난 다른 얼굴의 시설이 삶의 이면을 대조케 한다. 생활복지시설은 새로운 삶을 마련하기 위한 갱생 시설인 반면 골프연습장은 여유 있는 자들의 여가를 즐기기 위한 운동시설이 아닌가. 우리 사회의 양측에 존재하는 시설이 같은 선상에 있다는 사실만으로도 가슴 한쪽이 아파오는 것 같다. 생활복지시설 마당에서는 여자 두 분이 빨래 거리들을 널고 있었다. 그들이 골프연습장을 보면서 어떤 생각을 할지 궁금했다. 나라면 나와 상관없는 일이라고 생각하겠지만 말이다.

　새한대학교 앞에서 반가운 교수들을 만났다. 오랜만에 만나는 반가움도 공복을 이기지 못해 점심부터 먹기로 했다. 삼호읍으로 나가 꼬다리찜 매운 맛에 어울려 마음이 얼큰하게 취했다.

목포시

18코스 —
19코스 —

양을산 산책로, 시문학길

18코스 목포시

목포지방해양수산청- 갓바위- 삼학도- 유달산- 목포 북항- 용해동 주민센터 /
18.0km

목포의 9경 중 3경 갓바위

만남의 광장, 만인의 주차장으로 활용되는 목포지방해양수산청에 자동차를 주차하고 출발한다. 곧이어 바다를 접하면서 거닐어본다. 저녁 바람에 산책하듯 걷는다.

해상보행교 입구에 '갓바위' 안내판이 보인다. 해상보행교는 총연장 298m, 폭 3.6~4.6m로 바다 위에 떠 있어, 밀물 땐 약 1m 정도 올라왔다가 썰물 때는 바닷물을 따라 내려간다. 보행교의 야간경관 조명이 목교 118m, 도교 40m, 부잔교 140m와 난간 등에 설치되어 밤에는 신비감을 더해준다.

삿갓을 쓴 사람처럼 보이는 독특한 형상의 바위가 우뚝 오른편에 보인다. 바로 갓바위다. 그런데 갓바위가 두 개다. 두 사람이 나란히 삿갓을 쓰고 있는 것처럼 보인다. '갓바위'는 천연기념물제500호로 과거 화산재가 쌓여서 생성된 응회암과 응회질 퇴적암류들이 오랜 시간 동안 암석의 자연적인 풍화작용을 통해 만들어진 작품이다.

독특한 형태가 형성된 이유는 해수와 담수가 만나는 곳에 위치하여 암석 표면에 파도가 치거나 안개가 끼면 염분을 함유한 물에 젖었다가 마르기를 수없이 되풀이하고 수분에 녹아있던 실리카성분이 침전되면서 용해된 부분은 조직이 이완되고 강도가 낮아져 모자모양의 경질부와 아래쪽이 움푹 패인 벌집 모양의 풍화혈이 형성되었다. 또한 삿갓이 동남쪽을 향한 것은 햇볕의 영향을 받기 때문이라고 한다(목포시).

갓바위는 인위적인 요인이 배제된 자연이 만들어낸 조각품으로 다른 지역 풍화혈에서는 찾아보기 힘든 희귀성을 가지고 있다. 긴 세월 동안 파도에 의한 침식작용과 소금에 의한 화학적 풍화작용에 의하여 형성되었단다. 상단부에 갓 모양과 그 하부에 움푹 패인 풍화혈 등의 모습으로 인해 아름다운 지형경관을 지니고 있다. 갓바위의 형태는 계속하여 변화하고 있으며 앞으로도 변화해 가는 기나긴 지질 및 지형변화의 과정 중에 있다.

갓바위가 있는 주변 해안지형은 전형적인 침식지형의 특성을 보이며 해식절벽, 해식노치, 파식대 그리고 타포니들의 지형이 발달해 있어 세월이 지나면 갓바위와 유사한 모습의 형태로 변화할 가능성이 있다.

한 쌍의 갓바위에는 몇 가지 전설이 전해 내려온다. 아주 먼 옛날에 병든 아버지를 모시고 소금을 팔아 살아가는 젊은이가 있었다. 살림살이는 궁핍하였지만, 아버지를 위해서는 어떠한 일도 마다하지 않는 착한 청년이었다. 아버지의 병환을 치료하기 위해 부잣집에 머슴살이로 들어가 열심히 일했으나 주인이 품삯을 주지 않아 한 달 만에 집에 돌아와 보니 아버지의 손과 발은 이미 식어 있었다. 젊은이는 한 달 동안이나 병간호를 못한 어리석음을 한탄하며, 저승에서나마 편히 쉴 수 있도록 양지바른 곳에 모시려고 하였다. 산을 헤매던 청년은 지금의 갓바위 곁에서 앞을 바라보니 시원하기가 그지없고 양지바르므로 이곳에 묘를 쓰기로 마음을 먹었다. 관을 놓고 묘를 파던 청년은 그만 실수로 관을 바다 속으로 빠뜨리고 말았다. 불효를 통회하며 하늘을 바라볼 수 없다며 갓을 쓰고 자리를 지키다가 죽었는데, 훗날 이곳에 두 개의 바위가 솟아올라 사람들은 큰 바위를 아버지바위라 하고, 작은 바위를 아들바위라고 불렀단다. 이 삿갓은 넓이가 6m 가

갓바위

량이고 한쪽 깃이 2m나 된다.

또 다른 이야기는 부처님과 아라한阿羅漢이 영산강을 건너 이곳을 지날 때 잠시 쉬던 자리에 쓰고 있던 삿갓을 놓고 간 것이 바위가 되었다는 이야기다. 이를 중바위스님바위라 부른다는 이야기가 전해온다. 지금 이곳은 이씨 집안의 선산이 되어 여러 기의 묘가 들어서 있다. 갓바위는 예부터 말 형국으로 명당이 있고 안장터가 있다는 얘기가 전해온다(신종원 외).

갓바위가 9경 중 3경이다. 목포1경은 유달산이다. 목포2경은? 목포대교다. 수수께끼를 풀기 위해 더 걸어보자.

목포문학의 거목 4인

해양유물전시관을 지나 서해랑길이 목포문학관 앞을 지난다. 목포문학관 주변으로 자연사박물관, 목포생활도자박물관, 국립해양문화재연구소, 목포문화예술회관, 남농기념관 등이 모여 있어 문화 예술의 향기에 빠질 수 있다.

목포를 대표하는 국내 최초 문학의 거목 4인 복합 전시실이 있는 목포문학관은 우리나라에 유일할 것이다. 1층에는 한국 사실주의 연극의 완성자 차범석1924-2006 극작가와 한국 최초의 여류 소설가 박화성1903-1988 작가의 전시실이 있다. 2층에는 한국 극예술의 선구자 김우진1897-1926 작가와 한국 평론문학의 독보적 존재 김현1942-1990 평론가를 마주할 수 있다. 연대기와 초상화, 사진, 애장품, 자필 메모, 포스터, 여행 가방과 휴대품 등 작가가 평생 동안 사용했던 유품들과 창작 활동을 한 육필원고, 작품집을 통해 각각의 작가가 느꼈던 인생의 희로애락이 보인다. 재현된 집필실에는 아무도 없을 때 그들이 살그머니 돌아와 글을 쓸 것만 같다.

그 시대의 정신적 사조에 대한 표상을 얻으려는 마음에 몇 달 동안 4인

작가의 작품을 많이 읽었다. 가끔은 달콤하고 슬픔에 충만한 시간이었지만 크게 만족했다. 그 당시의 사회성과 문학 사조에 대해 배우는 꽤 유익한 시간이었다.

우리나라 1920년대 비평가이자 극작가로 평가받아 온 김우진 작가는 1907년 무안 감리로 발령받은 아버지 김성규를 따라 목포시 북교동 46번지로 이사를 왔다(목포시). 그때 나이 11세였다. 목포공립보통학교를 졸업 후 일본 구마모토농업학교를 거쳐 1924년 와세다대학 영문과를 졸업했다. 김우진은 1920년 조명희, 홍해성 등 유학생과 함께 연극연구단체인 〈극예술협회〉를 조직하였다. 1921년 동우회 순회연극단을 조직하여 국내순회 공연을 했는데, 이때 공연비 일체와 연출을 담당했다고 한다. 대학을 졸업하고 목포로 귀향하여 시 50편, 희곡 5편, 소설 3편, 문학평론 20편을 남겼다.

그의 활동 중 논문을 통해 당대 최고의 문인 이광수를 신랄하게 비판했다. "조선이 지금 요구하는 것은 형식이 아니오, 미문美文이 아니오, 재화才華가 아니오, 백과사전이 아니다"라면서 "거칠더라도 생명의 속을 파고드는 생명력, 한 곳 땅을 파면서 통곡하는 부르짖음이 필요하다"고 계몽적 민족주의와 인도주의의 허구성을 신랄하게 꼬집었다. 그러나 가정, 사회와 애정문제로 번민하다가 1926년 8월 소프라노 가수 윤심덕과 귀국 선상에서 현해탄에 투신 정사했다는 소식이 신문에 대서특필되었지만, 우리에게는 계속 회자되고 있는 것은 사실이다.

박화성 작가는 우리 신문학사 여명기에 혜성과 같이 나타난 최초의 여성 작가다. 장편소설도 여성으로 최초로 발표한 작가다. 춘원 이광수의 추천으로 '조선문단'에 단편 『추석전야』로 문단에 등단하여 1988년 타계하기 3년 전 『달리는 아침에』를 발표하기까지 60여 년 간 작품 활동을 한 우리나라 신문학사의 거목이라고 『박화성 문학전집』에서 밝히고 있다.

그녀가 남긴 작품은 장편 17편, 단편 62편, 중편 3편, 연작소설 2회분, 희곡 1편, 콩트 6편, 동화 1편, 두 권의 수필집과 평론 등을 제외하고도 모두 92편의 방대한 양이다. 일제의 침략과 억압에 고통 받는 민중의 삶을 주로 표현하고, 민족의식을 바탕으로 새조국의 젊은이들이 지녀야 할 도덕과 윤리를 제시하는 등 문학을 통해 우리 사회의 모순을 파헤치고 증언한 소설, 『하수도 공사』, 『홍수전후』 등등 생각의 발상과 전환을 가져오게 한다는 점에 개인적으로 놀랐고 감탄했다.

박화성 작가의 최초의 장편소설이자 역사소설인 『백화』는 재미가 들려 단숨에 읽어버리고 말았다. 재미도 있으려니와 내용이 마치 그림처럼 너무도 생생하게 다가왔다. 역사의 실제 속에서 허구의 주인공 일주가 기생 백화가 되고 그녀가 처한 상황에서 삶을 헤쳐 나가는 이야기의 전개가 역동적으로 신문지상에 연재된 소설로써 그 인기를 가히 짐작할만했다.

박화성 작가의 생가 터는 지금 식당나무포이 되었지만, 살았던 집터 세한루歲寒樓에는 「눈보라의 운하運河」 시가 일제강점기, 해방과 6·25 등 분단과 엄혹한 냉전 이데올로기의 시대를 거쳐 오는 동안 작가가 겪었던 적지 않은 갈등과 수난을 말해준다.

아무런 약속도 없이 나는 떠나야 했다.
내 작고 초라한 배로
나는 메마른 땅을 파고 물을 대야만 했다. 내 긴 뱃길을 위하여
그것은 물이 아니라 피와 땀으로 이루어졌는지도 모르지만
맑은 날씨와 따스한 햇볕은 언제나 내게 인색하였다.
비바람이 아니면 눈보라의 나날을

그래도 나는 오늘까지 나의 뱃길을 쉬지 않았다.

그만큼 나의 운하는 길고 먼 것이다.   -1부 전문

박화성 작가는 어려운 환경에 처한 적이 한두 번이 아니었다. 본인이 원하던 일본 유학의 꿈도 접어야 했고 생계가 위협을 받아 글쓰기는 뒷전이어야만 했던 적도 있었으며, 생계를 위해 글을 써야만 했던 시기도 있었다. 버지니아 울프Virginia Wolf 1882-1941는 1929년 발표한 『자기만의 방』에서 "여성이 소설을 쓰려면 돈과 자기만의 방이 있어야 한다"며, 독립적인 집필실이 여성에게 얼마나 중요한지 설명했다. 울프는 경제적으로 독립하기 위해서는 500파운드가 필요하다고 했다. 요즘으로 치면 3만 파운드가 된다. 그래서 1996년 제정된 영국 여성문학상의 최우수상 상금도 3만 파운드인 것이다.

박화성 작가의 자서전에서는, "곁에서 거들어 주는 아무런 힘도 없이, 나는 나 홀로 메마른 땅을 파서 운하를 만들었고, 둘째 애가 그래도 무엇인가를 써내겠다고 몸부림치고 있으며, 셋째가 꾸준히 복무하면서도 책을 놓지 않는 자세에 있으니, 머지않아 나의 운하에도 눈보라가 개일 날이 있으리라고 믿고 있다는 이야기로 1964년 3월 19일자로 끝이 난다.

박화성 작가와의 독특한 인연과 그녀에 대한 고마움의 표시가 차범석 작가의 자서전에 고스란히 담겨 있다. 그의 취직을 위해 그녀가 서울까지 동행하여 이화여고를 방문한 일과 안타깝게도 취직자리는 이미 채워진 상태라 불발로 끝나고 말았던 일들이 희극적으로 그려져 있다. 물론 박화성 작가의 자서전에도 차범석 작가에 대한 이야기가 들어있었다. 조선일보 신춘문예에 희곡 가작이 당선되어 그의 앞길에 영광이 있길 빈다고 적었다.

차범석 작가는 평화극장과 목포극장에서 활동사진을 보곤 했는데 그것

이 훗날 인생의 전환점이 되었고, 평화극장에서 무용가 최승희 공연을 본 후 무대 매력에 빠지게 되었다고 그의 자서전 『산하를 떠돌며』에 적고 있다. 부유한 가정환경은 그에게 읽고 싶은 책을 마음대로 구해볼 수 있게 했다. 이런 배경이 그를 작가로 이끌었을 것이라고 추측해본다. 또한 삶이란 산과 바다를 떠도는 것과 같다는 말에 동감하고, 삶의 끝에는 결국 모든 것이 사라지고 남은 것이라곤 오직 가족뿐이라면 노후에 가족사진을 애지중지한다는 말대로, 생가 터가 있는 목원동 골목에는 부모님을 모시고 찍은 대가족 사진이 걸려 있다.

그는 1955년 〈조선일보〉 신춘문예 희곡부문에 『밀주』가 가작으로 입선, 1956년 『귀향』이 같은 신문사에 당선되어 극작가로 활동했다(목포시). 1963년에는 극단 '산하'를 창단하고 20년 동안 대표로 활동해 한국의 현대극을 정착시키는데 기여했다. 전후문학이 1세대이면서도 전쟁이라는 주제에만 고착하지 않고 50여 년 동안 철저한 사실주의를 바탕으로 다양한 주제를 통해 현대적 서민 심리를 추구한 작품을 썼다. 한국적 개성이 뚜렷한 사실주의 연극을 확립하는데 공헌한 대표적인 극작가이자 연출가이다.

한국 평론문학으로 유명한 김현 작가는 의외로 잘 알려져 있지 않은 편이다. 진도에서 태어난 김광남[본명]은 8세에 목포로 이주하였다. 1962년 서울대학교 불문학과 재학시절 『자유문학』에 문학평론 「나르시스의 시론-시와 악의 문제」를 발표하면서 문단에 등단했다. 그리고 같은 해 김승옥 작가와 염무웅, 서정인, 최하림 등과 더불어 동인지 『산문시대』를 창간했다(박혜강). 이는 『문학과 지성』의 모태가 되었다.

김현 작가는 살아생전 240여 편에 달하는 문학평론과 저서를 남겼으며, 1993년에는 16권의 『김현문학전집』이 발간되었다. 그의 문집을 보면 엄청난 독서량은 물론 읽은 책에 대한 섬세하면서도 날카로운 작품분석에 놀

목포문학관 김현 작가 전시실, 김영태·이제하·김승옥이 그린 김현

라지 않을 수 없다. 엄청나다는 말밖에 안 나온다. 전부 독파하려면 많은 시간이 요할 것 같다. 하여튼 비평이 얼마나 어려운 분야인지는 독일의 소설가이자 시인인 헤르만 헤세1877-1962의 말을 통해 알 수 있다.

타고난 비평가는 타고난 작가보다 더 드물지 않을까 싶다. 다시 말해 비평 활동의 첫 번째 요인은 근면과 학식, 부지런함과 노력, 당파심이나 허영심, 악의가 아니라 은총, 타고난 명민함과 타고난 분석적 사고력, 진지한 문학적 책임감이다. 이러한 은총 받은 비평가도 자신의 재능을 꾸미거나 손상시키는 개인적 특성을 지니고 있을지 모른다. 그러니까 그는 자비로울 수도 악의적일 수도, 허영심이 있거나 겸손할 수도, 야심이 있거나 안일할 수도 있다. 또 자신의 재능을 가꾸거나 함부로 낭비할 수도 있다. 그는 그저 성실하기만 한 사람, 단지 학식만 쌓은 사람에 지혜 창조성이란 은총에서 늘 앞설 것이다.

무엇보다도 나는 그의 전시실에서 김현 작가의 얼굴 그림이 인상적이었다. 다양한 그의 얼굴이 수십 개의 액자 속에서 제 각기 빛나고 있다고나 할까? 인물이란 반드시 쏠림이 있다. 한 가지 특징을 잘 표현한 얼굴표정으로 그 내면을 파악하게 한다. 김현 작가가 자기 안에서 물밑 일렁거림을 느끼고 살고 있음을 보여주었다. 사람의 표정에서 가장 중요한 게 무엇인지를, 겉모습이 아니라 속의 근육과 뼈의 움직임을. 윤곽과 면을 다듬어 김현이라는 형태를 찾아, 어떤 한 부분에 매력을 느끼거나 꽂혀 그것을 중심으로 그 사람의 인격을 수용한다.

목포문학관에서는 시와 소설 창작반, 북축제, 북아트페어 출판 등등 많은 프로그램이 운영되고 있다. 채희윤 작가의 '소설창작반'에 발을 담근 적이 있었다. 강의를 듣는 동안 채희윤 작가의 『곰보아재』 『지성소에 들다』

를 비롯하여 강의 중에 소개되는 수많은 중·단편소설의 매력에 빠졌다. 하지만 소설을 읽는다는 것이 특히 단편소설은 나에게는 벅찼다. 작품 해설을 읽어야만 이해가 가능한 소설도 많았다. 소설에 대해 배우면서 작가의 언어가 감동으로 다가오면서 또 다른 세계로 나를 향하게 만들었다.

소설이란 사실 시정 거리가 차단된 여정인 것 같다. 내가 발을 딛는 곳이 정확히 어디인지 모르며, 오로지 발바닥에 느껴지는 감각만으로 찾아가는 곳. 그러나 그곳에는 사람과 세상에 대한 새로운 해석이 있고, 피곤한 생에 던져 주는 휴식 같은 즐거움도 있다. 채희윤 작가의 말이다.

삼학도의 전설

삼학도三鶴島는 말 그대로 세 마리의 학이 있는 섬이라는 뜻이다. 그러나 지금은 섬을 찾아볼 수 없다. 이 근방 모두가 매립되어 섬이 자취를 감추었기 때문이다. 대로에는 차들이 미끄러지듯 질주하고 있을 뿐이다.

목포의 역사와 전설이 있는 섬이 삼학도다. 유달 장수와 삼학 선녀의 전설이 바로 삼학도에 관한 전설이다. 유달산에서 한 청년이 무예를 닦고 있었다. 그 힘이 장사였을 뿐만 아니라 바위에서 바위로 건너뛰기도 하고 날아가는 새를 활로 쏘아 한 시위에 떨어뜨리는가 하면, 맨손으로 호랑이를 잡기도 하였다. 힘이 센 청년이 무예를 닦고 있는 유달산 기슭에는 아리따운 세 자매가 살고 있었다. 그녀들은 어둠이 벗겨지는 새벽마다 바위틈에서 흘러내리는 석간수를 받기 위해 물동이를 이고 유달산에 오르곤 하였다. 세 자매는 물을 길러 유달산에 오를 때마다 무예를 닦고 있는 젊은 장사와 눈이 마주쳤으며, 그녀들은 다 같이 늠연한 모습의 이 젊은이를 마음속으로 사모하기 시작했다. 젊은 장사도 세 자매들을 보는 순간부터 연모하는 정이 움트게 되었다.

그러나 그는 뜻을 이루기 전에는 마음속에 연모의 불길이 타오르지 않도록 하겠다고 결심하고 어느 날 아침 세 자매들을 불렀다. 그리고 그 세 자매들에게 자신의 무예수업이 끝날 때까지 보이지 않는 곳에 가 있으면 후일 기필코 찾아가서 한 여인을 아내로 택하겠다고 했다. 세 자매는 젊은 장사의 말을 듣고 돛배에 몸을 실었다. 젊은 장사는 유달산 위에서 연모하는 그녀들이 떠나가고 있는 모습을 바라보고 있었다. 젊은이는 순간 그녀들이 이 지상에 살아 있는 한 뜻을 이루지 못할 것 같아, 그녀들을 죽여 버리기 위해, 바람에 미끄러져가기 시작하는 배에 시위를 당겼다. 화살이 세 자매가 타고 있는 돛배에 맞아 배가 두 동강 나서 물속으로 가라앉기 시작했다. 그 배가 완전히 바닷물 속으로 자취를 감춰버린 순간이었다. 갑자기 바다 속에서 세 마리의 학이 솟아오르더니 구슬픈 울음과 함께 날갯짓을 멈추었고, 그 자리에 섬이 생겼다. 이것이 삼학도라는 것이다. 전설과 함께 '삼학도' 명칭만 남아 이야기를 전해주고 있다.

삼학도는 유달산과 함께 목포 사람들의 꿈이었고 미래였다. 망망대해로 낭군을 떠나보낸 아낙들의 외로움이 녹아있고, 고깃배를 기다리는 상인들의 희망이 달려있으며 이승을 하직하고 저승으로 건너는 망자들의 한이 녹아있는 곳이다. 이렇듯 삼학도는 목포사람들의 희로애락과 함께 산 시민의 서러움이 엉켜있는 곳이다.

1872년 '무안목포진'에 표시된 삼학도가 처음으로 지도에 그려졌다. 이유는, 군사요충지 목포진은 세종 1439년 설치되었고, 성이 완성된 것은 1502년. 목포진을 운영하기 위해서는 땔감이 필요했기 때문이다. 삼학도는 땔나무를 제공했던 중요한 장소였다. 이러한 중요한 삼학도가 1895년 일본인에게 불법으로 판매된 사건이 있었다. 일본인 삽곡용랑揷谷龍郎은 옛 목포 관리 '김득추'를 이용해서 삼학도를 매입했다. 개항 2년 전인데,

1897년 개항 후 밝혀져 처벌하고 환수까지는 시간이 걸렸다. 결국 1910년 국권침탈이 되면서 삼학도와 고하도는 일본인 땅이 되고 말았는데 이 사건은 '삼학도 토지암매사건'으로 일본인이 목포 토지를 침탈한 대표적인 예이다(두루누비).

목포개항 1897

1897년 10월 1일 목포는 부산[1876], 원산[1880], 인천[1883]에 이어 네 번째로 개항장이 되어 근대 100년의 출발점에 섰다. 목포항은 근대 이전에도 다도해를 지키는 수군기지이었으며, 조선수군을 재건하는 거점적 기능을 수행했다. 목포개항이 되면서 국제무역 거점이 되었다.

당시는 조선에 대한 열강들이 권리외교가 절정에 달할 때였다. 청나라나 러시아는 일본이 조선개항을 주도하는 것을 방해하고 나섰다. 난관에 봉착한 일본은 조선정부가 필요에 의해서 독자적으로 개항한다고 선언하도록 하였다. 이 방식은 효과가 있어서 이후의 개항은 모두 이러한 방식을 취했다. 이러한 이야기는 『한국도시의 역사』에 자세히 기술되어 있다.

개항 당시 목포의 토지는 바위 아니면 소택沼澤이거나 석지潟地였다. 땅이 부족했고 그나마 땅으로 바꿀 수 있는 것은 석지였다. 거류지를 어떻게 도시화할 것인가에 대한 안은 1895년 1월 5일 ㈜경성일본영사관의 일등영사 우치다테 이주미內田定鎚의 보고서가 처음이었다고 고석규 교수는 『근대도시 목포의 역사 공간 문화』에 적었다.

일본이 목포에 욕심을 낸 것은 나주평야 등 영산강 유역에서 생산되는 미곡을 일본으로 가져가기 위해서다. 당시 일본은 급격한 사회구조의 변화와 대흉작으로 곡식이 부족하였다. 이로 말미암아 사회불안이 계속되자 미곡 등 농산물을 수입할 필요가 있었다. 또 군사적으로도 서해안과 남해안을 연결하는 길목에 있으므로 매우 중요한 요충지에 해당된다. 조선시대에는 해안선을 따라 조운선이 운항했기 때문에 목포의 해변과 영산강변 각처에 여러 진을 설치하였다. 그 가운데 목포진은 영산강과 서남해를 지키는 중심지였다.

목포항을 지나고 시장통을 지나면 서해랑길은 목포진에 이른다. 목포 개항시대의 거리다. 목포진지木浦鎭址는 세종 때인 1439년에 주변의 바닷길을 지키기 위해 설치한 수군 기지인 '목포진'의 터이다. 목포진은 초기에는 해상에서 방어 활동을 하다가 1501년 연산군 대에 이르러 성벽이 지어졌다. 성벽의 높이는 약 2m, 성의 둘레는 400m 정도이다. 동서남북 사방에 출구가 있고, 내부에 객사客舍와 관아를 비롯하여 감옥과 우물 등이 있었다.

1895년 군사제도 개편에 따라 목포진이 폐지되었으나 1897년 목포가 개항하면서 이곳의 주요 시설들을 대한제국의 관청인 감리서와 해관 등으로 사용하였다. 그래서 목포진은 목포 역사의 뿌리이자 근대사의 출발지라는 소중한 의미를 지닌다. 전라남도는 1987년에 문화재 자료로 지정하였고 2014년 역사공원 형태로 일부 유적을 복원하였다.

이 동내를 만호동이라고 하는데, 이는 조선시대 만호가 운영하였던 수군진이 있던 곳에서 유래된 것이다. '목포진 역사공원'에서는 목포 앞바다는 물론 목포 시내가 파노라마처럼 사방이 내려다보인다.

목포근대역사문화공간

목포진에서 내려오면 근대문화유산이 남아 있는 목포 근대역사문화공간이다. 목포 근대여행지, 살아 숨 쉬는 '지붕 없는 박물관'이라고 부르는 거리의 박물관이다.

목포 근대역사문화공간은 1897년 목포가 국제 무역항으로 개항하면서 외국인들이 거주할 수 있도록 설치한 각국 거류지 지역이었다. 조선시대 군사시설인 목포진이 있던 곳을 중심으로 주변 해안가를 간척하여 근대 시가지를 형성한 것이다. 지금도 당시의 바둑판식 도로 구조와 근대 건축물이 원형대로 남아 있는 공간이다. 개항 당시 목포 각국 거류지의 총면적은 약 22만평726,024㎡인데, 이 중 핵심에 해당되는 지역을 등록문화재718호로 등록되었다.

이 공간은 과거 일본인들이 다니던 소학교 일대에서 목포역 방향으로 이어진 대표 도로를 중심에 놓고, 유달산, 목포진 선창을 연결하는 구조이다. 국가 사적으로 지정한 구 일본영사관을 비롯하여 경제 수탈의 상징인 구 동양척식회사 건물, 일본인이 다녔던 학교와 교회, 일본식 민가, 백화점을 비롯한 상업시설 등이 밀집해 있다.

뿐만 아니라 식민지 수탈의 아픔을 기억하는 공간이자 부두 노동운동, 소작쟁의, 의병, 항일운동 등 민족의 저항 역사가 함께 숨 쉬는 곳이다. 또한 해방 이후 항구 도시 목포 사람들의 삶의 중심 터전이기도 하다.

목포에는 근대문화유산이 많이 남아 있다. 2020년 12월 기준 목포에는 총 30개의 국가등록문화재가 있다. 등록문화재는 아니지만, 국가 및 전라남도 지정문화재 중에도 근대문화유산 5개가 포함되어 있다. 관광안내소도 한 자리를 차지하고 있다.

목포 근대역사관 2관은 일제강점기에 동양척식 주식회사 목포지점이었다가 1999년 전남도 기념물제174호로 지정돼 관리되던 중 2006년부터 근대역사관 전시관으로 사용되고 있다. 동양척식 주식회사동척는 일본이 한국 경제를 침탈하기 위해 1908년에 설립한 특수회사이다. 일본인의 이주지원, 식민지 지주육성, 농장관리, 금융 등이 주요 업무였다. 서울에 본점을 두고 전국 주요 도시 9곳에 지점을 세웠다.

근대역사골목, 목포근대역사관 앞 '목포의 명물 옥단이 축제'

동척 목포지점은 본래 나주에 있던 출장소를 1920년 목포로 옮긴 것이며, 건물은 1921년 신축한 것이다. 해방 후 이 건물은 대한민국 해군기지로 이용됐다. 1946년부터 1974년까지 '해군 목포 경비부'로, 1974년부터 1989년까지 '해군 제3해역 사령부 헌병대'로 사용됐다. 헌병대가 영암군으로 이전해 감에 따라 1999년까지 약 10년간 빈 건물로 방치해 철거위기를 맞기도 했다. 석조건물의 외관은 근대 서양건축 양식을 여전히 고스란히 간직하고 있다. 나라 잃은 슬픔과 혼란이 거듭되던 시절, 당시 목포주민들에게 이 건물은 수탈과 위협의 상징이었을 것이다.

목포 근대역사관 본관은 1898년 일본영사관의 설치로 목포에서 가장 오래된 건물을 전시관으로 운영 중이다.

거리의 박물관은 근대역사의 흔적을 따라 조선시대와 일제강점기, 현재를 넘나드는 역사, 문화의 길이다. 우리네 역사의 아픈 생채기들을 소리 없이 이야기하며 서 있을 것이다.

목포 제1경, 유달산

구 일본영사관에서 옆길로 올라가면 유달산 정문격인 노적봉을 만난다. 등구의 좌측 변에 솟아있는 큰 바위 봉우리이다.

노적봉露積峯은 해발 60m의 바위로 이루어진 봉우리다. 1597년 10월부터 1598년 2월까지 목포에 머물고 계시었던 충무공 이순신 장군의 슬기가 괴인 곳이다. 이순신 장군의 뛰어난 전술이 입에서 입으로 전해 내려오고 있으며 한때 초등학교 교과서에 소개되어 더욱 유명해진 곳이다.

임진왜란 때 충무공께서는 적은 군사로 많은 왜적을 물리치기 위하여 이 봉우리에 짚 마름이엉을 덮어 아군의 군량미로 위장하였다. 우리의 군사가 엄청난 것처럼 보이게 하여 겁을 먹은 왜군이 전의를 상실하고 도망가게

했다는 장군의 뛰어난 전술을 이야기한 것이다. 이러한 일이 있은 뒤로 이 봉우리의 이름을 노적봉으로 부르게 되었다. 진도와 해남의 강강술래, 영산강 횟사루, 울뚝목 쇠줄 등은 그 맥을 같이 한다.

유달산228.3m은 목포를 대표하는 산이다. 목포의 상징 유달산은 노령산맥의 큰 줄기가 무안반도 남단에 이르러 마지막 용솟음을 한 곳이다. 유달산은 그리 높지는 않지만 노령산맥의 맨 마지막 봉우리이자 다도해로 이어지는 서남단의 땅끝인 산이다. 유달산은 예부터 영혼이 거쳐 가는 곳이라 하여 영달산이라 불리기도 했다. 이에 전설이 있다. 옛날부터 사람이 죽으면 유달산 일등바위228m(율동바위)에서 심판을 받은 뒤 이등바위로 옮겨져 대기하다 극락세계로 가게 되면 3마리의 학이나 고하도 용머리의 용에 실려 떠나고 용궁으로 가게 되면 거북섬으로 가 거북이 등에 실려 떠난다는 것이다.

봉수대가 있었다고 해서 봉산烽山이라고 부르는 유달산은 목포 선창거리 서쪽에 솟은 높지도 낮지도 않은 산으로, 기암괴석이 삼지창처럼 하늘을 찌르고 있다. 무안반도의 끄트머리에 노령의 마지막 지맥이 바위로 옹골차게 뭉뚱그려진 칠백 척 남짓 높이의 이 산에 오르면, 서쪽으로는 장좌도와 눌도 너머의 서해바다가 트이고, 남으로는 해남, 영암반도가 두 팔을 벌려 고하도를 감싸 안은 듯하며, 아침마다 해가 떠오르는 동쪽으로는 삼학도가 바닷물을 박차고 창공으로 날아오르는 학의 모습으로 떠 있다.

문순태 작가가 유달산을 표현한 것이다. 언제나 중후하고 의연하고 듬직한 자태의 유달산은 바다에서 우뚝 솟아 묘한 신비감을 자아내고 있다. 목포의 상징으로 백두대간과 호남정백으로 이어지는 시작점이자 종착지이다. 유달산儒達山의 이름은 옛 문헌에 대부분 놋쇠 유鍮로 등장하지만 구한말에 선비유자로 바뀌었다.

'호남의 개골'이라고도 하는 유달산에는 대학루, 달성각, 유선각 등의 5개의 정자가 자리하고 있다. 조각 작품 100점이 전시된 조각공원과 난공원 등이 조성되어 볼거리가 많다. 특히 유달산에는 이곳에서 멸종되면 지구상에서 영원히 소멸되는 왕자귀나무가 서식하고 있다.

유달산의 둘레길을 따라 내려가는데, 철거민탑이 있다. 1979년도 12월에 세워진 탑이다. '고향을 사랑하고 유달산을 아끼는 갸륵한 마음으로 정든 터전을 스스로 떠나간 철거민의 애환을 달래고, 자연을 사랑하고 가꿀 줄 아는 새로운 시민의 기상과 의지를 다짐하고자 철거민의 숨결과 정성이 깃든 돌을 모아 세운 탑'이라고 적혀 있다. 한마디로 유달산에서 초가집을 짓고 살던 588세대 사람들이 철거로 인하여 떠나야만 했던 것을 기념하는 돌탑이다.

유달산 입구에는 〈목포는 항구다〉 가요의 가사가 돌에 새겨져 있고, 가수 이난영이 부른 〈목포의 눈물〉 기념비 등이 있다. 그녀는 1916년 목포시 양동 출생으로 목포북교초등학교를 중퇴했다. 16살 때 삼천리 가극단장의 권유로 가수생활을 하다 OK레코드사의 이철 사장의 눈에 띄어 1935년 〈목포의 눈물〉을 발표하였다. 일약 대중적인 스타가 되었다. 오빠 이봉룡, 남편 김해송은 유명 작곡가며, 자녀들도 '김시스터즈' 등의 이름으로 미국에서 활동했다.

   사아공의 배앳노오래 가아물 거리며
   삼하악도오 파도 깊이 스며어 드는데...
   부두의 새아악씨 아롱젖은 옥자아락
   이별의 누운 물이냐 모옥포의 서어름

『그 섬에 가고 싶다』에서 나오는 주인공 넙도댁이 실성해서 부른 노래가 바로 〈목포의 눈물〉이다. 견디기 힘든 고통에 처했을 때 몸속 깊은 곳에 아니 마음속에 적재된 고향 같은 노래가 자신도 모르게 시도 때도 없이 나오는 노래가 〈목포의 눈물〉인 것이다. 모든 사람들의 회한이 담긴 노래가 어디에서나 흘러나오는 여운을 남기는 곳이 목포이다.

목포를 주제로 만든 노래가 110여 곡이나 된다고 한다. 얼마나 많은 이야기가 있겠는가. 〈목포항에서〉 〈님오신 목포항〉 〈유달산아 말해다오〉 등등.

19코스 목포시
용해동 주민센터- 월호회관- 청계면복합센터 / 16.8km*

양을산 시민산책로

　서해랑길은 용해동 행정복지센터에서 출발한다. 곧바로 마을 뒤로 올라가면 주차장을 통해 양을산으로 들어선다.

　목포는 북쪽에 대박산이 솟아 있고 양을산과 입암산이 남북으로 뻗어내려 유달산에서 끝난다. 양을산151m은 남북으로 2km가 넘게 뻗어 있다. 그러니까 서해랑길은 양을산을 북으로 따라 올라간다. 유달산이 목포의 상징적인 존재의 산이라면 양을산은 목포 시민들의 산이다. 그 이유는 산 전체가 울창한 숲으로 뒤덮여 산림욕장은 물론 석산화 단지, 섬너릿길, 시인의 길, 편백숲길, 맨발로 청춘길이 조성되어 다양하게 즐길 수 있기 때문이다. 그리고 피톤치드와 테르펜 음이온을 발산하는 30년생 편백나무가 숲을 이루고 있기 때문이다.

　이름하여 '양을산 둘레길'도 한몫한다(목포시). 치유의 숲, 지혜의 숲, 그리고 생각의 숲이라는 4km의 산림욕장을 둘러싸고 걷는 길이다. 체육공원에서 산 정상으로 갔다가 꽃무릇 사거리에서 선녀수를 지나 편백나무숲에 이르는 길이다.

　꽃무릇은 석산화라고 불리는 수선화과에 속한다. 석산화는 여름에 잎이 다 말라 죽고 난 후 추분 전후 9월경에 꽃이 핀다. 잎이 나오면 꽃이 지고

---

* 오승우 미술관과 초의선사 유적지는 통과하지 않으며 인근에 있어 별도로 방문해야 한다.

꽃대가 나오면 잎이 말라버리는 운명 탓에 슬픈 연인의 꽃으로 불린다. 꽃은 피우지만 열매는 맺지 못하는 꽃으로 이루지 못한 사랑에 비유되는 헌화獻花이기도 하며 독이 있어 '사인화' '유령화'로도 불리고 있다.

나무에는 담홍색 밤이 곧 떨어질 듯 가시 밖으로 불거져 나와 있다. 도토리나무도 이미 도토리를 쏘아 낸지 한참이 지나 길바닥에 도토리껍질이 나뒹굴고 있다. 발밑으로 떨어진 예쁘고 큰 도토리껍질을 주워보았다. 바늘꽂이나 장난감으로 가을을 만지고 싶은 마음에서다.

'맨발로 청춘길'은 맨발로 걷는 숲길로, 맨발로 걸으면 청춘처럼 건강해진다는 의미를 담았다. 용해동 청산아파트 뒤 체육공원에서 양을산 산림욕장 태을계곡까지 왕복 3㎞ 구간에 조성됐다.

시인의 길에는 목포시문학회 회원들의 시가 전시되어 있다. 시를 읽으면서 천천히 숲과 호흡할 수 있어 간만에 여유가 생긴 기분이다. 시 가운데 '목포 사람'(이종숙)이 눈길을 끌었다.

무뚝뚝하고 말씨가 거칠다고 속까지 그런 줄 아셨오?
갯바람 맞으며 쪽발이 군발이 시대 거치고
정치 바람에 이리 치이고 저리 치여 가난하고 배고파 보시오.
어디 그렇게 부드럽고 살랑거려지는가
그래도 속은 상추 속잎보다 여려서 눈물 많고 웃음 많으니
맛난 것 한 보시기만 있어도 앞집 뒷집 옆집 나누고
손맛은 또 얼매나 좋은지
목포 사람들이 조몰락거려서 맛없는 것이 없지라
입으로 하는 친절이 어디 친절인가요
사기꾼치고 부드럽고 친절하지 않은 사람 없고

양을산 산책로

정치하는 사람치고 가짜 친절이 넘치지 않은 사람 없습디다.
그랑께 부디 겉 보지 말고
탁박한 속의 변치 않는 따뜻한 친절을 보시고
자주 자주 목포로 오시쇼
경치 좋고 맛난 것 많은 이런 데가 어디 있겄소.
알았재라우?　　　　　　　　　　　　　　-「목포 사람」 전문

전라남도는 최근 목포 양을산을 비롯해 영광 물무산, 진도 운림산림욕장, 함평천지길, 화순 만연산 치유의 숲 등 8곳을 맨발걷기 좋은 곳으로 선정하고 적극 홍보하고 있다.

무안반도에 들어서다

무안군 마갈마을회관이다. 무안군 서해랑길로 접어든 것이다. 마갈마을은 봉수산 밑에 전원주택처럼 아담하고 한없이 조용한 마을이다. 새로 지은 집들이 꽤 보인다.

'말이 쉬어가는 곳' 복룡마을을 지난다. 초의청년회에서 내걸은 경고문에 놀랐다. 마갈마을과 복룡마을 간에는, 그리고 월로마을과 금동마을 간에는 '영구차 통행금지'라는 경고문이다.

사람이 죽고 사는 문제는 마음대로 할 수 없는 일이고 죽으면 장례는 당연한 이벤트인데. 그리고 언젠가 내가 누려야 할 마지막 권리를 스스로 포기해야만 하는가.

무슨 사연이라도 있는 것인가? 마을 주민들과 이야기를 나누었다. 요즈음 시골마을에서는 외지인들이 동네에 묘지를 이용하지 못하도록 막고 있다는 것이다. 하나의 대책으로 외지인들의 장례차가 마을을 통과하지 못하

게 막자는 의도에서 나온 것이란다. 마을주민이 돌아가시면 당연히 동네 묘지로 이동하는 것은 당연한 일이지만. 외지인이 동네 묘지를 이용하는 것은 더 이상 용납하지 않는 것이다. 우리 모두가 함께 생각해 보아야 할 문제다.

무안반도가 한반도를 닮았다. 한반도가 3면이 바다이듯 무안군은 우리나라 서남단에 위치하여 3면이 바다로 둘러싸여 있다. 덕분에 갯벌이 풍성하다. 오밀조밀 모인 크고 작은 섬들과 잔잔한 바다 때문에 해수욕장도 많은 편이다. 톱머리, 조금나루, 홀통, 그리고 도리포. 왠지 호기심을 자아내는 이런 독특한 이름을 들어본 적이 있는가? 단어 뒤에 수식어가 붙는다. 해변 아니면 해수욕장, 유원지. 톱머리해변, 조금나루해수욕장, 홀통유원지, 도리포해변 등등.

지형은 북으로 영광군과 접하고 감방산이 함평군과 경계를 이루고 있으며, 동으로는 영산강을 경계로 나주시, 영암군과 인접하고, 서로는 목포시와 신안군에 인접하고 있다. 대체적으로 야산지대로 형성되어 있다.

감방산은 무안군 소재지에서 북쪽으로 5㎞쯤 떨어진 곳으로 무안군과 함평군을 경계하면서 함평 군유산에서 뻗어 내려온 노령산맥의 줄기로 무안의 주산이다. 감방산의 동쪽으로는 극락사란 절이 있었고 또 용추라는 용샘이 있었다. 그 길이는 측량할 수가 없었으며 남쪽으로는 현천이란 샘이 있는데 비온 뒤에 무지개가 꼭 이 샘에서 솟아나는 듯하였고 여름에 이 물로 목욕을 하면 더위가 없어진다고 했으며 가을에 목욕을 하면 역이 된다고 했다(https://tour.muan.go.kr/).

사질과 점토질 토양이 많아 양파와 마늘이 유명한 산지로 알려져 있다. 그리고 고구마, 참깨 등 고소득 작목재배에 적합하다. 특히 땅이 우수한 황토로 이루어져 있어 황토의 여러 가지 성분이 양파생육과 구비대에 영향을 주어 품질이 좋고 양파 고유성분이 다른 지역보다 많아 항산화작용이 강해 각종 성인병 예방에 효과가 있다. 양파즙이 유명한데, 그 중에서도 적양파즙이 제일로 이름값을 한다.

청계복합센터에 이르면 한눈에 국립목포대학교, 오피스텔, 농협, 하나로마트, 버스터미널 그리고 분주하게 오가는 사람들의 모습이 들어온다. 목포대학교와 폴리텍 대학이 소재하는 대학문화와 조화를 이룬 교육 중심의 도·농 복합지역이다(청계면). 무안국제공항을 잇는 중심지에 위치하여 성장 잠재력이 무한한 미래형 거점도시로 꼽힌다. 국도1호선이 남북으로 중심축을 관통하고 동서로 지방도 815호선이 지나는 교통 요충지이기도 하다.

군단위이지만, 광주광역시에 있던 전남도청이 무안군 남악읍으로 2005년에 이전하면서 전남행정의 중심도시로 확대 발전하였다. 무안읍, 일로읍 그리고 삼향읍이 신설되어 3읍 6면이다.

서해랑길은 무안군의 청계면을 따라 걷다가 망운면과 운남면 그리고 해제면으로 이어진다. 해제면에서 신안군으로 넘어간다. 다시 신안군에서 나오면 무안군의 해제면과 현경면을 걸쳐 함평군으로 넘어간다. 서해랑길은 무안군의 몽탄면만 제외한 5개 면을 둘러보는 셈이다. 물론 읍지역도 제외된다.

전남 빵지순례

진열대에 각양각색의 빵이 가지런히 줄을 맞춰 놓여 있다. 고소한 빵 내음이 코끝을 자극한다. 보는 것만으로도 군침이 돈다. 사지 않고 그냥 지나칠 수가 없다.

무안은 양파로 유명하지만, 양파빵도 한몫한다. 무방부제, 무색소는 물론 100% 무안 양파를 이용해 반죽한 건강한 양파빵이 무안의 지역특화 빵이다. 양파빵은 5종으로 나뉜다. 팥 듬뿍, 계란 듬뿍, 양파베이컨, 양파 치즈 듬뿍, 야채 듬뿍이 대표적이다. 쌀이 들어가 쫀득한 식감이 일품이다. 무안지역의 빵지순례로 이들 빵을 만나보자.

농수특산물을 원료로 만든 지역특화 빵집을 소개하는 '전남 빵지순례도'를 전라남도가 제작 배부하고 있다. 빵지순례도는 '빵'과 '성지순례', '지도'의 3가지 합성어로 구성되었다. 목포 등 도내 21개 시·군의 특화빵 업체 63개소 등이 수록돼 있다.

지역 특화빵으로 무안은 양파빵과 고구마 치아바타가 있다. 일반 제과점에서도 양파빵은 인기가 있는 것으로 알고 있는데, 무안 양파빵은 약간 촌스럽긴 하지만, 향수가 깃들인 맛이다. 무안의 양파빵은 양파향이 가득해서 좋고 그 안에 치즈까지 곁들인 맛은 행복 그 자체다. 그래서 무안에 들릴 일이 있으면 양파빵을 즐겨 먹는다.

서해랑길에 속하는 지역의 특화빵을 이참에 알아보자.

해남은 고구마빵이다. 호박고구마 밤고구마 황토고구마, 물고구마 등등 해남 화산면이 고구마 주산지다. 닭코스 요리, 보리쌈밥, 한정식, 산채정식, 삼치회, 생고기, 떡갈비, 황칠오리백숙 그리고 해남 고구마빵이 해남8미에 들어간다. 호박고구마는 노란빵, 자색고구마는 빨간빵과 핑크빵 등 색깔이 다양하지만, 모양은 고구마 모양이다. 물론 맛도 고구마 맛 그대로다.

진도군은 울금이 특산물로 울금도넛이고, 영암군은 달빛 무화과 쌀빵이다. 신안군은 대파빵, 함평군은 쌀로 만든 구름카스테라, 영광군은 모시올두리담찰보리빵, 모싯잎구름도넛, 찰보리마들렌이 있다.

그리고 목포는 일제강점기 목화공장이 유명했듯이 목화솜빵이 있다. 대표빵집으로 코롬방제과점이 전국적으로 알려져 있다. 1949년 원래 있던 서양식 제과점을 인수해 '코롬방제과점'으로 개업해 한자리에서 현재까지 운영하고 있는 빵집이다. 새우바게트와 크림치즈바케트가 유명하다. 한때는 오전과 오후에 줄을 서야지만 1인당 2개씩만을 살 수 있었다.

2022년 11월 어느 날 목포9미 식재료를 이용한 '목포시 청년외식업 창업지원 시민품평단'으로 참석한 적이 있었는데 기념으로 '주전부리'와 바케트세트를 선물로 받았다. 그때 맛김 새우칩과 목화솜빵을 주전부리로 판매한다는 것을 알았다. 맛김 새우칩은 작은 새우와 멸치, 그리고 김이 들어가 바다 냄새가 물씬 나는 센베이다. 손이 계속 간다. 목화솜빵은 목화모양이다. 모양만 봐도 부드러운 맛이 느껴지는 빵이다. 빵 안에 찹쌀떡과 크림이 한데 어우러진 맛은 사랑에 녹아내리게 하는 그런 맛이다. 일품이 따로 없다.

남파랑길에 있는 광양에는 매화빵이 있고, 갓김치로 유명한 여수에는 갓버터도넛이 있다. 보성의 벌교에는 꼬막이 들어간 꼬막빵이 있고, 매생이가 유명한 장흥에는 매생이빵, 전복이 유명한 완도에는 전복빵이 대표적이다.

이외에도 담양군의 대나무케이크, 구례지역의 밤파이, 장성군에는 사과발효빵 등이 이름을 올리고 있다.

전남의 '빵지순례도'는 온오프라인에서 모두 만날 수 있다. 주요 관광안내소와 전남도 관광누리집 '남도여행길잡이'에서 볼 수 있다(namdokorea.com).

무안군 ①

20코스 —
21코스 —
22코스 —
23코스 —
24코스 —

무안의 황토밭, 마석마을 가기 전

20코스 무안군

청계면 복합센터- 무안국제공항- 용동마을회관 / 18.7km

톱머리 하면 해변이고 단감이지

남편은 여행을 좋아했고 자연을 사랑했다. 고향에서 백 리쯤 떨어진 바닷가에 '톱머리'라는 피서지를 택하여 별장을 세우고 여름이면 전 가족이 그리로 갔다.
빽빽하게 들어선 송림은 푸르고, 백사장은 길고 깨끗하며, 물은 맑은데, 오 남매는 각각 수영복을 입고 아빠와 엄마와 함께 수영을 하며 조개를 주었던 것이다.
거기에 딸린 과수원에서는 주먹보다 자칫 작은 밤알이며, 굵고도 단 포도송이와, 달디 단 단감들이 계절의 향미로 우리를 즐겁게 했고, 우리는 그 진귀한 과실들을 서울의 친지에게 선물도 했지만, 그 풍성한 향연은 모든 것과 함께 잃어지고 만 것이다.

- 『눈보라의 운하』 일부

가족들과 함께 한 톱머리 피서에 대한 박화성 작가의 자서전 『눈보라의 운하』에 적힌 아름다운 추억이다. 백사장, 조개, 밤, 포도, 단감이 인상적이다.
지금도 톱머리해변은 변함없이 넓은 백사장과 200년 된 곰솔 숲이 아름다운 해변경치로 유명하다. 거기에다 하얀 건물의 리조트가 해변을 멋지게 장식해준다.
무안읍에서 서쪽으로 8km 떨어진 망운면 피서리에 위치해 있는 톱머리해변은 무안국제공항에서 걸어서 10분이면 충분하고 무안 IC에서도 가까워 전국 어디에서나 교통에는 불편이 없을 것이다.

조수 간만의 차가 심하여 간조 때 펼쳐지는 끝없이 넓은 백사장은 길이 2km, 폭 100m에 달한다. 해수욕장은 수심이 얕고 경사가 완만한데다 바닷물도 깨끗해 피서지로 적합한 것으로 알려졌다. 최근에는 긴 백사장 따라 횟집들이 들어서 있어, 해수욕보다는 싱싱한 생선회를 즐기러 가는 편이다. 낙지공판장도 눈길을 끈다.

해수욕장 주변에는 춘교저수지가 있다. 자연마을로는 톱머리마을이 있고 조산마을과 정착마을이 있다.

톱머리마을에는 망운면의 특산물인 톱머리 단감이 재배된다. 맛이 명품이다. 특히 빛깔에서 단연 으뜸이며 옛날 임금님 진상품으로 꼽혔을 정도

톱머리해수욕장 전경, 밀물 때

이니 그 유명세가 대단했다. 정말 먹으면 사각사각하고 오묘하게 투명한 감에 무수히 많은 밤색 줄이 쓰윽 그어진 뽀얀 주홍색 감. 그 밤색 줄이 유독 단맛이랑 어우러지는 게 그럴 듯하다.

조산마을은 마을이 형성될 당시에는 마을 가운데에 산이 있고 그 산속에 절이 있어서 경관이 훌륭하다 하여 조산造山이라 하였다.

정착마을은 일제강점기 때 비행장을 건설하다가 해방이 되자 황무지로 버려졌던 땅이었다. 1·4후퇴 후 1957년 피난민 입주지역으로 선정하여 난민들이 정착하게 되면서 '정착定着'이라 칭하게 되었다(두루누비). 하여튼 마을마다 주민들이 모여서 도란도란 살고 있다.

용동마을의 물렛등 이야기

용동마을 버스정류장에서 내리면 바로 용동마을회관이다. 망운면과 운남면 간 도로 옆에 위치하고 있다. 망운면 소재지에서 운남면 방면으로 3km쯤 가면 나온다. 행정구역 명으로는 망운면 송현2리 용동마을이다(망운면).

망운면은 3면이 바다와 접해 풍부한 수산자원과 천혜의 해안관광 개발 최적지로 꼽힌다. 무안군 서남권의 중심지로서 현경면, 해제면, 운남면과 신안군의 지도읍, 임자도를 연결하는 교통요충지에 해당된다. 덕분에 지나가는 버스를 언제나 잡아탈 수 있다.

마을 이름의 유래는 마을의 형태가 용이 S자 모양으로 누워 있는 것처럼 길쭉하게 생겼다하여 용골이라 하였다가 지금은 용동龍洞으로 부르고 있다. 1997년에 폐교된 망운서초등학교 입구에 '문랫등文來燈' 또는 물렛등이라는 지명이 남아 있다. 현재는 교회가 들어서 있지만 과거에는 밭이었다.

물레는 솜이나 털 따위의 섬유를 자아서 실을 만드는 수공업적인 도구로 시골에서는 중요한 재산 목록에 들어가는 것이다. 또한 文來문래라는 지명대로 학교가 들어왔다고 보는 사람도 있다. 그 물렛등에는 고인돌로 여겨지는 커다란 바위가 하나 있었는데 물렛(문렛)돌이라 하는 것으로서 한때는 대수롭지 않게 여겼었다. 그러나 마을에 우환이 연이어 일어나고서 부터는 신성시 여기는 돌이 되었다. 물렛돌은 물레가 돌아가면서 내는 소리와 물렛틀이 움직이는 것을 방지하는 역할을 하는데 가룻대 위에 놓여지는 넓적한 돌이다.

　문랫등 전설이 전해진다. 어느 날 밭을 경작하기 위하여 밭주인이 그 바위를 서초등학교 운동장으로 옮겨버렸다. 그런 일이 있은 후 마을에서는 알 수 없는 우환이 네 차례나 계속적으로 일어났다. 그즈음에 길을 지나가던 스님이 물렛등을 보고 '이곳에는 바위가 있어야 하는데 왜 없을꼬. 없으면 마을에 안 좋은 일이 일어날 텐데.' 하며 혼잣말로 하는 소리를 주민이 들었다. 그 소문이 마을에 퍼지자 주민들은 밭 주인을 설득해 바위를 원상태로 돌려놨다. 그러자 그 이후부터는 마을에 우환이 없어졌다고 한다. 현재 물렛돌은 크기가 1/3로 줄어들어 교회 앞에 조성되어 있는 잔디밭에 놓여 있다.

　이어 주민들 중 한사람이 이 물렛돌에 매년 정월 보름 제를 지내면서 마을에 우환이 수그러들었다고도 한다. 그러나 마을에 교회가 들어서면서 지금은 지내지 않고 있다. 주민들은 물레가 돌아가면서 내는 소리를 초등학교에서 아이들이 내는 소리라 생각해 지명地名의 지혜로움을 알게 되었다고 한다. 실제 망운서초등학교 졸업생들은 다른 학교의 학생들보다 재능과 지혜가 훨씬 뛰어났다고 한다.

21코스 무안군
용동마을회관- 동암리선착장- 영해버스정류장 / 11.9km

두곡 고인돌군

길가에 세워진 표시판을 읽고야 고인돌 유적지인 줄 알았다. 무성한 풀과 나무 사이에 파묻혀 풀을 헤치고 들어갔다. 몇 개의 돌무덤으로 나뉘어 있는 것으로 보아 적지 않은 유적이다.

무안 하묘리 두곡 고인돌군으로, 운남-망운 간 도로건설공사 구간에 포함되어 발굴조사가 이루어진 후 이곳에 이전, 복원한 것이다. 유구遺構는 고인돌 이외에도 집자리住居地, 돌널무덤石棺墓, 돌뚜껑 움무덤, 토분묘와 삼국시대 고분, 움무덤, 독무덤甕棺墓 등이 확인되었다.

고인돌군은 상석 9기와 함께 돌널무덤 9기, 돌뚜껑 움무덤 1기가 조사되었고, 껴묻거리부장품은 간돌검 마제석검이 출토되었다. 고인돌군은 3호 위석식고인돌을 중심으로 분포하고 있어 가족단위의 집단묘로 추정된다고 기록되어 있었지만, 자세한 모습은 보기 어려웠다. 그동안 손길이 가지 않아 폐허처럼 된 것이 안타깝기 그지없다.

인간은 처음으로 정착생활을 하면서 죽은 이가 머물 장소도 찾아 마련했다. 오늘날 그 생생한 증거는 석기 시대의 어마어마한 크기의 언덕잔재이거나, 이집트의 피라미드 또는 군대가 오가는 그리스의 신전이라고 스벤 슈틸리히 작가는 『존재의 박물관』에 적고 있다.

시신屍身을 잘 묻으려고 무덤을 꾸미는 이러한 전통은 신석기시대부터 있어 왔으나 대부분 주검을 매장한 뒤 약간의 돌을 모아 덮을 정도의 간단한 구조

무안 두곡 고인돌군

를 가진 것이었다. 본격적으로 무덤이 꾸며지고 정형화되며 또 다양해지는 것은 청동기시대부터라고 『청동기 문화』에서 지적하고 있다. 청동기시대의 무덤으로는 고인돌에서 돌널무덤, 나무널무덤, 독널무덤이 대표적이다.

무안 운남면 일대에는 많은 고인돌군이 낮은 구릉지에 분포하고 있고, 거주했던 주거지도 함께 확인되고 있어 여러 집단이 넓은 지역에 존재했던 것으로 추정된다. 이는 청동기시대 무안반도에 오랜 시간 동안 사람이 정착하였음을 입증하는 중요한 자료가 된다. 무안군에 따르면 신석기시대의 유물인 마제석기와 반월형 석도 등이 출토되어 선사시대부터 문화가 발전하였음을 입증할 수 있다고 한다. 주민들의 말에 의하면 5-60년대에는 수많은 도굴꾼들이 마을을 헤집고 다녔다고 한다. 특히 선도의 광산 김씨 묘가 있는 선도 맷갓이라 부르는 곳은 도굴꾼들이 집중적으로 파헤쳤던 곳이다. 마을 주변 곳곳에 고총들이 많은데 주민들 대부분이 자기나 생활용품을 한두 점씩은 보관하고 있다.

한국의 선사시대를 대표하는 거석문화유산 가운데 고인돌유적은 세계적으로도 유명한 인류의 문화유산이다. 국립제주박물관 『한국의 세계유산』에 따르면 고인돌유적은 동북아시아의 선사시대 문화교류를 규명할 수 있는 자료이며, 한국 청동시대 사회구조를 해명하는데 중요한 자료가 되고 있다. 이러한 점이 인정되어 고창, 화순과 강화 지역의 고인돌이 세계문화유산제997호으로 2000년 12월에 등재되었다.

고창 고인돌은 전북 고창읍 죽림리와 아산면 상갑리에 위치하고 있다. 이 고인돌은 국가사적제391호으로 죽림리 매산마을 뒷산줄기 남사면에 10개 군집을 이루고, 442기의 고인돌이 산줄기 방향으로 열을 이루면서 분포되어 있다. 세계문화유산으로 지정된 유적지의 규모는 중심지가 8.28ha이고 완충지대가 8.07ha이다.

화순 고인돌은 보검재 계곡을 따라 밀집 분포하고 있다. 김경기 작가는 『52주 여행, 사계절 빛나는 전라도 430』에서 화순 고인돌 유적지 여행을 추천하였다. 계곡을 따라 약 10km에 걸쳐 고인돌이 분포되어 있어 면적으로도 전국에서 최대 규모의 고인돌 유적지라는 것이다. 이곳의 고인돌은 매우 다양한 지형에 분포되어 있다. 농사를 짓는 논 한가운데 놓여 있기도 하고, 길가에 있거나 해발 100m 이상의 산기슭을 따라 띄엄띄엄 군집되어 있기도 하다. 다른 유적지에 비해 몇 가지 눈에 띄는 특징이 있다. 1-200톤이 넘는 대형 고인돌이 수십 기 있고 대부분 원형 그대로 보존되어 있으며, 고인돌의 제작과정을 이해할 수 있는 채석장이 발견되어 역사적 가치가 높다는 것이다. 특히 무게 280여 톤에 이르는 '핑매바위고인돌'은 세계에서 가장 큰 고인돌로 알려져 있다.

강화 고인돌은 산기슭, 구릉, 평지, 산등선 등 아주 다양한 분포 입지를 보여주고 있다. 강화도에는 모두 120여기가 알려져 있는데, 그 중 보존상태가 양호한 부근리 15기, 감거리 9기, 고천리 18기, 어산리 12기, 교산리 11기 등 66기가 세계유산으로 등록되었다.

이러한 고인돌의 축조기술은 암벽에서 돌을 떼어내는 고도의 기능을 가진 석공이 필요하며, 이를 보다 쉽게 운반하고 받침돌 위에 정확하게 올리는 토목 설계의 기술을 요하게 된다. 오늘날의 중장비로도 할 수 없는 무게를 가진 고인돌의 축조는 많은 상상력을 불러일으키며, 불가사의한 건조 기술이 아직도 풀리지 않고 있다.

친환경 우수마을

동암마을은 친환경마을 중에서 우수마을인가보다. 마을 입구에 '친환경우수마을, 원동암마을' 표시석이 있다. 걷다 보면 친환경, 무항생제 농장으로 HACCP인증농가^{샤론농장}도 만난다. '친환경'이란 용어는 요즈음 유행어로 친환경 농산물, 친환경 축산물, 친환경 수산물처럼 하나의 트랜드 마크로 많이 사용되고 있다.

해로운 것으로 가득한 세상이다. 갈수록 안전히 먹을 것도, 입을 것도, 다닐 곳도 줄어든다. 달콤하나 건강을 해치는 음식들, 지구를 파괴하는 유해성분이 들어간 제품들이 우리 주위에 수도 없이 많다.

『매일매일 유해화학물질』제목처럼 유해화학물질이 넘쳐나는 세상에서 우리는 살고 있다. 그로 인한 각종 피해로 신경이 곤두서서 케모포비아 chimophobia란 단어가 유행할 정도다. 유해화학물질은 의도적으로 생산된 화학물질 중 사람과 생태계에 해가 될 수 있는 화학물질을 말한다. 반면 유해물질은 유해화학물질을 포함하며, 일부러 만든 것은 아니지만, 뜻하지 않게 생긴 유해한 부산물까지 가리킨다. 수많은 화학물질에 둘러싸여 있어도 당장은 아프거나 쓰러지지 않을 수 있다. 그러나 지금 영향이 느껴지지 않는다고 우리를 둘러싼 화학물질을 안전하다 믿어버리고 작은 신호들을 무시한다면 몸에 조금씩 쌓인 유해화학물질 때문에 언젠가 쓰러질지도 모를 일이다.

친환경은 자연환경을 오염시키거나 파괴하지 않고 자연 그대로의 환경과 잘 어울리는 것을 말한다. 환경 친화라고도 한다. 환경오염이 심화함에 따라 동물성 원료를 배제하고 유기농 원료를 넣은 '친환경 화장품', 환경오염을 유발하는 유해물질을 줄인 '친환경 주택', 미세먼지·배기가스 없는 '친환경 전기버스' 등 녹색산업을 지향하는 기업 및 정책이 늘어나고 있다. 일상에서 우리들이 주로 실천할 수 있는 친환경 운동으로는 비닐봉지 대신 장바구니나 에코백 사용하기, 일회용 컵 대신 텀블러 가지고 다니기 등이 있다(Https://terms.naver.com/).

친환경농산물이란? 환경을 보전하고 소비자에게 보다 안전한 농산물을 공급하기 위해 농약과 화학비료 및 사료첨가제 등 화학자재를 전혀 사용하지 아니하거나, 최소량만을 사용하여 생산한 농산물을 말한다.

'한살림'이란 생활협동조합을 애용한 지 오래 되었다. 주로 이곳에서 장을 보는데, 가끔은 나도 모르게 "빨간 고추가 없네요?" 아니면 "오이가 안 나오나요?" 묻는다. 그러면 직원이 상세하게 "전기를 이용한 물품은 나오지 않아요?" 하면서 한살림의 취지를 알려주곤 한다.

한살림은 유기방식으로 재배한 쌀과 채소를 공급하며, 수입농산물에 밀려 설자리를 잃어가는 국산 잡곡도 취급한다. 친환경 농사가 어려운 과일류도 화학농약과 생장호르몬 없이 기른다. 그래서인지 1986년에 문을 연 매장이 2022년 6월 기준 전국 23개 지역 240여 개 매장이 있을 정도다.

한번은 길에서 아는 분을 만났다. 그가 "어디 가세요?" 하기에, 내가 "한살림에 간다"고 했더니 "짐 맡겨놓은 것이 있어요?" 하였다. '한살림' 간판을 보고 살림살이 등을 보관해주는 창고형 보관소로 알고 있었단다. 하기야 그렇게 생각하는 것도 가능하다. 살림살이를 보관해주는 곳이나 겨울옷을 보관해주는 곳이 정보 안에 가득 들어 있는 세상이니 말이다.

가끔 한살림에서 보내주는 자료를 유심히 살펴보기도 한다. 친환경농산물의 종류와 기준을 보면, 인증 종류는 3종으로 유기농산물과 무농약 농산물, 그리고 저농약 농산물로 나뉜다. 축산물도 새로운 인증기준을 마련하여 인증을 받게 되는데 유기축산물과 무항생제 축산물로 표기가 가능하다. 농산물과 축산물을 구입할 때, 적어도 표기를 확인하고 따져보는 것도 현대인의 자세라고 본다.

식량은 지구에 사는 모든 사람이 매일 필요로 하는 생산품이다. 따라서 식량을 생산하고 판매하는 방식을 바꾸면 우리 삶의 모든 면이 광범위하게 달라진다고 헬레나 노르베리 호지는 말했다. 「다시, 오래된 미래」에서 그녀는 세계화가 아니라 지역화로 더 작은 규모의 지역적 식량 생산이 이루어져야 한다고 강조했다. 망가진 기후 사이클을 치유하고, 지역사회를 재건하고, 땅에 기반을 둔 경제를 되살리며, 의미 있는 일자리를 늘리기 위해서는. 즉 로컬푸드 운동이 필요한 시점이라는 것이다.

22코스 무안군
영해버스정류장- 성내교- 내화버스정류장- 운남버스정류장 / 11.9km

한적한 시골에 산다는 것은

코스 시작점에서다. 한 20년 전 즈음에 알고 지냈던 정인택 선생님을 우연히 만났다. 골목에서 무엇을 하고 계신 분이 있기에 물었다.

"마을회관이 어디에 있나요?" 질문하는 나를 향해 그가 일어나서 대답했다. "지금 짓고 있는 이 건물인데요." 하시더니 나를 알아본 것이다.

잊고 지내던 사람도 길 위에서 우연히 만난다. 어쨌든 마을회관을 찾은 이유는 화장실 때문이었는데 그의 집을 이용하게 되었다. 덕분에 차도 한 잔 얻어 마시고 이런저런 이야기꽃을 피웠다.

그는 정년을 하고 부모님이 살았던 고향으로 이사 온 것이 벌써 3년이 되어간다. 하지만 아직도 적응하는 중이라고. 시골집이라 손이 많이 가서, 3년째 집을 고치고 있는데 아직도 진행 중. 거실은 안방을 튼 것이고 식탁이 있는, 지금 차를 마시는 공간은 작은 방을 튼 것이다. 넓은 공간으로 만든 것이 장점으로 보인다. 거실 벽에 장식된 'Sweet Home' 알파벳은 행복감이 느껴지게 한다. 별로 대단한 일이 아니더라도. 그들은 스위트홈을 만들어가는 중이다. 낮 동안 일하고 날이 저물면 가족들이 지붕 밑에서 밥 먹고 얘기 나누다 자면 되는 것이다. 소소疎疎하고 사소私消하게 얼마나 쉬운가.

하루 종일 만나는 사람 없이 밥 먹고 일 하고 농사짓는 일이 전부다. 물론 문화생활이란 생각조차 할 수 없다. 아무 것도 없는 촌이다. 남편은 아내가 문화생활을 할 수 없는 것이 안타까울 뿐이다. 그래서 낙지 잡는 아내에게는 남편이 "문화생활 하네요."라고 말해주면서 시작된 말장난이 이어졌다. 집을 고치는 남편을 보면 아내가 "문화생활 하시네요."라고 놀려준다. 부부가 서로를 격려하고 달랜다.

갑자기 낙지잡이가 "너무 좋았다"며 그들은 자랑을 늘어놓았다. 장화를 신고 후래쉬를 들고 갯벌로 들어가는데, 이도 새로운 체험이었다. 그들에게는. 갯벌 안쪽으로 깊이 들어간 낙지구멍을 찾아 손가락 세 개를 찔러 넣어 낙지를 파낸다. 미끌거리는 낙지머리통이 손끝

무안황토갯벌랜드 생태갯벌과학관, 낙지잡이 도구들

에 닿는다. 그러나 놈은 몸을 움츠리며 더 깊은 곳으로 숨어든다. 갯벌 속 깊이 팔목을 밀어 넣어 낙지를 움켜쥔다. 손에 머리를 잡혀 따라 올라온 낙지는 낙지발을 모두 움직여 용트림한다. 세발낙지다. 잡히는 낙지의 그 손맛은 이루 말할 수 없을 정도로 감동적이고 짜릿한 기분이라고. 낙지낚시는 멋진 취미라고 말한다. 나는 해보지 않았지만 멋진 체험일 것이라며 동감하고 맞장구를 쳤다. 낭만이 상상되는 시골 풍경이다.

낙지를 잡는 방법은 다양하다. 작업은 썰물 때 낙지 삽과 대바구니^{조락}를 가지고 갯벌로 나간다. 낙지구멍을 잘 찾아야 성공률이 높다. 낙지구멍은 구멍 주변에 개흙이나 이물질이 쌓여있는 것을 보고 발견한다. 낙지가 호흡하면서 불어 올린 도톰한 뻘 둔덕을 '부럿'이라고 말한다. 이 '부럿'과 낙지구멍이 연결되어 있어 발로 살짝 밟아보면 연결된 구멍을 찾아낼 수 있단다. 낙지구

멍을 발견하면 잽싸게 파 내려가는데 깊이 들어간 낙지를 잡기 위해서는 1m 이상 팔 때도 있다. 능숙한 사람은 한 물때에 보통 30마리 정도를 잡을 수 있지만 숙련된 사람들은 한 물때에 60~70마리 이상을 잡기도 한다.

이외에도 밤에 물이 빠져있는 갯벌 위를 횃불로 비추면서 구멍 속에서 나온 낙지가 도망가지 않을 때 주어 담는 횃불낙지잡이가 있다. 역시 밤에 여러 개의 사금파리낚시를 매단 주낙을 바다에 쳐서 잡는 방법도 있다. 특히 여성들은 삽보다 호미를 즐겨 사용하는데, 능숙한 여성들은 웬만한 남성들이 삽으로 파는 것 보다 많은 낙지를 잡기도 한다.

자랑이 끝나자 이번에는 너무 고독한 생활이라고 넌지시 한탄 아닌 한탄을 쏟아놓는다. 어두워지면 진한 먹물을 뿌려놓은 듯 한 뼘 앞도 보이지 않는 어둠이 도사린다. 움직이는 사람 하나 없고 숨소리 하나 나지 않는다. 자신의 숨소리를 또렷이 들을 수 있을 정도로 주위는 고요해진다. 너무 고요하고 깜깜하여 적적하기 그지없다.

이곳은 깨끗한 환경, 즉 맑은 물과 빛, 완벽한 어둠, 완전한 정적 같은 것들을 경험할 수 있다. 인간이 잠을 잘 때에는 완벽한 어둠이 필요한 그런 어둠이 깔린다.

1921년 인도 벵골의 통치자인 영국인 로날드 세이경Lord Ronaldshay은 파추강Pa Chu을 건너 부탄에 들어서면서 이렇게 말했다.

거울 속으로 들어서자 앨리스는 이상하고 신기한 나라에 와 있었다. 우리도 마치 그와 같이 파추강을 건너자 어느덧 기이하게도 시간을 거꾸로 맞춰놓은 요술 타임머신 속에 빨려 들어와 있었다.

밀레니엄 시대인 지금에도 이곳은 로날드 세이경이 말한 그대로 타임머신이 과거로 돌려진 것처럼 자연 그대로의 모습을 간직하고 있다.

부탄의 어떤 행정관이 이렇게 말했다. 경작되지 않은 땅, 맑은 공기도 정신적인 발달을 위해 필요하다. 올바른 사고방식을 갖기 위해서는 때로 정적도 필요한데, 대도시의 사람들은 이를 경험한 적이 없어 이해하지 못할 수도 있다. 인간의 신성한 감각을 느낄 수 있는 시간을 가질 수 있는 곳, 바로 이곳이다.

일본의 작가, 마루야마 겐지는 책 제목처럼 『시골은 그런 곳이 아니다』고 강조한다. 홀로서기 정신이 가장 중요하다며, 낭만이라는 등 동심을 잃지 않은 어른이라는 등 반자립적인, 참으로 부끄러운 말들로 아무리 약점을 감추려 한들 호된 되갚음을 피하기란 불가능하다는 것이다. 자연이 아름답다는 것은 뒤집어 말하면 생활환경으로는 가혹하다는 의미라는 것이다. 시골 생활은 참으로 힘들고 섬세하고 강인한 신경을 필요로 한다는 것이다. 시골에 지나친 이상을 품기 전에 이 책을 읽고 신중하게 준비해 나가라고 충고한다.

서해랑길을 걷는 사람들을 종종 만난다고 그의 아내가 말했다. 밭에서 일하면, 간혹 말을 거는 사람들도 있고, 마을에 대해 묻기도 하여 그들과 대화를 나눈 적이 꽤 있다는 것이다. 어떤 이는 "밥은 있는데 반찬을 깜빡하고 왔다"며 반찬을 부탁했다는 것이다. 헌데 그날 찬이 거의 없어 김치하고 한두 가지만 드린 것이 미안하다고 했다. 그러면서 그녀 자신도 그곳에 앉아 더 많은 이야기를 나누고 싶었다고 한다. 이 길을 걷는 사람들은 모두 느낄 것이다. 찾아오는 사람이 없는 한적한 시골마을이라는 것을.

동네가 아늑하다. 집집마다 예쁜 벽화들이 그려져 있다. 서해랑길 시작점이라 군에서 신경을 쓴 것 같다. 곧 완공될 마을회관이 서해랑길을 걷는 자들의 쉼터가 되었으면 싶다. 이곳이 서해랑길의 시작점이자 종착지이므로.

롤러코스터를 타는 기분

세네 집 지나서 곧바로 농로로 이어진다. 도원선착장을 지난다. 들길을 잇는 평평한 길인가 하면 다시 구릉의 황토길이 언덕으로 이어진다. 그리고 서해의 갯벌이 보이다가 옆으로는 황토밭이 보이고 다시 바닷가로 이어진다.

무안지역은 구릉지역이 많다. 대부분 해발 10-20m 정도의 구릉지대로 이루어져 있기 때문이다. 길 따라 내려가다 올라가다 하면서 보이는 경치가 환상적이다. 언덕 위의 소나무, 그 아래에는 그림 같은 집, 옆으로는 양배추밭, 그리고 양파밭 등등. 한마디로 멋지다. 걷는 내내 멀리 풍력발전기 4대가 중심을 잡아준다. 한국에서 가장 평화로운, 그런대로 아름다운 구석인 셈이다. 서서히 올라갔다 하면 내려가야만 하는 길이 연속된다. 롤러코스트를 타는 기분으로 길을 걷는다.

이런 구릉지대가 무안의 매력이 아닌가, 생각한다. 곰솔도 아니고, 갯벌도 아니고, 마을도 아니고, 유적지도 아니다. 그렇다고 해변을 가진 바다도 아니다. 무안의 매력적인 풍경 맛집은 바로 구릉지

구릉지대, 언덕 너머 보이는 나무들

대에 만들어진 황토밭이다. 자연에 순응한 모습의 풍경이 이곳만의 매력으로 여겨진다.

당산나무가 아니더라도 무안군 서해랑길에서는 소나무가 가끔 눈에 밟힌다. 언덕에 소나무 두세 그루가 있는 풍경이나 집 뒷마당, 아니면 마을 입구에 있는 소나무 풍경은 마치 그림 속 같다. 어느 만큼에서 하늘로 곧장 올라간 소나무의 정기가 느껴진다. 소나무와 소나무 사이를 느린 움직임으로 부는 바람은 소곤소곤 비밀스런 이야기를 한다. 소나무의 정기가 마음의 안정을 준다.

고고한 자태로 크는 소나무들이 자연환경에서 신비롭게 느껴졌다. 나무는 어디서 자라느냐에 따라 저만의 대물림 DNA를 나무에 남긴다고 서경석 숲지킴이는 말한다. 영양상태가 나쁜 지역에서 자란 나무, 바위 끝에서 겨우 자라나는 소나무는 솔방울이 많이 맺힌다. 반면에 논이나 밭 같은 영양이 튼실한 지역에서 자란 배부른 소나무는 솔방울이 안 맺힌다. 한마디로 환경이 좋은 데서 자란 소나무는 멸종할 염려를 못 느껴 유전자를 안 남겨도 살아남는다고 느끼는 것이고 환경이 나쁜 데서 자라는 소나무는 위기감에 자극되어 솔방울로 자기 유전자를 후대에 남기고자 하는 것이다.

망운면에는 자랑할 만한 곰솔이 세 군데 있다. 조금나루와 구랫들 그리고 현재의 두모마을의 곰솔이다. 조금나루와 구랫들의 곰솔은 어른들 네 아름이 넘는 크기의 소나무였다. 그런데 일제강점기 일본인들이 송진 채취를 위해 베어버렸다. 당시에 주민들은 일본인들이 나무를 벨 때 소나무에서 핏물이 흘렀다고 한다. 현재 남아있는 두모마을 곰솔은 당시에 크기나 두께가 두 나무에 비해 작았기 때문에 살아남았다는 것이다.

곰솔은 해송, 흑송, 검솔이라고도 부르며, 소나무과에 딸린 사계절 푸른 나무다. 바닷바람과 염분에 강하여 바닷가의 바람을 막아주는 방풍림이나 방조림으로 많이 심는다.

　무안군 망운면 송현리 두모마을 도로가에 2그루의 곰솔이 남아 자라고 있다. 나이는 300년 정도로 추정된다. 전설에 따르면, 400여 년 전에 김해 김씨가 이곳에 정착하고 이 숲을 성황당 숲으로 정했다고 한다. 이후 해마다 정초에 마을의 평화와 풍년을 기원하는 제를 올렸다. 그리고 이 곰솔을 신령스런 나무로 여겨 잘 보존하였으며, 오랜 세월 동안 우리 조상들의 관심과 보살핌 가운데 살아온 나무로 생물학적·민속적 가치가 높아 기념물로 지정하여 보호하고 있다. 소나무 한 그루의 높이는 18m, 둘레는 4.2m, 가지 길이는 11m 정도이며, 또 한 그루는 줄기가 땅에서부터 두 개로 갈라져 있는데 둘레가 각각 2.8m와 3m 정도이다.

　언덕을 내려가면 이기촌 마을, 농장마을, 내화마을을 에돌아 나간다. 이들이 사는 집에 빛이 넘치고 골목마다 나무와 넝쿨이 우거지고 아름답다. 아마도 이웃들이 형제처럼 지내고 일한 만큼 등이 따습고 배가 부르고, 울 일보다 웃을 일이 많을 마을인 것 같다. 무안군 관내 지도를 보면 이들 마을이 바다를 한 바퀴 돌아나가는 모습이다.

　내화奈花마을 표시석이 아주 크다. 능금나무 꽃처럼 내화마을은 아름다운 마을이다. 표시석을 세운 이유가 좀 남다르다. 외지인에게 널리 알리고, 내화마을에서 태어나 객지에서 생활하는 친척 모두에게 부모형제가 살고 있는 고향마을에 대한 관심도를 높이기 위한다는 것이다. 나도 홍보에 보탬이 되었으면 싶다. 소나무가 지키는 아름다운 내화마을 화이팅.

23코스 무안군

운남버스정류장- 조금나루- 낙지공원- 송정마을- 봉오제 버스정류장 / 19.5km

섬사람이 모이는 조금나루

'백사장과 송림이 아름다운 곳, 조금나루'라는 문구를 많이 보았다. 조금나루 표시석을 돌아 끝자락까지 갔다 돌아 나오면서, "특이하고 멋지다"라는 말밖에 안 나온다. 형언하기 어려운 풍광이다. 마을 끝에 툭 불거져 나온 4km가 넘는 긴 백사장에 울창한 송림까지 겸비한 천혜의 해수욕장이다.

이곳의 해안은 길게 뻗은 백사장과 소나무숲이 펼쳐져 있어 '명사십리'라고 불린다. 정말 직접 와서 보지 않고는 이 자연의 신비를 설명할 수 없다. 마을 끝에 붙은 이 가느다란 땅덩어리가 뭉개지지 않고, 그대로 지금까지 변화 없이 그 모양대로 지탱해 왔다는 사실이 궁금하다.

조금나루의 '조금'은 조수간만의 차이가 가장 적은 때를 말한다. 밀물과 썰물은 태양, 지구, 달에서 끌어당기는 인력 때문에 생기는 규칙적인 운동으로 매 12시간 25분마다 일어나고 있다. 달이 지구에 대해 직각으로 놓이는 반달 직후에 차가 가장 적어서 조금이라고 한다. 조금나루는 이런 조수간만의 차가 가장 적은 조금에나 겨우 나룻배를 띄워 오갈 수 있는 나루터라고 해서 붙여진 이름이다.

조선시대에 이곳은 세곡을 징수하여 영광목관에 전하던 주요 창구였다. 조금이 되면 칠산바다 고기잡이배들이 조금나루로 들어와 쉬어가는 곳이었다. 선도, 고이도, 매화도 등 인근 섬 주민들이 바다를 건너 전통시장 함

조금나루, 저녁노을

평장과 망운장을 가기 위해 모이는 곳이 조금나루였다(무안군).

  조금나루 해수욕장은 무안읍에서 남서쪽으로 12km 정도 떨어진 망운면 송현리에 위치하고 있다. 원래는 조금에 한 번씩 배를 타고 건너야 하는 섬이었으나 지금은 육지와 연결되어 언제나 찾을 수 있다.

  한적함은 슬로우 여행에 제격인 공간이다. 소나무가 울창한 캠핑장이 넉넉한 편이다. 지금은 샤워장, 급수대, 화장실 등 편의시설이 어느 정도 갖춰져서 여름피서 철에는 즐길 수 있는 곳이 되었다. 캠핑장에 젊은이들이 모여 음악을 틀어놓고 옹기종기 있는 모습이 마냥 즐거워보였다. 젊음이 부럽기까지 하다.

  특히 이곳에서 바라보는 서해 바다의 낙조는 황홀감을 가져다준다. 뉘엿

뉘엿 해가 질 무렵에는 다른 것을 다 제쳐 놓고 서쪽 하늘을 붉게 물들이며 바다로 뛰어드는 태양을 바라보자. 그러다 보면 하룻밤 야영하게 될 것이다. 야영장도 있겠다. 바닷가의 밤 정취를 즐기는 것도 하나의 묘미겠다.

조금나루의 또 다른 재미는 바다낚시가 가능하다는 것이다. 먹거리로는 산낙지를 빼놓을 수 없다. 나무젓가락에 칭칭 감아 한 입에 넣어서 먹는.

가고 싶은 섬, 무안의 탄도

탄도로 들어갈 수 있는 유일한 뱃길이 조금나루에 있다. 배를 타고 갯골을 건너가다 보면 쉬어가는 물새들과 갯벌생물을 만날 수 있다. 배는 하루에 한 번 오간다. 조금나루 출발 오전 8시, 탄도 출발 오후 3시로 되어 있다. 하지만 조석시간에 따라 승선시간이 변동될 수 있다고 한다. 바다는 언제나 변화가 가능한 곳임을 넌지시 알려준다. 선장과의 문의가 필요하다. 절대적으로.

탄도는 무안군의 가고 싶은 섬으로 선정되었다. 무안에서는 오로지 이곳 한 곳뿐이다. 갯벌과 낙지의 천국 '탄도' 전형적인 어촌의 풍경을 볼 수 있는 섬이다.

섬 주위에 숯이 많아 붙여진 이름, 탄도炭島다. 인구 50여 명이 사는 작은 섬인 이곳은 무안의 유일한 유인도이다(전라남도). 무안군 망운면 송현마을에서 검지를 내민 것 같은, 기다란 해변이 바로 조금나루이다. 탄도는 밀물 때면 아득한 섬이지만 바닷물이 빠지면 검은 비단 갯벌이 드러난다. 폭 30~50m의 개울 하나를 사이에 두고 조금나루와 거의 하나가 되는데, 이때를 맞춰 하루 두 번 뜨는 나룻배를 타고 조금나루와 탄도를 오갈 수 있다.

해안선 길이는 약 5km로 한 시간 남짓이면 탄도 해안을 차분히 다 밟아 볼 수 있다. 가장 높은 곳이 해발 50m로 구릉이 대부분인 탄도는 밭농사를 짓는 평지가 섬 전체에 분포하고, 마을주민들이 발로 다진 샛길이 자연스럽게 '탄도 둘레길'로 형성 돼 있다.

탄도 북쪽에는 아주 작은 무인도가 하나 있는데 바로 '야광주'이다. 용이 물고 있다는 야광주 같다고 붙여진 이름이다. 이곳 갯벌에서는 벌떡게^{민떡게}와 낙지를 잡는 주민들을 쉬이 만날 수 있다. 탄도는 전국에서 손꼽히는 낚시터로 유명하고 특히 드넓은 갯벌에서 나오는 낙지와 감태는 임금님 진상품으로 유명하다. 전형적인 어촌마을을 경험하고 싶다면 탄도로 가야 한다.

남도낙지 1번지 송현마을이 품은 낙지공원

무안군 망운면 송현리 어촌마을. '남도낙지 1번지 송현마을' 표시석이 남도 낙지를 대표한다. 곧바로 바다를 향해 내려가면 낙지공원이다.

낙지공원에서는 14m 높이의 낙지 모형과 마주치게 된다. 낙지의 긴 발에 채이면 감겨서 전망대 넘어 갯벌로 던져질 것 같다. 무지막지하게 큰 낙지발이 여기저기 놓여 있는 것이 실감난다. 세발낙지의 고장으로 유명한 무안이 낙지를 알리기 위해 조성된 캠핑공원이다. 낙지공원 양쪽으로는 해송숲과 백사장이 길게 이어져 있다.

낙지공원 전망대에서 바다를 바라보면 광활한 갯벌이 끝이 없다. 전망대에서 한참을 둘러보았다. 전망대에서 내려가 갯벌로 다가갔다. 넓은 갯벌을 차지하고 살아가는 다양한 생물들이 꿈틀거린다. 푸푸- 뻐끔뻐끔- 푸푸- 꿈틀대는 작은 움직임들이 끊임없이 일어나는 갯벌이다. 아마도 이 구멍이 주인공인 낙지의 보금자리가 아닌가 싶다. 살금살금 물러나 주었다.

무안의 '뻘낙지'를 최고로 친다. 옛날에는 목포하면 세발낙지였다. 허나 지금은 뻘낙지, 무안의 갯벌낙지다.

낙지는 역사가 깊은 해산물이다. 『세종실록지리지』¹⁴⁵⁴에 낙지는 경기도, 충청도, 전라도, 황해도의 토산품으로 기록되어 있다.『신증동국여지승람』1530에 따르면 전라도 나주목 무안현의 토산품으로 낙지가 진상되었고,『무안읍지』1895에는 무안의 주요 토산품 중 하나로 낙지가 기록되었다. 특히 흑산도 유배지에서 정약전이 저술한『자산어보』1814에는 낙지를 석거石距, 낙제어絡蹄魚라고 칭하였으며, 다음과 같은 기록이 있다.

큰 놈은 4-5자 정도이고 모양은 문어를 닮았으나, 발이 더 길다. 머리는 둥글고 길며, 즐겨 진흙탕 구멍 속에 든다. 9-10월이면 배 안에 밥풀과 같은 알이 있는데 즐겨 먹을 수 있다. 겨울에는 틀어박혀 구멍 속에 새끼를 낳는다. 새끼는 그 어미를 먹는다. 빛깔은 하얗고 맛은 감미로우며, 회나 국, 및 포에 좋다. 이를 먹으면 사람의 원기를 돋운다. 말라빠진 소에게 낙지 서너 마리를 먹이면 곧 강한 힘을 갖게 된다.

'낙지 3마리면 쓰러진 소도 일으켜 세운다.' 밭일을 하다 쓰러진 소도 '타우린'이라는 뛰어난 영양성분으로 벌떡 일어날 정도로 기운을 돋아주는 일화는 알려진 사실이다. 남성에게는 스테미너 음식으로, 여성에게는 역시 미용에 탁월한 효과가 있단다.『동의보감』에도 소개될 만큼 낙지는 자양강장에 탁월한 효능이 있다. 단백질, 필수아미노산 등이 풍부하여 피로, 시력, 간 기능회복에 탁월하고 철분함량이 높아 만병통치약이다. 뻘이라 불리는 갯벌의 영양까지 듬뿍 간직한 낙지이니 대단한 에너지원이 되는 것은 당연하다.

이곳의 낙지는 깊은 갯벌에서 성장해 발이 가늘고 길며 부드러운 것이 특징이다. 무안에서는 전 해역에서 낙지가 생산된다. 연중 낙지를 잡을 수 있다. 그렇지만 주생산시기는 3-5월과 10-11월이다. 이때가 가장 맛있고 영양도 풍부하단다. 걷다 보면 선물처럼 낙지공판장도 만난다.

노을공원에서는 노을을 못 보고

조금나루는 잘 알려지지 않았지만 저녁노을이 아름다운 곳이다. 서해바다의 낙조를 즐기면서 걷는 '무안 노을길'이다. 조금나루 해변을 따라 낙지공원을 거쳐 현경면 봉오제까지 총 8.9km의 구간이다. 무안 노을길은 공간별로 만남의 길, 자연행복길, 노을머뭄길, 느리게 걷는 길로 구성되어 있다.

노을공원에서 노을을 보기로 마음먹고 걷기를 포기했다. 기다리면서 주변 데크 따라 걷기도 하고 갯벌을 어슬렁거렸다. 무인카페에 들어가 커피라도 마시려고 했지만 작동이 제대로 되지 않아 밖으로 나왔다. 우연히 수돗물이 계속 흐르고 있어 잠그려고 다가가다가 주민을 만났다. 혹시나 해서 주민에게 물었다.

"요즈음 노을이 몇 시 정도에 지나요?"

세상에! 자연의 심오한 이치를 이참에야 깨달았다. 해가 지는 자리가 매일 조금씩 이동하기 때문에, 한 여름에는 여기, 노을공원에서 지지만, 겨울에는 조금나루 끝머리에서 진다는 것이다. 여기서는 보기 힘들다는 얘기다.

이런! 석양의 위치가 머리 위에 있어야 하는데 조금나루 끝에 걸려 있다. 중국 속담에 '바늘구멍으로 하늘을 엿보고 바가지로 바닷물을 잰다'는 말이 나를 두고 한 말이다. 아무 것도 모르는 어리석다는 의미다. 머리가 나쁘면 손발이 바쁘다는 우리말이 있다. 바쁘게 발심을 들여 조금나루로 향했다. 3km 이상을 되돌아갔다.

하늘이 붉은빛으로 물들기 시작했다. 되돌아온 보람이 있었다. 전신으로 퍼져 있던 피로감이 나를 위로하려 들었다. 하늘이 석양으로 불타간다. 붉게 물든 석양이 구름 위에 걸렸다. 아차! 하는 순간이다. 시간이 그렇게 빨리 흘러가는지 모를 정도다. 순식간에 석양이 구름 안으로 숨어버렸다. 구름이 노을을 가려버렸다. 한동안 무작정 서서 바다를 바라보았다. 구름을 뚫

조금나루, 저녁노을

고 둥근 붉은 해가 바다 위에 두둥실 달렸다. 이 모습이 진정한 노을인가, 하고 생각했지만 아니었다. 걷다가 뒤를 돌아보았다. 아주 큰 붉은 덩어리가 나를 따라오고 있는 것이 아닌가.

봉오제마을의 사계절 별미

조금나루에서 시작된 해안선이 낙지공원에서 다시 활처럼 휘어진다. 그렇게 긴 해안선도 야산에 부딪히면서 끝이 나고 만다. 봉오제마을이다. 23코스의 종착지이다. 마을을 어슬렁거리는데 '계절 막걸리식초 회무침 전문' 식당이 눈길을 사로잡는다. 메뉴가 재밌다.

봄 낙지, 쭈꾸미, 미나리회무침
여름 운저리 회무침 보리밥
가을 전어회 회무침 보리밥
겨울 숭어회 회무침 보리밥

계절별 히트상품이다. 낙지, 쭈꾸미, 운저리, 전어, 그리고 숭어. 이 지역 대표 수산물이나 다름없다. 보리밥은 옵션이다. 보리밥이 싫으면 흰밥을 원하면 된다.

발길이 자연스레 식당으로 향한다. 식당에 발을 들여놓자마자 "한참 기다려야 하는데요." 주인장이 말한다. 바쁘니까 더 이상 손님을 원하지 않는 눈치다. 시골이라 여주인장 혼자 주방장이면서 안내와 홀 서비스까지 모든 것을 도맡아 하니 벅찬 것은 당연지사. 안되겠다 싶어 택시 전화번호를 부탁했다. 친절하게 벽에 있는 메모지를 알려준다.

세월이 빠르다. 5월인데 벌써 운저리 회무침이다. 운저리는 전라도 말이다. 망둥어를 말한다. 스마트폰에서 운저리를 치면 바로 이곳의 회무침이 동영상으로 나온다. 산지의 이름만으로도 그 맛을 보장하는 명품의 비밀.

'집 나간 며느리가 전어 굽는 냄새 맡고 돌아온다.'는 말로 가을은 시작된다. 남파랑길 광양 구간의 망덕포구에서는 전어축제가 열린다(조유향). 망덕포구 외에도 『바다 맛 기행』에서 보면 인천 소래포구, 김포 전류리, 서천 홍원항, 보성 율포, 마산 어시장, 부산 명지어시장 등이 있다. 남해는 물론 서해를 아우르는 생선이 전어다. 전어구이, 전어무침, 전어회, 전어물회, 전어찜, 전어밤젓 등 전어는 어떻게 먹어도 맛있다. 가을이면 전어를 사다가 냉동실에 몇 마리 정도는 얼려두었다가 가을이 그리울 때 꺼내 먹는다.

2023년 1월 14-15일, 2일간 해제면 소재지에서 숭어축제가 열렸다. 올해로 6회째지만 알아주는 축제가 되었다. 담백한 맛과 씹히는 맛이 진미인 숭어는 11월~1월이 제철로 이때 숭어 맛이 별미기 때문에 겨울에 축제를 연다.

숭어는 민물과 바닷물이 만나는 내만의 염분 함량이 낮은 곳에 서식하며, 대부분이 자연산이나 일부 양식이 되고 있다. 농어목의 숭어과에 속하는 것은 숭어, 알숭어, 등줄숭어, 가숭어로 나누어지며, 밀치는 가숭어의 경상도 사투리. 영양이 부족한 사람에게 좋은 식품으로 비타민 B1, B2가 많이 함유되어 세포의 재생 및 노화방지에 효능이 있는 것으로 알려지고 있다. 『동의보감』에 숭어를 먹으면 위가 편하고 오장을 다스린다고 할 정도로 우리 몸에 좋다. 특히 천혜의 갯벌에 서식하는 무안산 자연 숭어회는 겨울철 진미라 할 수 있다(무안군).

진도 토박이 곽의진 작가가 말하는 숭어는 이렇다.

숭어는 은빛 비늘을 갖고 있는데 눈과 입이 작고 의심이 많아 건드리기만 해도 팔짝 뛰어오르거나 온몸을 털어내는 성질이 있다. 쉽게 죽지 않아 신선도가 오래 간다. 숭어 알도 고급 진상품이지만 매운탕을 끊이지는 않는다. 숭어는 해제뿐만 아니라 녹진 진도 앞바다에 가득 들어있다고 할 정도로 그 수량이 풍족했다.

등 부분은 회청색이며 배 부분은 은백색으로 비늘이 단단하고 눈이 흐릿해 보이는 것이 특징이다. 눈으로 신선함을 가리는데 숭어는 예외다. 신안군 청정해역에서 잡히는 숭어는 감미가 있고 영양 있는 갯벌에서 자라 맛이 담백하다(신안군). 이는 숭어가 뻘을 먹어 유기물을 체내로 흡수하고, 뻘은 다시 체외로 배출되는데, 이때에 중요한 역할을 하는 것이 위의 말단에 주판알처럼 생긴 단단한 덩어리로 숭어 배꼽이라고 한다. 순환기계통 성인병인 동맥경화, 뇌졸중을 예방하고 머리를 좋게 하며, 칼슘 흡수율 향상과 세포활성화에 도움을 준다.

장재마을, 낙지 산란장(둥근 검정망)

24코스 무안군

봉오제 버스정류장- 홀통유원지- 물암리버스정류장- 매당노인회관 / 20.8km

가입리 명당엔 누가

물암버스정류장을 기점으로, 하루는 매당노인회관 방향으로, 또 하루는 봉오제 방향으로 걷기로 했다. 거리가 부담스럽기도 하고, 날씨도 덥고, 행정구역도 현경면과 해제면으로 교통이 애매하여.

물암마을회관에서 시작해서 가입리마을 표시석 앞으로 나왔다. 헌데 2차선 도로를 걸어야 하는 무담감이 너무 컸다. 걷다가 엄두가 나지 않아 되돌아가기로 했다. 물암리 버스정류장으로 가서 홀통해변까지 자동차로 가기로 한 것이다.

돌아가던 중 도로가에서 '망암望庵 변이중邊以中 1546-1611 선생 묘' 육중한 석비가 먼저 눈길을 사로잡았다. 누구신데 이렇게 멋진 석비가?, 하며 둘러보았다. 산 밑에 돌담으로 둘러싸인 파란 잔디 마당이 예사롭지 않다. 무안군 현경면 가입리 산 44-5^{가입길 17-11}.

그가 출생하고 성장하면서 학문을 연마했고 별세한 장성에 있지 않고 고향에서 50km나 떨어진 이곳에 있는 이유는 그가 전라도 소모어사를 하면서 봐뒀던 명당이라는 것이다. 내가 죽으면 이곳에 묻어 달라고 유언을 했었다는 것이다. 66세에 여생을 마친 망암 선생은 장성에 안장됐다가 몇 해 후 아들에 의해 화해롱주花蟹弄珠, '게가 구슬을 희롱하는 명당'으로 알려진 이곳에 안장되었다.

변이중 선생은 조선 중기의 문신이자 군인으로 임진왜란 당시 의병을 모집하는 소모어사로 활동하였다. 선조 26년[1593]에 자신이 쓴 『총통화전도설銃筒火箭圖說』과 『화차도설火車圖說』 내용에 따라 왜군의 조총을 능가하는 무기를 구상하여 화차 300량을 제작하였다. 화차는 튼튼한 나무로 제작하였으며, 4면에 40개의 총구를 만들어 40발을 동시에 쏠 수 있었다.

변이중 화거는 지금 행주산 전투에 참가한 전라 소모사召募使 변이중이 창안해 낸 괴상한 무기로, 두 개의 바퀴 달린 수레 위에 쇠가죽으로 단단히 감싼 가마 같은 궤짝을 부착시켜 층층으로 40개의 총구멍에 승자총을 넣고 발사하는 무기였다.

-「서산」 일부분

임진왜란 중 3대 발명품의 하나로 권율權慄 1537~1599에게 40대를 배편으로 경기도 고양 행주산성에 보내 분투하고 있던 행주대첩을 승리하는데 힘을 보냈다(두산백과). 해전에서도 사용하였다고 한다. 이후 그는 조동사가 되어 양천산에 주둔해 있을 때 묘책을 써서 외적을 물리치는 등 수차 전공을 세웠으며, 군량미 수십만 석을 조달해 중국진에 보내주기도 했다.

선조 28년[1596] 부호군, 선조 32년[1599] 선산 부사, 선조 33년[1600] 성균관 전적, 선조 34년[1601] 비변사 낭청, 1603년 함안군수로 부임하여 1605년 사직하고 고향 장성으로 돌아가 여생을 마쳤다. 이이와 성혼의 학통을 이어받아 성리학과 경학에 밝았으며, 군사전략에도 밝아 임진왜란·정유재란 때 큰 공을 세웠다.

장성군 장성읍에 있는 '변이중유물전시관邊以中遺物展示館'에는 변이중 선생의 유품과 소장품 총 132점이 전시되어 있다. 화차 3종, 총통 14종, 화살 11종, 신기전 6종, 포통 8종 등이 진열되어 있다.

변이중 선생의 위패는 1989년 문을 연 장성 봉암서원에 모셔져 있다. 저서에 『망암집望庵集』이 있다.

홀통해변 풍경

힐링의 바다 홀통유원지

툭 터진 바다가 시원하다. 홀통해변이다. 오랜만에 맡아보는 진짜 바다 냄새다. 짭짤한 맛. 톱머리해변에서도 느껴보지 못한 바다를 홀통해변에서 느낀다.

'바다'라는 단어에서는 푸른빛과 하얗게 부서지는 파도소리, 코끝을 자극하는 싱그러움, 시원하게 불어오는 소금기 밴 바닷바람, 발가락 사이로 비집고 들어오는 고운 모래의 한적함을 느낄 수 있다. 이는 바쁜 일상에서 휴식을 취하고 싶은 현대인들을 바다로 이끌게 한다. 낭만으로 가득 찬 바다는 늘 우리 가까이에 있는 친숙한 자연으로 그 자체만으로도 힐링이 된다.

'즐기는 홀, 감성의 통'이라는 홀통은 호리병처럼 삐죽하게 튀어나온 땅이라고 해서 붙여진 이름이다. 바닷물이 빠지면 끝이 보이지 않을 정도로 드넓은 서해안의 갯벌이 섞이지 않은 고운 파란 바다색. 모래도 하얗고. 먹이가 많아서인지 새들의 보금자리다. 홀통해변이 천혜의 자연발생적 유원지라 홀통유원지라 불리기도 한다. 울창한 해송 숲이 우거진 3km 길이의 해변 긴 백사장이 볼만하다.

아직 해수욕을 즐길 시기는 아니지만, 삼삼오오 모여서 고기파티를 하는

홀통해변

사람들이 있는가 하면, 해변을 걷는 연인들과 가족들, 그리고 사색을 즐기는 사람들. 꽤나 많다. 해수욕은 물론 야영도 가능하다. 홀통캠핑장이 기다린다.

낚시가 취미라면 당연히 바다낚시에 합세해야지. 해수찜도 즐길 수 있는 곳이다. 여름에는 피서지로 각광을 받을 만하다. 캠핑장에서 5분만 걸어 올라가면 육지의 꼭지점, 바다가 사방에서 너울거린다. 횟집도 찾는 이들을 기다린다.

수심이 낮고 파도가 잔잔하여 해양 스포츠의 꽃이라 불리는 윈드서핑의 최적지로 널리 알려져 있다. 매년 전국단위 윈드서핑 대회를 개최하고 있다.

시대가 흐를수록 바다가 주는 풍요로움은 우리의 삶을 변하게 하였다. 바다에서 해수욕을 하고 바캉스를 즐기며 삶의 피로를 푸는 것이 일반화되었다. 또한 다양한 해양 레저를 통한 적극적인 여가생활은 삶을 윤택하게 만들어 주었다. 바다에서의 힐링은 특정부류만을 위한 것이 아닌 바다를 사랑하는 사람이라면 누구나 누릴 수 있는 혜택이 되었다. 『바다와 장난감』에서는 바다에서 재미나게 놀 수 있는 많은 이야기가 호기심을 자극한다.

모래 위 희미한 발자국. 누군가 앞서 간 사람의 발자취가 남겨져 있다. 규칙적인 발자국이 서해랑길을 걸은 자의 발자국처럼 느껴진다. 서해랑길 화살표가 바다를 향해 있는 것이 아닌가. 몇 번 확인하고 바닷가 모래해변으로 내려가 나도 발자국을 따라 걸었다. 해변의 모래를 밟으며 걷는다. 해변 걷기도 즐길거리의 하나다. 이참에 서해랑길 따라 걸어보자.

신안군

25코스 —
26코스 —
27코스 —
28코스 —
29코스 —
30코스 —

상정봉에서 바라본 중도면사무소 마을

25코스 신안군

매당노인회관- 큰부수막들방조제- 해제·지도 연육교- 봉황산임도- 지도 신안 젓갈타운 / 16.7km

방죽방죽 이어지는 삶

매당마을 앞으로는 온통 갯벌이다. 바닷물이 빠진 거대한 갯벌이다. 외지 사람들한테는 멋진 광경일지 몰라도 이곳 사람들한테는 일상이다. 삶터인 것이다. 곧이어 매안마을에 이른다. 매안마을도 매한가지다. 물이 빠진 바다, 갯벌천지다. 그들의 집에서 바다가 너무나 가깝다. 여기가 바다라는 것을 상기시켜준다.

담 넘어 주인장과 시선이 마주친다.

"길 걸으러 오셨구만." 말을 건넨다.

"바다가 보이는 마을에서 사셔서 좋으시겠어요." 하자, 함박웃음으로 응답한다.

"똑같은 바다라도 계속 변화하는 풍경이 지루할 틈을 주지 않거든. 아주 바빠. 시시각각 변해가는, 물때를 맞춰야 하거든."

짧게 던진 질문에 살아온 시간이 녹녹하지 않은 놀라운 삶의 이야기가 강렬하게 느껴졌다. 문득 깨달았다. 바다와 함께 살아가는 삶도 만만치 않다는 것을.

마을을 벗어나고도 해안선을 따라 방죽이 이어진다. 갯벌을 끼고 신중한 마음으로 이곳저곳을 누빈다. 붉은 황토밭으로 일궈진 밭길을 걷다가 마을을 지난다. 바다와 황토밭 사이에 위치한 이 마을들은 문명과 원시를 가르

밭과 갯벌이 대비되는 풍경, 비료를 뿌리는 아낙

는 경계선에서 전혀 다른 시간대를 살아내고 있다.

그리고 다시 해안선의 방죽을 따라가다가 황토밭으로 이어진다. 해안선이 길기도 하고 갯벌이 넓기도 하다. 황토밭도 경쟁이나 하듯이 갯벌만큼 넓다. 밭에서 깨 씨를 뿌리는 아낙과 제초제를 뿌리는 아낙도 만났다. 농사도 타이밍이 있단다. 오늘 아니면 안 된다고. 눈길도 주지 않는다. 철저한 아날로그다.

큰부수막들방조제가 길기도 하다. 이름을 모두 알 수 없지만, 하여튼 방죽과 방조제도 많고, 길고, 끊임없이 이어진다. 방조제로 막아진 해역에는 굴, 낙지, 칠게서렁게, 감태는 물론 꼬막, 대롱, 모시조개 등 각종 조개가 난다. 무안군 해제면 양월리 갯벌면허지가 별도로 있다. 갯벌지역 허가번호도 별도로 있다. 2179(2060), 2107….

명양마을, 신촌마을, 신월마을의 주민들만 이곳에서 조업할 수 있단다. 무안군청에서 맨손어업조업허가 받은 권한이 있는 부락주민만 조업할 수 있다는 것이다. 타 부락주민은 출입을 할 수도 없고 어획을 할 수도 없다.

만일 발각되면 벌금형이다.

맨손어업 작업기간은 매년 4월 1일부터 11월 31일까지 금어기간으로 정하고 있다. 어족자원 고갈문제로 인하여 어족자원을 보호하기 위한 차원이다.

낙지잡이도 국가중요어업유산이다

무안은 갯벌낙지 맨손어업이 전승되고 있다. 신안군도 마찬가지다. 국가중요어업유산제6호이기 때문이다.

국가 중요농어업유산은 세계중요농업유산* 지정 전 단계 유산을 말한다. 신안군은 천일염업2016, 무안·신안 갯벌낙지 맨손어업2018, 흑산 홍어잡이 어업 등 3건이 지정되어 있다.

갯벌낙지 맨손어업은 낙지의 생태를 파악하여 재빠르게 맨손으로 포획하는 전통 낙지잡이 어법을 말한다.

이 갯벌낙지 맨손어업은 도서 및 연안지역에서 생계유지 수단으로 이용되어 왔다. 남성은 단순한 도구인 낙지를 파는 삽 '가래'를 사용하고 여성은 유일하게 맨손으로 갯벌에 사는 낙지를 채취했다. 모두 원시적인 방식으로 토착지식이 요구된다. 어민들이 바람과 물때를 인식하고 낙지가 서식하는 갯벌의 구멍과 위치 등을 파악하는 민감한 지식이 몸으로 배어 있어야 맨손어업이 가능한 것이다. 맨손어업은 약 500년의 역사를 가지고 있다.

갯벌낙지 맨손어업의 종류는 크게 4가지로 구분한다. 첫째는 팔낙지다. 가장 오래된 전통방식의 일종인 도수徒手방식이다. 두 번째는 가래낙지다. 가래나 호미와 같은 도구로 흙을 파서 잡는 방식이다. 낙지는 야행성으로 낮에는 갯벌 속 굴속에서 지낸다. 굴은 갯벌 표면에서 30-110cm 정도 위

---
* 여기서 농업은 어업, 임업, 축산업을 모두 포함한다.

치하여 반경은 40-150cm 정도에 걸쳐 굴을 판다. 낙지가 드나드는 구멍은 한 개 이상이며 숨구멍^{부럭}도 있다. 잘 파악해서 파야 한다. 세 번째는 묻음낙지다. 낙지구멍 주위에 약간의 둔덕을 만들어 유인해서 잡는 방식이다. 위의 방식과 거의 유사하다. 네 번째가 횃불낙지. 야간에 야행성인 낙지를 불을 들고 다니며 잡는 방식이다. 야간에 무릎까지 물이 들었을 때 굴 밖으로 먹이를 먹기 위해 나온 낙지를 잡는 방식이다. 예전에는 관솔로 횃불을 만들어 물속을 비추어 낙지를 잡았다고 하는데 현재에는 손전등을 이용하여 잡는다.

낙지잡이 방식에 따른 월별 어업주기가 나누어진다. 1-2월은 휴어기에 들어간다. 3-5월과 8-12월의 총 8개월 동안 맨손어업기간이 된다. 그리고 6-7월 두 달간은 금어기간이다. 휴어기- 맨손어업기- 금어기- 맨손어업기로 순환된다.

맨손어업기간에도 아무 때나 잡는 것이 아니다. 물때에 맞춰 물이 빠져 나가는 건조시기에 갯벌의 조간대에 나가 맨손이나 가래만을 이용하여 낙지를 잡는 것이다.

낙지의 생산량은 얼마나 될까? 국내산의 65% 이상은 전남에서 생산된다. 신안군은 약 840여 어가가 낙지를 잡고 있으며 약 22만 접(한 접은 20마리). 190억 원의 수입을 얻고 있다.

그런데 낙지도 수입을 한다는 것이다. 최근 한해 낙지 소비량은 37,000여 톤이고 국내산은 6,000여 톤으로 약 74%는 '수입산'이란다. 놀라운 사실이 아닐 수 없다. 수입 낙지를 우리 갯벌에 넣어다 꺼내면 국산이 된다는 재밌는 이야기가 떠도는 것이 사실인가 보다.

섬 아닌 섬, 지도

'신안군 지도읍' 간판이 '구'지도다리^{연육교방죽} 앞에 버티고 있다. 낡아버려 색마저 희미해진 간판이지만 지역의 경계를 분명히 밝히고 있다. 이곳이 '1004의 섬' 신안군 시작점이다.

무안군 해제면에서 지도·해제 간 연육교를 지나 지도로 들어간다. 해제에서 지도로 가는 연육교 방죽에서는 항상 낚시꾼들이 붐빈다. 숭어가 잘 낚이고, 멀리 보이는 고동섬에서는 숭어는 물론 농어가 잘 잡히기 때문이다.

1975년 2월 연륙교가 이어져 신안군에서 유일하게 배를 타지 않고 갈 수 있는 곳이 되었다. 그렇지만 자동차가 한 대씩 번갈아가면서 다니는 다리였다. 하지만 2차선 도로가 2005년에 개통되면서 섬이라는 느낌이 전혀 들지 않는다.

무안반도의 최남단에 위치한 신안군 지도읍은 유인도 5개, 무인도 41개로 구성되어 있고, 해안선 총연장은 196km로 신안군의 16%에 해당될 정도다. 동쪽은 무안군 해제면, 서쪽은 신안군 임자면, 남쪽도 신안군 자은면과 압해읍에 이웃하고, 북쪽은 바다 건너 영광군 낙월면과 이웃한다. 목포에서 66km 떨어진 지점^{동경 35°08"}이다.

무안반도의 최남단 해안지방으로 패총 유물로 볼 때 신석기시대부터 사람이 살아왔으나 智島라는 지명이 문헌상에 처음 나타나는 것은 『신증동국여지승람』 권35 나주목 유천조이다(신안군). 섬의 지형이 '지^智'자 모양으로 생겼다고 하여 지도^{智島}라 부르게 되었다.

신안군도를 구성하는 커다란 섬들 가운데 『고려사』에 기록되지 않은 것은 고려 창건과정에서 후백제적 경향이 강했던 것으로 보인다. 이는 고려시대에 영광군으로 이속되었던 것이 이를 반증한다. 그러나 조선시대에 와서 군사적 요충지로 인식되어 1682년^{숙종8}에 지도진이 설치되었다.

역사적인 문화유적으로는 조선 고종 당시 1896년에 이루어진 행정개편으로 지도진이 폐지되고, 지도군이 새로 설치되면서 '1군 1향교 건립' 원칙에 의하여 1898년에 창설된 지도향교가 있다. 읍내리 선창에서 약간 떨어진 곳에 무려 27개의 비석이 나란히 서 있는 비석거리가 또한 볼거리이다.

국권침탈로 지도군이 폐지되고 지도면이 되면서 무안군에 예속되기까지 17년 동안 군세를 떨쳤는데 현재는 신안군에 속하여 지난 1980년 읍으로 승격되었다. 임자도와 증도와도 다리로 연결되어 교통이 원활하며, 또한 교육의 중심지이기도 하다.

지도의 특산물로는 미질이 좋은 간척지 '어머니 고향쌀'이 유명하다. 이런 말을 쓰자니 내가 지도의 홍보대사가 된 기분이다.

봉황산임도

동천마을을 지나서 봉황산임도를 들어선다. 봉황산鳳凰山은 신안군 지도읍 자동리에 있는 나지막한 산165.5m이다. 신안군 남부에는 봉황산이, 북부에는 삼암봉196m이 아우른다.

호젓하면서도 숲 속 편편한 길이 봉황산임도다. 임도는 언제나 편안하며 조용하고 아늑하다. 주위가 조용해지자 들리지 않던 소리들이 스며든다. 벌레의 울음소리, 새 우는 소리도 비로소 들린다. 샛길 주변에는 꽃이 지천으로 피었다. 파란 나비 한 마리가 느리게 날아가며 시야를 넓힌다. 바야흐로 봄이라고 꽃들이 향기를 마구 날린다. 꽃향기에 홀려 임도가 길게 이어지길 바랄뿐이다.

황사주의보에도 불구하고 임도에는 청량한 바람이 분다. 하지만 멀리 보이는 마을 쪽에는 황사가 한바탕 심하게 몰아치는 것이 보인다. 뿌연 먼지

바람이 일더니 회오리바람으로 휩싸인다. 임도까지는 그 영향이 깊지 않을 듯하다. 오히려 바닷바람이 부드럽고 시원했다.

봉황산은 나지막한 동네 뒷산 격이지만 드넓은 들판을 아스라이 거느렸고 썰물 때면 갯벌이, 밀물 때면 고깃배가 산 밑까지 들어온다. 임도에서 내려다보이는 들판이 반듯반듯하고 정갈하다. 초록빛으로 뒤덮인 들판이 유채꽃과 어우러져 생기가 넘친다. 들판과 바다와 갯벌이 어우러진 기름진 땅이 이런 곳이 아닌가 싶다.

신안젓갈타운의 젓갈 풍경

신안군 25코스의 마지막 포인트, 신안젓갈타운이다. 2015년에 설립된 신안젓갈타운을 처음 와본다. 느긋하게 시간을 내서 젓갈을 구경한다.

신안젓갈타운의 첫인상이 남다르다. 전국 최대의 젓갈 시장 강경은 강경읍내 황산리와 대흥리, 염천리에 걸쳐 자연발생적으로 젓갈 동네가 형성되었다면, 신안의 젓갈타운은 인위적으로 만들어진 젓갈시장이다. 빌딩 하나가 젓갈시장인 셈이다. 그런대로 구경거리를 자아낸다. 가게 밖에 내놓은 젓갈 통들이 크고, 그 속에 담겨진 내용물도 큰 생선이거나 다소 특이한 것들이다. 새우젓 상인들은 신안 바다에서 잡은 새우를 토굴 속에 보관했다가 내놓는다. 젓새우는 전국 생산량의 85% 이상이 생산되어 전국으로 유통된다(신안군지). 신안젓갈타운에서 취급하는 젓갈은 김장용젓갈로 새우젓과 멸치젓이 주 품목이다. 당연히 젓갈 통이 크기 마련이다.

『날 것과 요리된 것』의 저자인 프랑스 인류학자 클로드 레비스트로스는 동양 3국의 음식에 대해 '중국 음식은 불 맛, 일본 음식은 칼 맛, 한국 음식은 발효의 삭힌 맛'이라고 표현했다. 신안 음식으로 '멸치젓, 새우젓, 낙지죽, 홍어어시욱, 인동초 막걸리'라고 정난희 교수는 「풍부한 자연과 넉넉한

신안젓갈타운, 전시된 젓갈들

인심이 낳은 남도음식」에서 적고 있다. 발효 음식이 많다.

반찬용 젓갈로는 어류 젓갈을 비롯하여 양념젓갈 10여 종류에 그친다. 갈치속젓, 낙지젓, 견과류젓, 황석어젓, 밴댕이젓, 명란젓, 토하젓, 창란젓, 오징어젓, 조개젓이다. 어느 집이나 마찬가지다. 그리 다양하지 않다. 강지영 젓갈 소믈리에는 매가리젓, 전어밤젓, 주둥치젓, 빙어젓, 진석화젓, 대구모젓 등이 우리의 식탁에서 찾기 힘들어졌다고 지적했다. 특정 지역에서는 조금씩 명맥을 이어가지만 옛날의 그 맛이 아닌 현실이 아쉽다.

신안젓갈타운에서는 건어물까지 취급한다. 민어, 농어, 병어, 돔, 감성돔, 갈치, 갑오징어, 우럭, 박대, 서대, 홍어, 장대, 생대구, 깡다리, 가오리 등등.

한 가게에서는 젓갈을 그릇에 담아 포장하고 있다. 궁금해서 물어보았는데 '토하젓'이라고 한다. 그런데 내가 먹어봤던 토하젓과는 모양부터 달랐다. 어부가 잡아서 삭인 토하민물새우를 가져다 양념하여 새우 모습이 전혀 보이지 않았다. 그러나 새우껍데기가 씹히는 맛이 제법 괜찮다. 새우의 향과 맛이 떨어지지 않고 감칠맛이 좋다. 민물새우인 토하를 소금에 절여 담근 젓갈로, 전라도에서는 예로부터 구강질환을 치료하는 음식으로 쓰이기도 했으며, 소화에도 도움이 돼 '소화젓'으로 불리기도 하였다. 이것저것 먹어보고 물어보고 하였다.

"젓갈 장사가 좀 되나요?" 직설적으로 물었다.

"그럼요 전국에서 주문이 많아요. 한번 산 사람은 다시 주문하죠."

젓갈의 수요가 꽤 많다고 귀띔한다. 젓갈타운에 사람들이 보이지 않아 걱정했는데, 다행이다. 온라인 판매가 대세인 요즈음, 사람의 물결로는 가름할 수 없는 것들이 너무 많다.

젓갈통 사이에 하얀 통이 보인다. '함초소금'이라고 적혀 있다. 이것은 받아다 판다며 만병통치약 함초소금의 가치를 설명한다. 미네랄과 칼슘, 철, 칼륨의 영양 덩어리라는 것이다. 이번에는 자신이 직접 만든 황석어젓도 먹어보라고 주고 요즘에 뜨는 견과류 젓갈을 수저에 얹어 입에 넣어준다. 밥이 있으면 한 그릇 뚝딱 먹어치울 만하다.

이케·신케지메 전문점도 있다. 이케지메란? 살아 있는 활어를 즉살 시킨다는 뜻으로 송곳이나 칼로 목을 쳐 척추를 끊거나 머리를 송곳으로 찔러 뇌를 파괴시키는 행위다. 신케지메는 신경을 제거하는 뜻으로 생선이 죽었을 때 생기는 사후경직의 속도를 최대한 줄여 생선의 신선도 및 생선 육질의 탄력 감소를 지연시킨다. 이는 생선의 육질과 식감은 물론 숙성 시 생선의 살을 안정된 상태로 만들어 주며 살에서 올라오는 기름과 감칠맛, 그리고 풍미를 올려주며 맛을 깔끔하게 한다는 것이다.

젓갈을 구입할 절호의 기회를 잡았다. 해서 집에 와서 배추겉절이를 했다. 살짝 데친 배추에다 송송 썬 부추를 넣고, 소금 몇 알, 황새기 젓갈 조금, 마늘과 고춧가루를 넣은 뒤 살망살망 무친다. 발갛게 무친 겉절이에다 참기름과 깨소금을 약간씩 넣어 다시 무치곤 한 가닥을 들어 입에 넣어본다. 정말 맛있다.

26코스 신안군

신안젓갈타운- 지도대교- 증도대교- 태평염전 / **14.6km**

슬로시티 증도

신안젓갈타운에서 출발하면 곧바로 송도교를 건넌다. 그리고 지도대교사옥대교를 건너고 증도대교도 건넌다. 2010년 3월 증도와 사옥도를 잇는 증도대교가 개통되었기 때문이다(두루누비). 덕분에 이제는 배를 타지 않고 자동차로 섬에 닿는다. 증도를 육지로 이어준 다리가 시원하게 갯벌을 내려다보게 한다.

슬로시티 증도로 들어섰다. 언젠가는 꼭 가봐야 할 것 같은 애틋함이 묻어나는 섬이다. 첫 건물, 자그마한 증도관광안내소에 먼저 들렸다. 이것저것 자료를 집어 들었다.

"서해랑길 걷는 사람 많은가요?" 물었다.

"많지요. 아주 많이들 오십니다." 중년의 문화해설사가 정중하게 설명한다. 책자는 여분이 없다하여 서로가 아쉬워했다.

'슬로시티 보물찾기 호핑투어' 안내판에는 유네스코생물권보전지역, 갯벌습지보호지역, 람사르습지와 갯벌도립공원이 적혀 있다. 증도 어디에나 4관왕이 따라다닌다.

이외에도 자전거투어, 짱뚱어다리 등등 많은 단어들이 길 위 간판에 빼곡히 적혀 있다. 유혹하는 방법도 가지가지다. 흥미로운 공간, 머무르고 싶은 공간 등이 마음을 설레게 한다. 이제부터 걸으면서 시원한 공기를 마시고, 청정갯벌을 느끼고, 자연을 느리게 보고, 천천히 걸으면서 즐거운 체험을 해보자며 혼자서 좋아한다. 은밀한 즐거움을 만끽하자.

천혜의 자연경관으로 2007년 아시아 최초 슬로시티로 지정된 섬이 증도다. 느려서 행복한 섬이다. 간척지로 생긴 염전과 농지가 조화 있게 펼쳐져 있다. 먼저 슬로시티 증도부터 배운다.

슬로시티는 '유유자적한 도시, 풍요로운 마을'이라는 뜻의 이탈리아어 치타슬로cittaslow의 영어식 표현이다. 1986년 패스트푸드즉석식에 반대해 시작된 슬로푸드여유식 운동의 정신을 삶으로 확대한 개념이다. 전통과 자연생태를 슬기롭게 보전하면서 느림의 미학을 기반으로 인류의 지속적인 발전과 진화를 추구해 나가는 도시라는 뜻이다. 공해 없는 자연에서 전통문화와 자연을 잘 보호하면서 자유로운 옛 농경시대로 돌아가자는 '느림의 삶'을 추구하려는 국제운동이다.

이 운동은 이탈리아의 작은 도시 그레베 인 키안티Greve in Chiantti의 시장으로 재직 중이던 파울로 사투르니니가 마을 사람들과 같이 세계를 향해 '느리게 살자'고 호소하면서부터 유럽 곳곳에서 확산되기 시작했다. 그때가 2002년. 그러니까 지금으로부터 약 20여 년 전이다.

독일의 첫 슬로시티인 헤르스브루크Hersbruck는 독일 남부에 위치한 작은 도시다. 다른 도시에서 쉽게 볼 수 있는 대형마트, 패스트푸드식당, 자판기 등을 볼 수 없다. 일주일에 두 번 열리는 장터에서 판매되는 모든 육류와 채소류는 유기농 지역생산물이다. 이 지역 식당들은 생산과 조리과정에서도 친환경방식을 선택한 슬로푸드를 제공한다. 이곳 아동과 청소년들에게 최고의 인기는 '미니 주방'이라 불리는 '슬로푸드 수업'이다.

먹거리에서 시작된 '느림'의 실천은 주민들의 삶의 방식으로 이어진다. 건강한 삶을 위한 전신운동인 노르딕워킹Nordic walking 등 슬로라이프 물결은 헤르스브루크를 더 건강하고 행복하게 만들고 있다. 슬로라이프는 주민들이 제대로 살 수 있도록 정신없는 일상생활에 제동을 건다. 돈을 버는 것도 중요하지만, 지나쳐서는 안 된다는 것이다. 열심히 일하는 것처럼 편안함과 휴식도 삶의 일부라는 것을 명심해야 한다.

증도 외에도 우리나라에서는 담양군 창평면, 완도군 청산도, 장흥군 유치면이 지정된 후, 2009년도 경상남도 하동군 악양면과 2010년 충남 예산군 대흥면과 경기도 남양주시 조안면, 그리고 전주 한옥마을이 지정되었다. 지속적으로 김해시(봉하마을, 화포천습지생태공원), 충남 태안군(소원면)·서천군(한산면), 경북 상주시(함창읍, 이안면, 공검면)·청송군(부동면, 파천면)·영양군(석보면), 충북 제천시(수산면), 강원 영월군(김삿갓면), 전남 목포 등이 지정되었다(naver.com).

이들 슬로시티는 도시와 주변 환경을 고려한 환경정책 실시, 유기농 식품의 생산과 소비, 전통 음식과 문화 보존 등의 조건을 충족해야 한다. 구체적 사항으로는 친환경적 에너지 개발, 차량 통행 제한 및 자전거 이용, 나무 심기, 패스트푸드 추방 등의 실천이라는 가입 조건이 맞아야 한다.

증도면은 면적 33.66㎢, 18개 마을에 2,000여 명의 주민이 거주하고 있다. 본섬인 증도를 비롯하여 화도, 병풍도, 대기점도, 소기점도, 소악도 등 6개의 유인도와 93개의 무인도로 이루어져 있다(신안군). 1980년대 이전에는 농업에 종사하는 인구가 대부분이었지만, 어업에 종사하는 인구가 점차 증가하여 26%의 가구가 어업에 종사한다(두루누비).

유일한 석조 소금창고의 변신은 무죄

모든 생명의 시작은 바다에서 시작되었다.
모든 생명이 탄생하는 어미의 양수는 바닷물과 비슷한 성분을 가진다. 이러한 성분이 부족하면 생명체는 안전하게 자랄 수 없다. 또한 이 모든 것은 천일염의 미네랄 구성비와 유사한 형태를 가진다. 모든 생물들은 바다를 기억하고 있다. -소금박물관

　태평염전 초입에 소금박물관이 있다. 증도 버지선착장에서 증도면 소재지로 들어가는 길목에 세워져 있다. 근대문화유산으로 등록된 소금창고이다.
　1953년에 척방산업㈜이 염전 조성 시 건립한 이 창고는 결정지 토판에서 소금을 운반하여 출고 전 소금 적재 및 보관창고로 사용되었다(신안군·신안문화원). 현재 남한에서 유일하게 원형이 잘 남아 있는 석조 소금창고로 내부를 리모델링하여 2007년 소금박물관으로 재탄생되었다.
　증도의 소금하면 140만 평의 국내 최대를 자랑하는 태평염전이다. 태평

소금박물관 내 갤러리

염전㈜태평소금에서는 신안 천일염의 우수성을 널리 알리고, 염전체험을 통해 소금에 대한 올바른 이해를 돕고자 소금박물관을 건립한 것이다.

사진이 예쁘게 나온다는 입소문이 나서 카메라를 든 여행자들이 많이 찾아온다. 이참에 소금박물관에 들려 소금에 관한 짭짤한 지식을 빠짐없이 챙기자.

소금박물관에는 소금의 인류학적 측면부터 소금에 대한 역사와 종류, 활용 및 사건 등 흥미로운 이야기가 가득하다. 또한 태평염전 사람들의 일상과 천일염이 만들어지는 과정을 한눈에 살펴볼 수 있다. 호리마리코Mariko Hori 작가의 '땀, 눈물, 또는 바다'와 마루야마 준코Junko Maruyama 작가의 '이어진 풍경들'이란 작품전시도 인상적이었다.

소금에 관한 이야기는 무궁무진하다.『로마인 이야기』에 따르면 기원전 8세기 전반의 건국 초기부터 로마에 길은 있었는데 소금을 운반하기 위해 만들어진 길인 소금길, '살라리아 가도Via Salaria'가 그것이다. 테베레 강 어귀에서 생산된 소금을 자루에 넣어 작은 배에 싣고 테베레 강을 거슬러 올라가 로마에 하역한다. 로마에서는 소금 자루를 당나귀 등에 싣고 소금길을 지나 내륙으로 들어가서 이탈리아 반도의 산간지방에 사는 사람들에게 팔았다.

동서양을 막론하고 소금이 귀하게 대접받던 때가 있었다. 소금은 세상에서 가장 필요한 상품으로 국가 전매품이 되었으며, 16세기 이탈리아에서는 금보다 비싼 사치품이어서 '하얀 황금'으로 불렸다. 로마의 정치가 카시오도루스는 '금을 구하지 않는 사람은 있어도 모든 음식에 맛을 내는 소금을 구하지 않는 이는 없다'라는 명언을 남기기도 했다. 성경에서 '세상에 꼭 필요한 존재'를 소금으로 표현한 것도 우연이 아니다.

소금이 귀한 만큼 그 값어치도 상상을 초월한다. 당대 말기 백거이의 풍자시 「소금장수 아내鹽商婦」에서 당시 세태를 엿볼 수 있다.

> 소금장수 아내는 금과 비단이 많아
> 밭농사나 양잠과 길쌈도 필요 없다네.
> 동서남북 어디에나 집이 있어
> 바람과 물을 고향 삼고 배가 집이라.
> 본시 양주의 가난한 집 딸인데
> 서강의 큰 장사치에게 시집갔네.
> 매일 좋은 밥에 일 년 내내 좋은 옷

태평염생식물원

소금박물관 옆 염생식물원도 둘러보자. 유네스코 생물다양성 보전지역과 람사르습지로 지정된 태평염전 갯벌습지에 만들어진 국내 최고의 염생식물원이다. 태평염전 소금밭 11만㎡ 넓이의 염전 습지에 조성된 염생식물원에서는 자연갯벌에 자생하고 있는 갖가지 염생식물 군락지를 관찰할 수 있다.

7분이 소요되는 '생태천국길'을 걸어본다. 약 220m의 생태천국길인 탐방로를 따라가면 염생식물 뿐만 아니라, 짱뚱어, 칠게, 방게, 고동 등 갖가지 갯벌 생물들

생태천국 염생식물원, 7분의 생태천국길

도 아주 가까이에서 관찰할 수 있다.

썰물로 차츰 넓게 드러나고 있는 뻘밭갯벌에 작고 새빨간 꽃들이 무수히 피어나 있다. 그런데 그 꽃들은 이리저리 움직이는 게 많았다. 그건 제 몸집만큼 큰 농게의 한쪽 집게다리였다. 다른 몸 색깔은 뻘하고 흡사해 잘 눈에 띄지 않고 새빨간 집게다리만 도드라져 보이는 것이다. 밀물 진 동안 집에 갇혀 있던 게들은 썰물이 되자 부지런히 밖으로 나오고 있는 참이었다. 뻘밭에는 물이 실려 있는 작은 구멍들이 수없이 많았다. 그건 게들의 집이다. 그럼 염생식물은? 신안 갯벌박물관에 가면 자세히 알 수 있다.

먼저 갯벌식물부터 알아야 한다. 갯벌에서 태양에너지를 이용하여 유기물을 만드는 1차 생산자를 갯벌식물이라 한다. 고조선高潮線이나 그보다 더 높은 장소에 번식하는 염생식물과 조간대를 중심으로 번식하는 대형 해조류, 모래나 펄 바닥 표면에 착생하는 미세조류, 그리고 만조 때 갯벌 위 표염 환경에 존재하는 식물플랑크톤이 식물류에 속한다.

염생식물은 갯벌에서 육지 가까운 쪽, 소금기가 있는 땅에서 사는 식물을 가리킨다. 즉 염분이 많은 곳에서 자라는 식물이다. 대부분의 식물은 바다와 육지가 만나는 갯벌 등에서는 염분이 많아 살기가 어려운데 이런 곳의 높은 염분에도 불구하고 꿋꿋이 자라는 식물들이 바로 염생식물이다. 주로 해변이나 해안 사구, 내륙의 염지鹽地 등에 서식하는 육상 고등식물을 말한다.

'갯벌박물관' 자료에 따르면 우리나라에서 생육하는 염생식물은 총 16과 40여 종이 보고되었다. 특히 서남해안 갯벌의 상부 지역에 그 군락이 잘 발달하여 있다는 것이다.

우리가 알고 있는 함초퉁퉁마디뿐만 아니다. 나문재, 칠면초, 해홍나물 등 수많은 군락이 색색이 어우러져 있는 모습과, 환경이 오염된 곳에서는 자랄 수 없는 띠삐비가 흐드러지게 물결치는 모습도 볼 수 있다.

천일염을 찾아 떠나는 여행은 증도로

이번에는 '건강한 7분 산책길'을 올라가보자. 소금밭 전망대다. 우리나라 최대의 소금 생산지 등록문화재360호 태평염전이 내려다보인다. 수평선 넘어 끝이 보이지 않는다. 마치 넓은 대지 위를 바둑판 모양으로 나누어 놓은 듯 광활하게 펼쳐진 소금밭이 장관이다. 전망대에서 보기만 해야 한다. 서해랑길 걷다 보면, '사진 촬영금지' 팻말이 여기저기 놓여 있다. 많은 사람들이 사진촬영을 위해 염전으로 들어가는 것을 막는 것이겠다.

전국 단일 염전으로는 462만㎡260ha이라는 최대의 크기로 국내 최대의 생산량, 연간 1만 6천여 톤의 천일염을 생산하기도 했다. 최근 연간 4,000톤씩 생산하는 최고품질의 소금이라고 한다.

한국전쟁 이후 피난민 구제와 국내 소금 생산 증대를 목적으로 건립하였다. 1953년 물이 빠지면 징검다리로 건너다니던 전증도와 후증도 사이 갯벌에 둑을 쌓아 간척지에 염전을 조성했다. 동서방향으로 긴 장방형의 1공구가 북쪽에, 2공구가 남쪽에, 남북방향으로 3공구가 조성되어 있다. 염전 영역에는 목조 소금창고, 석조 소금창고, 염부사, 목욕탕 등의 건축물이 있었다. '신안 갯벌박물관' 자료에 따르면 1950년대 소금이 부족할 때 이곳 염전이 국가의 소금 자급자족에 큰 기여를 하였다.

소금은 인류에게 없어서는 안 되는 귀중한 자원이다. 암염을 채굴하여 소금을 직접 얻거나, 바닷물을 끓이거나 햇볕에 말려 소금을 생산해 왔다. 우리나라는 오랫동안 바닷물을 끓여 만든 자염을 통해 소금을 얻었는데 20세기 초부터 천일염이 확대 보급되었다(신안군).

'태평염전은 3월 28일부터 2023년도 천일염을 생산합니다.'는 플래카드가 소금박물관 입구에 붙어 있다. 천일염 생산은 3월 시작하여 10월에 완성된다.

　보통 바닷물에서 소금이 만들어지기까지 약 25일이 소요된다. 우선 바닥이 갯벌 형태인 증발지에 바닷물을 가두어 염도가 18퍼밀로 높아질 때까지 정장한다. 이후 바둑판같은 염전 결정지에 1-2일 만에 소금 염도 25퍼밀 이상 되면 소금결정이 만들어진다. 천일염은 염전 바닥이 바닥재가 있는 경우와 갯벌을 다져서 만드는 토판염으로 크게 구분된다. 토판염이 가장 자연 상태에서 생산되는 소금이며 제조과정이 까다롭고 생산량이 많지 않아 상대적으로 비싼 편이다.

　소금은 염화나트륨^{Nacl}이 주성분이다. 끓여 만든 정제염의 경우 99% 이상이 Nacl인 반면, 신안 천일염은 바닷물을 자연 상태에서 증발시켜 만들기 때문에 염화나트륨이 약 82%로 낮은 편이다. 대신에 칼슘, 칼륨, 마그네슘 등 다른 미네랄이 많이 포함되었다. 미네랄이 풍부한 신안 천일염. 이거 아니면 안 된다는 생각이 든다.

　증도는 소금뿐만 아니다.

　증도는 4면이 바다이므로 염전이 많다. 그래서 특산물은 우선 소금을 들 수 있고 해태양식도 잘된다. 또한, 주변에서 잡은 생선은 오염되지 않은 청정해역에서 나는 관계로 생선회 맛으로는 일품이다.

27코스 신안군
태평염전- 증도갯벌생태공원- 짱뚱어다리- 증도면사무소 / 14.3km

신안 증도 갯벌도립공원의 노두길

너른 갯벌이 끝이 보이지 않는다. '1004 신안 증도 갯벌도립공원' 표시석이 수문장처럼 갯벌을 지킨다. 2010년 1월에 지정된 증도 갯벌습지 보호지역, 호도마을이다. 증도면 일원 31.3㎢에 해당된다. 엄격히 관리되고 있다.

이곳은 갯벌습지보호지역으로 수산자원 조성을 위한 방류를 실시한 곳입니다. 그 누구도 어업권자의 허락 없이 무단으로 어장을 침범하여 수산생물을 포획, 채취할 수 없으며, 만약 이를 위반할 시에는 수산업법에 의하여 민, 형사상 처벌을 받게 됩니다.
-전라남도 신안군수, 증도면 전증어촌계장

갯벌습지 보호지역, 유네스코생물권보전지역, 갯벌도립공원으로 지정되어 주민 외에 함부로 들어갈 수 없다는 것이다. 갯벌의 정경이 장관이다. 이리저리 사진을 찍어본다. 사진으로 담을 수 없다. 정말 광활한 갯벌이다. 마음에 담을 수밖에. 지금도 드넓은 갯벌이 머릿속에서 살랑거린다.

시멘트도로 끝자락에 멀리 낮고 조그만 섬이 보인다. 화도다. 선화공주가 꽃을 가꾸어 섬에 꽃이 만발했다는 설화가 따르는데 해당화가 많이 피어 만조 때에는 섬이 마치 바다 위의 꽃봉오리 같이 아름답다고 해서 '화도'라는 이름을 얻었다. 화도는 면적 0.15㎢ 밖에 되지 않는 아주 조그마한

신안 증도 갯벌도립공원

섬이다.

화도는 가는 노두길 1.2km이 갯벌 사이로 이어진다. 예전 노두길은 큰 돌을 가져다가 징검다리를 만들어 사용했기 때문에 물때를 모르고 가면 갇혀버리는 일도 종종 있었다. 지금은 길을 높이고 넓혀 폭 4km의 시멘트 포장 길이 되어 차량으로 왕래가 가능하다. 썰물 때 물이 빠지면 화도로 가는 길이 나타난다.

'고맙습니다' 드라마 촬영지로도 유명한 곳이다. 2007년도에 방영된 MBC 드라마였다. 어른들을 위한 동화라고 소개될 만큼 힐링 드라마로 꼽힌다. 미혼모 엄마와 에이즈인 그의 딸과 치매에 걸린 할아버지인 미스터리 등. 충분히 자극적이고 신파스러운 요소들로 가득한 이야기가 섬 푸른도에서 전개된다. 그 푸른도가 이곳 화도다.

화도가 바다 갈라짐의 명소로 2021년도에 추천되었다(국립해양조사원).

풍경 맛집, 음식 맛집

드넓은 갯벌이 다시 펼쳐진다. 갯벌을 가로질러 다리가 길게 드리워져 있다. 일명 짱뚱어다리. 목교 따라 거닐어본다. 증도의 명물 중에 짱뚱어가 한몫하는데 그들의 보금자리가 목교 아래 자리하고 있다.

길이 472m, 폭 2m인 짱뚱어다리는 다리의 교각을 짱뚱어가 뛰어가는 영상으로 만들어서 '짱뚱어다리'라고 이름 지어졌다. 물이 빠지면 질퍽한 갯벌이 드넓게 펼쳐진다. 그러면 지구의 자연 환경을 지켜주는 다양한 갯벌 생물들이 살아서 움직이는 짱뚱어는 물론 농게, 칠게, 갯지렁이, 조개 등 자연생태를 눈으로 보고 직접 체험할 수 있다.

물이 들어도 목교를 거닐 수 있다. 마치 바다 위를 거니는 것 같은 느낌이 든다. 이 다리를 건너가면 우전해수욕장의 해변에 닿는다.

'신안갯벌박물관'에서 짱뚱어에 대해 유심히 살펴보았다. 청정 갯벌에서만 살 수 있다는 짱뚱어. 짱뚱어는 갯벌에 구멍을 파고 서식하는 물고기이다. 낮에는 갯벌 위로 기어 나와 펄쩍펄쩍 뛰어다닌다. 그 움직임이 매우 빨라 쉽게 잡지 못한다. 잡는 방법은 낚싯대에 매달린 낚시를 갯벌 위로 던져 눈치채지 않도록 조심스럽게 끌면서 짱뚱어가 가까이 다다르면 재빨리 낚아채 잡는다. 낚시는 갈고리처럼 4개의 바늘이 달린 형태의 것을 사용한다.

증도에는 짱뚱어탕을 파는 가게가 꽤 많다. 보통 동네에서 먹어본 맛 하고는 차이가 난다. 식당 주인에게 맛이 다르다고 칭찬하자, 다른 사람들도 그런 말을 많이 한다며 좋아한다. 짱뚱어 맛 철은 봄에서 가을까지다. 겨울에는 작기 때문에 잡지 않는단다. 한철에 잡은 짱뚱어를 일단 냉동으로 준비하였다가 사철 내내 사용한다고 주인장은 말한다.

짱뚱어다리

짱뚱어 맛집 체험도 서해랑길 이 코스에서 해야 하지 않을까? 단골도 생겼다. 서해랑길을 걸을 때마다 가서 먹는다. 떡까지 덤으로 받았다. 여행을 마치고 돌아가는 길, 경제 위기시대라지만 손에 아무것도 들려 있지 않은 것도 헛헛하다. 짱뚜어탕. 잊지 않고 챙긴다.

하지만 증도에서는 '해풍건정'도 챙겨야 한다. 신안 증도에서는 말린 생선을 가리킬 때 '건정'이란 명칭을 사용한다. 깨끗하고 건강한 갯벌과 바다에서 잡아 올린 생선을 잘 손질한 후 명품 신안천일염으로 절여 10-15일간 청정해풍에 말린 생선들 말이다. 『전통해양문화를 품은 건정』에는 증도의 '건정'이 전승되는 전승지식이 담겨 있다. 하여 증도 특산물로 꼽힌다.

집에 가져와 물에 살짝 불려 그대도 쪄서 먹으면 "이 맛이야!"가 절로 나온다. 양념을 해서 졸이면 밥도둑이 따로 없다. 신안 바다 맛을 집에서 만끽한다.

천년 해송숲이 품은 우전해수욕장

길은 증도의 남동쪽 바닷가의 우전리에 위치한 우전해수욕장으로 이어진다. 예전에는 기러기 떼가 한 겨울을 지내고 간다 하여 '깃발'이라 부르다가 이후에 우전이라 개칭되었단다(증도면). 한양 조씨 조도홍이 지도 태천에서 최초로 입도하여 살았고, 이후 김해 김씨가 1618년에, 밀양 박씨가 1638년에 이주하여 마을이 형성되었다.

염전 사이를 지나 한참 가다보면 우전리에 위치한 우전해수욕장이 보인다. 백사장 길이 4km, 폭 100m의 우전해수욕장은 90여 개의 무인도들이 점점이 떠 있는 수평선이 매우 아름다우며, 맑은 물과 주변의 울창한 소나무 숲 때문에 시원스러운 여름날의 피서를 마음껏 맛볼 수 있다. 모래의 질이 양호하며 백사장이 넓고 물이 맑다. 또한 주

우전해수욕장의 해송길

변 한반도 형상의 솔숲이 울창하여 산책에 좋으며 앞바다의 경광이 매우 아름답다.

『슬로시티 걷기 여행』에서 박동철 작가는 증도를 아름다운 섬이라고 말한다. 그리고 우전해수욕장도 아름답다고 하여, 누구나 상상의 세계로 가게 한다.

맑은 바닷물과 넓고 깨끗한 백사장, 울창한 곰솔 숲이 있는 해변이 아름다운 우전해수욕장. 특히 이곳 갯벌은 게르마늄 성분이 많이 함유되어 있어 매년 여름이면 '게르마늄 개펄축제'가 열리고 있다.

넓게 조성된 소나무 숲이 바닷바람을 가려준다. 웅장하게 잘 자란 소나무가 아마도 몇 백 그루가 될까? 소나무가 이렇게 무성해지려면 얼마의 시간이 필요한 걸까? 어디까지 소나무 길일까? 많은 것을 궁금하게 생각하며 걷게 한다.

천년숲길 4.6km이다. 짱뚱어다리에서 천년 해송 숲, 그리고 신안갯벌센터에 이르는 길이다. 이 길은 증도 모실길 42.7km이라고도 한다. CNN이 선정한 한국에서 꼭 가봐야 할 관광명소로 소개한 바 있는 곳이다.

별과 바람과 소금의 섬. 한없이 여유롭고 평화로운 섬. 증도는 2007년 아시아 최초로 슬로시티로 지정된 섬. 아름다운 백사장, 울창한 해송, 깨끗한 갯벌 등이 으뜸이다.

천년숲길을 포함하여 증도 모실길은 5개 코스가 있다. 노을이 아름다운 사색의 길 10km, 보물선 순교자 발자취길 7km, 갯벌공원길 10.3km, 천일염길 10.8km 이다.

전국 아름다운 숲 대회에서 '천년의 숲' 분야에서 우수상을 수상한 해송 숲이다. 한반도 지형을 닮았다 하여 '한반도 해송 숲'이라고 불린다. 대부분 평지로 이루어져 소나무향을 맡으며 누구나 힘들지 않게 걸을 수 있다.

길은 다시 사색의 길, 망각의 길, 철학자의 길 등등 다시 이름을 붙여놓아 사색하면서 모든 걸 잊고, 아니면 인간은 무엇으로 사는가? 등등 오랜만에 철학적 사유를 즐기면서 걷게 한다.

문준경 전도사 순교기념관

증도를 걷다보면 교회들이 간혹 보인다. '작은 섬에 교회가 많네'라는 생각이 든다. 염산교회, 대초리교회, 화도교회, 장고리교회, 우전리교회 등등.

문준경 전도사가 살아 있는 동안 세웠던 교회와 기도처들 11곳이 그 씨앗이 된 것이다. 그녀가 순회하며 섬겼던 여러 기도처들도 후에 교회로 성장했다. 그녀는 섬마을의 전도자이자 어머니였다. 그녀에게 직·간접적인 영향을 받아 신안지역에는 100여 개가 넘는 교회들이 세워졌다.

고무신 9켤레가 닳도록 걷고 걸었던 수십 km 길이의 노두길. 문준경 전도사는 아무리 열악한 환경이라도 굴하지 않고, 노두길과 풍선배돛단배로 섬들을 다니며 박애와 헌신의 삶을 살며 사랑을 실천하였다.

문준경 전도사의 순교지와 그녀를 기념하는 '문준경 전도사 순교기념관'이 서해랑길에 있다. 들어가 이곳저곳을 둘러본다. 1인용 개인 기도실이 마음에 든다. 나무십자가 앞에 앉아 머리를 숙인다.

문준경 전도사. 그녀는 1891년 2월 2일 신안군 암태도암태면 수곳리에서 문재경 씨의 셋째 딸로 태어났다. 외딴 섬이었지만 진사였던 할아버지 덕분에 가정의 살림살이는 비교적 넉넉했다. 암태도는 증도보다 조금 큰 섬으로 돌이 많아 흩어져 있고 바위가 병풍처럼 둘러싸여 있다고 해서 암태도라 불리게 되었다.

소녀 문준경은 넉넉한 양반 가문에서 귀여움을 독차지하며 유복한 어린

문준경 전도사 순교기념관, 작은 기도실

시절을 보냈다. 명석하고 호기심이 많았던 그녀는 남자들처럼 글을 읽고 공부하고 싶어 했다. 교육과 복지로부터는 철저히 소외당했던 조선 여자들, 그 시절 여자로 태어난 것은 그 자체로 무거운 죄였다. 당연히 그녀의 아버지는 암탉이 울면 집안이 망한다며, 공부하겠다는 딸의 간절한 소망을 거절했고 시집을 보냈다.

문준경의 결혼생활 중에서 유일하게 위안이 되었던 것은 시아버지였다. 하루는 시아버지가 그녀를 조용히 불러 한글을 가르쳐 주겠다고 하였다. 그렇게 시작된 공부는 나중에 그녀가 예수를 믿게 되었을 때 빠른 시간 안에 깊은 신앙의 단계로 들어갈 수 있었다. 틈나는 대로 열심히 성경을 읽고 암송하고 묵상했기 때문이다.

남편을 일찍 여읜 문준경은 시아버지의 사망으로 큰 충격을 받았다. 삼년상을 치른 후, 증도를 떠난다. 갈 곳이 없어 오빠가 사는 목포에서 재봉틀로 삯바느질을 하며 어렵게 생활을 꾸려 나갔다.

1931년 봄, 그녀의 나이 만 40세에 경성성서학원에 입학하였다. 체계적 신앙의 배움을 시작한 그녀는 신안지역으로 내려와 교회를 개척하고 헌신적으로 선교에 임하였다. 많은 어려움과 외면 속에서 묵묵히 행한 박애와 헌신의 전도는 조금씩 섬 주민을 움직이고 섬들을 영성으로 물들이기 시작했던 것이다.

28코스 신안군

증도면사무소- 낙조전망대- 구분포저수지- 증도관광안내소 / 15.5km

마을 뒤 소나무 숲으로

증도면사무소가 있는 소재지 마을이다. 그 옆에 말없이 안내하는 서해랑길 간판이 보이고, 주변으로 기다랗게 집들이 오밀조밀 모여 있다. 면소재지라고 해도 작은 편에 속하는 아담한 마을이다.

마을은 이미 조용한 낮잠에 빠져 있는가? 너무 조용하다. 정적마저 감돈다. 이곳이 느리게 사는 사람들이 모여 사는 곳이리라!

마을 뒤쪽으로 전체를 감싸듯 넓은 소나무 숲이 산을 이룬다. 상정봉이다. 서해랑길 표시 따라 올라간다. 디딜 때마다 발뒤꿈치에 힘을 주면서 서서히 올라가 본다. 꽤 가파른 경사다. 나는 산을 오를 때마다 나 나름대로 인생의 이치를 조금씩 깨닫는다. 산에 오르는 것이나 세상을 살아가는 일이 결과보다 과정이 중요하다는 것을 늘 절실하게 알게 된다. 힘들다는 것을.

소나무 숲은 언제나 그랬듯이 고요했다. 마을이 조용하듯이 소나무 숲도 정적에 휩싸여 있는 듯 고립된 느낌마저 들었다. 바람 때문에 나뭇가지들이 흔들리며 소리를 냈다. 덕분에 소나무 숲의 향이 담백하고 정온하게 다가왔다. 주변의 나무도 살피고 새소리도 듣고, 때로는 잠시 발길 멈추고 숨을 들이켜고 발부리 아래의 풍광도 둘러보며 여유 있게 천천히 오른다. 한 번도 가보지 않은 이곳 숲을 따라 상정봉 전망대에 이른다.

숲에는 질서와 휴식이

상정봉에서 본 바다

그리고 고요와 평화가 있다.
숲은 모든 것을 받아들인다.
안개와 구름, 달빛과 햇살을 받아들이고,
새와 짐승들에게는 깃들일
보금자리를 베풀어준다.
숲은 거부하지 않는다.
자신을 할퀴는 폭풍우까지도
마다하지 않고 너그럽게 받아들인다.
이런 것이 숲이 지니고 있는 덕이다. – 법정 스님

전망대에서 보이는 경치는 마을이고, 염전이고, 해변이고 모두 절경이다. 싱그럽고 아름다워 마음마저 따스해진다. 서해랑길이 아니면 이 길을 거닐었을까, 하는 회심의 생각이 든다.

시간이 좀 지났을 때 나는 소나무 숲이 예상했던 것보다 훨씬 더 넓다는 사실을 알게 되었다. 더 넓고 거칠다는 것. 소나무들은 끝이 나지 않을 것처럼 싱그럽게 저 멀리까지 펼쳐져 있고 마을은 저 밑에 멀리 떨어져 있다. 이 길은 단지 서해랑길을 걷는 사람들만이 걸을 것이다. 나는 그들이 지나간 흔적을 따라 뒤따라 걸을 뿐이다.

저 멀리 바닷가의 서늘한 바람이 초록색 나뭇가지들을 흔드는 게 보였다. 산 정상에서 느끼는 바람. 나도 흔들고 지나간다.

행복한 슬로 라이프, 인생 후르츠처럼

21세기의 또 하나의 키워드는 '느림slow'이다. 시간에 쫓기듯 바쁘게 살아가는 현대인들에게 '느림'은 삶의 질에 대한 화두이다. 느림이라는 단어에서 풍요로움을 찾을 수 있다. 우리는 '빨리빨리 문화'에 지쳐 몸과 마음이 피폐해진 경험을 하고 있다. 조급하고 바쁠수록 돌아가라는 말도 있으므로, 슬로라이프, 즉 느리고 단순한 삶은 우리가 선택할 수 있다. 몸에 있는 생리적인 시계생체시계에 맞지 않고 빨리 가고 있는 것을 원래대로 회복하는 것이 슬로라이프이다.

곳곳에서 삶의 여유를 찾는 '느린 바람'이 불고 있다. 현재 삶을 유지하면서 느림의 삶을 추구하는 방법을 찾는 슬로라이프 실천가들이 있으며, 잃어버린 관계의 회복을 위해 '쉼표'를 찾는 사람들도 있다. 건강을 위해 변화한 도시를 벗어나 시골에서 자연과 조화된 삶을 선택한 사람들도 있다.

오늘날 많은 현대인들은 너무 바쁘게 생활하고 있다. '바쁘다'는 한자로 '바쁠 망忙'을 사용한다. 마음 심心자에 망할 망亡자가 더해져 있다. 즉 마음이 바쁘면 망한다는 의미가 담겨져 있다. 한편 '쉼'을 뜻하는 한자는 '쉴 휴

休'자인데, 이는 사람人이 나무木에 기대여 휴식을 취하는 형상이다.

바람이 불면 낙엽이 떨어진다/
낙엽이 떨어지면 땅이 비옥해진다/
땅이 비옥해지면 열매가 열린다/ 차근차근, 천천히…

시詩는 일본 영화 〈인생 후르츠Life Is Fruity, 인생은 감미로워라〉의 내레이터가 간헐적으로 들려주는 내용이다. 주인공인 남편츠바타 슈이치Shuichi Tsubata, 1925.1.3은 90세, 아내츠바타 히데코Hideko Tsubata, 1928.1.18는 87세로 부부 나이를 합치면 177살이 된다. 부부는 65년을 함께 살았다.

제91회 키네마준보 베스트10 문화영화 부문 1위를 차지한 〈인생 후르츠〉는 2017년 1월에 개봉한 후시하라 켄시 감독의 다큐멘터리영화記錄映畵다. 우리나라에서는 2018년 12월에 개봉되었다. 영화는 키키 키린 여사의 내레이션과 시골의 풍경으로 시작한다. 영화 줄거리는 90세 건축가 할아버지와 87세 못하는 게 없는 슈퍼 할머니에 관한 이야기이다. 『밭일 1시간, 낮잠 2시간』 『내일도 따뜻한 햇살에서』 책을 통해서도 알려진 노부부의 삶이다.

츠바타 슈이치는 도쿄대학 졸업 후 민간 건축설계사무소를 거쳐 일본주택공단에서 근무했다. 히로시마대학, 메이조대학, 미에대학 교수를 역임했으며, 은퇴 후 프리랜서 평론가로 활동했다. 츠바타 히데코는 전통 양조장의 딸로 태어났으나 10대에 부모를 여의고 28세에 결혼하여 딸 2명을 낳았다. 텃밭 농사로 대지에 뿌리내린 삶을 실천했다.

슈이치 할아버지는 자연친화적이고 바람이 통하고 자연이 함께하는 풍경을 만들고자 했으나 도시 건설이 자신이 설계한 바 대로 이루어지지 않앉다. 신도시에서야 자신이 원했던 자연을 만들어 슬로라이프slow life를 실천했다. 지역 주민들과 자연친화적인 설계를 나누고자 했다. 사가현 이마리의 정신과병원에서 환자들이 인간다운 삶을 살 수 있는 설계도를 무료로 주고 "할 수 있는 것부터 조금씩, 꾸준히, 시간을 모아서 천천히 하라"고 충고했다.

부부의 집은 단층집으로 온갖 나무들에 둘러싸인 숲에 70여 종의 채소와 50여 종의 과수를 재배하면서 40년째 살고 있다.

영화 속 노부부의 삶이 천진난만하고 따뜻한 모습으로 전해진다. 정원 곳곳에 손수 만든 노란 푯말에는 메시지가 적혀 있고 목마른 작은 새들을 위한 수반水盤이 있으며 우편 배달원을 위한 감사 인사가 적힌 메모 등 자연과 이웃을 향한 배려가 공간 구석구석에서 마음을 따뜻하게 한다. 이들 부부는 자신들 서로만 아끼는 것이 아니라 마을 주민들을 아낀다.

손녀들에게 보낸 편지들도 감동적이다. 그 감동에 관객은 미소가 절로 흐르고, 마음이 힐링된다. 부부의 삶은 성실과 무욕無慾이다. 죽은 뒤 시신은 화장하여 바다에 뿌려지기를 희망했다. 스스로 정한 의식과 규칙을 지켜가는 노부부의 모습은 일상생활을 살찌우는 하나의 방법을 제시한다. 이 영화는 노부부가 시간과 노력을 아끼지 않고 살아온 행복한 슬로라이프를 보여주고 있다.

슬로라이프를 통하여 소소한 행복을 계속 얻을 수 있다. 행복한 순간순간이 모여 인생이 되므로 인간의 삶의 목표는 지금 현재이다. 따라서 어떻게 하면 편안할 것인가, 여유로울 것인가, 화목할 것인가 등을 화두로 삶의 문제를 다뤄야 한다. 인생은 오래 익을수록 맛있으므로 차근차근, 천천히 맛있게 영글어야 한다.

낙조전망대에는 '신안해저유물발굴기념비'가

1975년 한 어부의 그물에 6개 도자기가 걸려 올라온 사건이 있었다. 보통 도자기가 아니라 700년이나 된 골동품 도자기였다. 검산마을의 어부가 해저유물을 낚은 것이다. 이로 인해 신안해저유물의 발굴[1976-1984]은 세계적인 관심이 집중되었고, 한국 수중고고학의 시작이 되었다.

'신안해저유물발굴기념비'를 읽는다. '700年前의 약속' 이란 역사적 사실이다.

700年 前의 약속

신안해저유물은 1975년 신안 섬마을 어부의 우연한 도자기 발견으로 세상에 알려졌다. 이후 1976년부터 1984년까지 8년에 걸쳐 한국 최초의 수중문화지 발굴조사가 이루어졌으며 700년 전인 1323년 고려의 신안 증도 앞바다에서 침몰된 선박 1척과 무역품 2만 7천여 점이 빛을 보게 되었다. 이 침몰선은 중국에서 일본으로 항해하던 무역선으로 지금은 '신안선'이라 불리고 있다.

이 같은 연유로 700년 전의 약속이라 명명하고 이곳에 인양된 선체 사진과 실렸던 도자기 제[諸] 현물을 다수 전시하였다.

바다가 검푸른 색을 띄고 있어 이름 붙여진 '검산항'의 검산마을이다. 이곳 앞바다가 신안해저 유물발굴지로, 신안해저유물 매장해역은 국가지정문화재 사적[제274호]으로 지정되었다.

전라남도 신안군 증도면 방축리 도덕도 앞바다다. 목포에서 43km 떨어진 도덕도 앞 해상은 수심이 20~24m이며 조류가 세찬 곳이어서 당시 이곳을 항해하는 중국선박이 풍랑을 만나 침몰했던 것으로 추측된다. 우리나라 수중 고고학의 효시가 된 보물선 '신안선'의 발굴이었다. 신안선이라 명

신안군 해저유물/ 낙조대 벼랑

명했지만 중국 푸젠성 지역에서 건조된 것으로 추정할 뿐이다.

『신안군 문화유산』에 따르면 인양된 유물은 도자기 20,661점, 금속제품 729점, 석제품 43점, 동전류 28톤 18kg, 자단목 1,017개, 기타 574점과 침몰한 선체였다. 침몰한 선박은 최대 34m, 너비 11m의 초대형 무역선이었다. 목포에 있는 '국립해양유물전시관'에는 인양된 선체 편 총 720조각으로 짜 맞춘 신안선이 제2전시실 신안선실에 단정하게 배의 모습을 갖추고 있다(국립해양유물전시관).

바다 속에서 발견된 신안선은 700여 년의 긴 시간 동안 빠른 물살과 바다 해충으로부터 많은 피해를 받은 상태였다. 신안 침몰선은 바다 밑 개펄에 묻혀 있었는데 우현으로 15° 뉘어져 있어서 좌현은 거의 그 모습을 잃어버렸다. 신안선의 발굴은 심한 부식과 몹시 위험한 발굴 조건 때문에 물속에서 하나씩 해체한 후에 건져 올려졌다. 그 당시의 배의 구조를 어느 정도 확인할 수 있게 해 주는 존재다.

『바다로 보는 우리 역사』에 따르면 신안선은 14세기 초 중국 절강성 영파를 출항하여 중·일 간을 연결하는 최단 무역항로인 남해로^{南海路}를 따라 일본의 후쿠오카로 향하던 중 신안 앞바다에서 침몰한 것이다. 이 뱃길이 해상 실크로드다. 중국의 남동해안에서 시작하여 동중국해, 인도양, 페르시아만, 또는 홍해를 거쳐 중동 여러 나라에 이르는 바닷길을 말한다. 동방의 도자기와 차, 향료 등이 전해져 '도자기길' 또는 '향료길'이라 불린다.

신안선 비밀의 열쇠는 목간^{木簡}이다. 목간은 문자가 적힌 나무 조각을 뜻하며, 목적에 따라 다양하게 쓰였다. 신안선에서 발견된 목간은 약 360점으로 무역품 화물표로 쓰였으며, 앞면과 뒷면에 물품 이름과 수량, 화물주, 날짜 등이 적혀 있다. 그 중 121점에서 1323년을 뜻하는 '至治3年^{지치삼년}' 4월 2일부터 6월 3일까지 날짜가 쓰여 있어 신안선의 항해시기 또는 무역품 구입 시기를 밝힐 수 있었다.

일부의 유물들은 서울에 있는 국립중앙박물관에 전시되고 있다.

이후 자연스레 증도는 보물섬이라는 애칭을 얻게 되었다. 박동철 작가는 『슬로시티 걷기 여행』에서 꼭 해저유물이 발견되어서가 아니라도 증도는 섬 곳곳에 볼거리와 즐길거리가 보물처럼 숨어 있다고 전했다.

29코스 신안군

증도관광안내소- 증도대교- 지도대교- 사옥대교- 송도교- 점암선착장 / 17km

신안다도해 생물권보전지역

증도는 기대 이상으로 아름다웠다. 슬로시티인 만큼 세계 어디에 내놓아도 손색이 없을 정도로 아름다운 비경의 연속이었다. 다시 증도대교를 건너 증도와 헤어진다. 섬이지만 연도교가 생기면서 육지화된 세 개의 섬 증도, 사옥도와 송도를 잇는 다리를 건너야만 신안군 지도^{지도읍}로 나온다.

이처럼 신안군은 섬들로 이루어져 있다. 하여 '신안다도해'라 불린다. 한반도 서남해안에 위치하며 14,190㎢의 넓은 바다에 1,025개의 많은 섬으로 구성되어 있다. 신안군은 그냥 '천사'의 섬이라는 브랜드를 착용하여 '1004의 섬'이라 칭한다.

예전에는 더 많았다. 증도에만 100여 개의 섬들이 있었는데 지금은 하나가 되었다. 신안군의 섬 중 72개는 사람이 살지만 953개는 무인도다. 크기도 다양하며 지금은 육지와 연결된 지도가 가장 크며, 상거복중도 등의 작은 무인도는 지름이 10m도 되지 않는다.

신안군의 증도, 비금도, 도초도와 흑산도 4개 읍면 573.12㎢은 2009년도에 '생물권보전지역'으로 지정되었다. 다도해 국립공원인 흑산도와 홍도를 포함하여 신안군의 크고 작은 1,000여 개의 섬들이 포함된다. 철새들의 이동경로이자 생물다양성이 뛰어난 갯벌, 천일염을 생산하는 염전 등 자연과 문화가 어우러진 곳으로 섬마다 독특한 갯살림 문화가 있어서 문화다양성도 뛰어난 점이 장점이었다. 지자체와 지역사회가 협력하여 주민이 직접 운영하는 주민여행사를 만들었고, 갯벌 체험 등 흥미로운 프로그램을 운영, 자랑한다는 점이 강점이다. 신안에서 생산되는 천일염은 지역 특산품으로 널리 알려진 것도 강점이 되었다.

지정 이후 지역 주민들의 요청과 군의 효율적인 관리로 신안군 14개 읍·면 전역으로 확대되었다. 7년 동안 노력을 통해 2016년에 이루어진 결과였다.

생물권보전이란? 1971년 이후 유네스코가 '인간과 생물권 프로그램'MAB^{Man and Biosphere Program}을 통해 지정하고 있는 생물다양성이 뛰어난 생태계를 말한다. 환경보전과 함께 지역사회의 지속가능한 발전을 장려하기 때문에 마을과 공장 등도 보전지역 내에 포함되는 것이 큰 특징이다.

우리나라는 생물권보전지역으로 설악산¹⁹⁸²이 처음 지정되었고, 제주도, 신안다도해가 2009년에 3번째로 지정되었다. 광릉숲²⁰¹⁰, 고창²⁰¹³, 순천²⁰¹⁸, 강원생태평화²⁰¹⁹, 연천임진강²⁰¹⁹, 총 8곳이 생물권보전지역이다. 한반도에는 북한의 백두산, 구월산, 묘향산, 칠보산, 금강산을 포함하여 모두 13개소의 생물권보전지역이 지정되어 있다(유네스코 MAB한국위원회).

「세계생물권보전지역 네트워크」에 따르면 생물권보전지역은 생물다양성의 소실을 줄이고 지역주민들의 삶의 질을 개선하며 환경적 지속성을 위한 사회적, 경제적 문화적 여건을 향상시키는데 그 목적이 있다.

물 반 병어 반, 물 반 민어 반, 송도 수산시장

사옥대교 건너면 섬 '송도'에 이른다. 송도에는 송도항이 큰 수산시장으로 한몫을 한다. 봄이면 송도 수산시장 개장을 알리는 플래카드가 펄럭일 즈음 4월이면 사람들이 모여들기 시작한다.

신안 북부 해역에서 잡힌 물고기는 지도 송도수산시장으로 집결된다. 임자도 부근에서 잡힌 새우나 민어, 병어, 꽃게, 갑오징어만도 어마어마하다. 여름엔 발 디딜 틈이 없다. '물 반 병어 반, 물 반 민어 반, 물 반 새우 반' 이다.

6월 병어축제가 그 시작이다. 매년 병어축제가 개최되며 전국 각지에서 병어를 사러 온 사람들로 북새통을 이룬다. 복달임음식으로 으뜸인 민어도 이곳 송도 수산지상에서 경매된 것들이 전국으로 팔려 나간다.

민어는 덩치만 크지 성질이 급해 바다 위로 건져 올리면 금방 죽어버린다. 등은 짙은 흙빛이며 뱃살은 회색빛이다. 입이 크고 몸통이 길다. 생선살은 보드랍고 달다. 한마디로 회를 뜨고 머리와 내장은 매운탕을 끓이고, 알은 최상품의 진상용 어란이 된다. 한여름 복 중에 민어 한 마리만 잡으면 온 가족 최상의 보양식으로 쓰인다.

갯벌을 먹고 자란 병어와 민어의 맛을 볼 수 있는 수산물유통센터가 2층에 자리하고 있다. 생선을 사서 2층으로 올라가면 싱싱한 회를 그 자리에서 즐길 수 있는 것도 장점의 하나다.

임자도, 증도 등 게르마늄 청정해역에서 잡히는 품질 좋은 생선과 새우젓 등을 쉽게 접할 수 있는 곳이다. 지도읍 송도 새우젓 위판장은 전국 새우젓 장수들의 발길이 끊이지 않는 국내 최고, 최대의 새우젓 시장이다. 신안 천일염과 만난 오젓, 오월에 잡은 새우로 만든 젓과 육적, 유월에 잡은 새우로 만든 젓은 육질이 단단하고 맛이 좋다.

송도는 서해에 있는, 신안군의 작은 섬이다. 신안군의 많은 도서에는 오래전부터 사람들이 살기 시작했다. 섬사람들은 대부분 한평생을 그 지역에서 살았다. 포구를 안고.

얼마 걷지 않아 멀고 멀게 펼쳐진 포구가 드러났다. 하늘과 맞닿아 있는 아스라한 저 끝 바다에서 봄바람이 불어오고 있다. 바다를 향해 점차로 넓게 퍼져가는 그 포구는 희망이었고 꿈이었다. 그러나 또 다른 이에게는 포구는 슬픔이고 한이었다.

포구의 양쪽 갯벌을 따라 무성하게 펼쳐진 갈대밭이 3월의 바람결에 느리고 부드럽게 물결 치고 있었다. 갯벌과 바닷물과 갈대가 어우러진 기나긴 포구의 풍광은 언제나 환상적인 아름다움을 자아내고 있었다. 색다른 정취가 우러나오고 있다.

어부는 배의 속력이 느려서 어장에 도착하는 것이 많이 늦어졌을 때에도 아깝게 호기를 놓쳤다고 생각하지 않고, 땀투성이가 되어 끌어올린 어망 속에 식용거리도 되지 않는 해파리 밖에 들어 있지 않을 때에도, 헛수고를 했다고는 생각하지 않는다. 또 다음 고기잡이를 위해서 몇 시간 뒤의 미래를 예측하는 일이 종종 있지만, 그 예측이 적중하지 않았다고 해서, 실망하거나 심란해하거나 하는 일은 절대로 없다.

점암선착장에서 임자도로 울산으로

갯벌을 보며 걷다가, 염전을 지난다. 제비굴 버스정류장을 지나 고샅길로 통한다. 마을을 지나면 농로로, 농로를 지나면 다시 마을로 이어진다. 사이사이 찔레꽃 향

임자대교, 점암선착장-수도

기가 진동한다. 그 향기에 취해 정신없이 걸었다. 멀리 임자대교가 보인다.

점암선착장에 도착했다. 하지만 선착장엔 배들이 들고난 흔적이 전혀 보이지 않는다. 농협매표소는 텅 빈 채 문이 굳게 닫혔다. 2020년 연륙교 공사로 약 5km의 임자대교가 연결되면서 선착장의 기능이 상실된 것이다.

대신에 우리나라에서 가장 긴 백사장을 가진 대광해수욕장12km으로 씽-하고 달려갈 수 있게 되었다. 강릉 경포대해수욕장6km과 부산 해운대해수욕장1.5km에 비할 바가 아니다. 대광리에서 전장포까지 이어지는 백사장이 400m 폭으로 우리나라 최고의 해수욕장이라고 섬 도슨트 강제윤 작가는 그의 저서 『신안』에서 극찬했다.

임자대교는 점암선착장에서 출발하면 중간에 섬 '수도'를 지나 임자도에 닿는다. 임자도는, 봄에는 신안튤립축제로, 5월에는 깡다리황석어축제로, 6월에는 해변승마축제, 여름에는 해수욕장으로, 가을에는 구절초로, 그리고 사계절 해산물로 축제가 너울대는 섬이다. 한마디로 임자도는 '풍요로운 섬'이다.

임자도는 신안군의 최북단에 있는 섬이다. 『신안』에 따르면, 해안선 길이 60km, 여의도의 13배가 넘는 큰 섬이다. 임자도는 200년 동안의 간척으로 6개의 섬들이 하나가 되었다. 그래서 '육섬'이라고도 불린다.

민어파시가 섰던 역사적 장소인 임자도는 지금도 여름 보양식 으뜸으로 꼽히는 민어어장이다. 옛날에는 서해 곳곳에서 민어가 났지만 지금은 여름철 임자도 해역에서만 민어가 난다. 이는 새우 때문이다. 민어가 가장 좋아하는 먹이가 새우인데 임자도 앞바다는 새우어장으로 최고의 새우젓 산지다. 특히 임자도의 전장포항은 새우젓의 메카다.

점암선착장에서 꼭 들려야 하는 장소가 있다. 발을 들여놓자마자 경쾌한 클래식 음악이 흘러나온다. 아름다운 남도화장실, 상까지 받은 화장실이다. 2012년 행정안전부, 조선일보사와 문화시민운동중앙협의회가 공동주최한 제14회 「아름다운 화장실 대상」 공모에 '동상'으로 입상하였다. 10여 년이 흘렀지만, 아직도 깨끗하고 기억에 남을 만한 장소였다. 계속 아름다움이 지속되길.

'국도 24호선 점암선착장 시작' 팻말이 번쩍인다. 전신주에 달린 팻말이 햇빛에 반사된 것이다. '점암선착장-울산'이라는 경로가 영 낯설다. 국도 24호선은 전라남도 신안군 임자면 임자교차로에서 울산광역시 남구 무거동 삼호교남 교차로를 잇는 대한민국의 일반 국도다. 횡축으로 관통하는 국도들 중 번호가 제일 빠르다(나무위키).

담양군에서 거창군까지의 구간은 광주-대구고속도로와 평행하게 달리며, 밀양시에서 울산광역시 사이에는 최장터널인 가지산터널을 지난다. 1971년 일반국도 '노선지정령'에 의해 국도 제24호선이 처음에는 광주-울산선이었다. 이후 수차에 걸쳐 변경되었다. 그리고 2021년 임자대교가 신설 개통되면서 지금에 이르렀다. 이젠 전라도에서 경상도 울산으로 직행이다.

30코스 신안군
점암선착장- 참도선착장- 내양리방조제- 수포마을회관 / 17.2km

봉리 갯벌

지도읍에서 시작된 야트막한 산맥은, 꽃봉산- 삼거리- 3개리 분기점- 바람풍재- 진재- 깃대봉- 삼암봉- 점암마을까지 뻗어 있다. 곳곳에서 내려다보이는 드넓은 부지가 그들의 삶터다.

점암마을의 끝자락 점암선착장에서 언덕을 올라가다 보면 바다와 갯벌이 멋진 풍광을 자아낸다. 그리고 서해랑길은 봉리길로 이어진다. 농로로 이어진 길을 걷다가 점차 언덕으로 치닫는다. 봉리 4구에서 다시 언덕을 내려간다.

바다가 보이는 곳이 봉리 갯벌이다. 갯벌 상부에 방조제가 약 1.5km 건설되어 있다. 그 배후에는 논경지가 있어 이로부터 담수가 수문을 통하여 갯벌로 유입된다. 퇴적상은 방조제로부터 아래로 약 10m까지는 모래와 자갈 및 바위들이 혼재하여 존재하고, 하부로는 펄 갯벌이다. 갯벌의 하부 조하대에서는 부류식 김양식 어장이 들어서 있다. 갯벌 하부에는 어획을 위하여 개막이 그물 및 함정그물인 이각망이 설치되어 있다.

봉리 갯벌에는 통통마디, 애기두드럭배말, 총알고둥, 올리브복형조개, 방게, 칠게, 흰발농게, 홈발딱총새우, 풀게, 두토막눈썹참갯지렁이, 망둑어, 민챙이가 터를 잡고 산다. 처음 알게 되는 생물들이다.

참도선착장에서는 포작도로 어의도로

 서동길, 서동마을에서 언덕을 넘어가면 참도길이다. 참도는 말 그대로 섬이었다. 참섬. 참도마을에서 언덕으로 올라가야 양파밭 사이로 바다가 보이고 갯벌이 보인다. 그리고 참도선착장이 보인다.

 방조제로 막히기 전까지만 해도, 참도는 사람들이 살지 못할 정도로 척박했다고 한다. 그런데 지금은 신안군에서도 지도읍 참도 주민들은 간척으로 개발한 농지와 염전을 경작하면서 잘 살고 있다.

 누구를 기다리는가? '섬사랑 3호선'이 참도선착장에서 대기하고 있다. 곧 포작도와 어의도로 떠난다. 멀리도 아니다. 참도선착장에서 마주보이는

참도선착장, 섬사랑 3호

큰 섬, 큰포작도로 간다. 아주 가까워 5분이면 닿을 만하다. 그리고 더 큰 섬, 어의도로도 간다.

반농 반어업의 전형적인 작은 섬. 포작도包作島는 섬의 생김새가 해산물을 보자기에 싸는 모양이라 하여 보작도 또는 포작도라 했다(신안군지편집위원회). 또 다른 이유는 두 개의 섬이 나란히 위치하여 섬의 형태가 포알처럼 뾰쪽뾰쪽 나와 있어 그 중 큰 섬을 대포작도, 작은 섬을 소포작도라 부르게 되었다고도 전해 온다.

참도선착장에서 바라본 대포작도는 나지막하고 편안한 섬이다. 선착장을 중심으로 오른쪽에 길이 있고 방조제가 보인다. 비록 육지와 가깝지만 모든 세상과 격리된 듯 무심해 보인다. 속살은 또 어떤 모습일까?

어의도於義島는 섬의 형태가 길게 늘어져 '느리섬'이라 했고 한자어로 표기하면서 어의도라 불렸다. 진주 강씨와 김녕 김씨가 입도하여 '김촌'이니 '강촌'이니 하는 두 개의 집성촌이 생겼다. 임진왜란 시 이순신 장군이 머물렀던 섬으로 『난중일기』에 기록된 섬이다.

정유丁酉 선조 삼십년1597

구월

열이레(을사) 맑음. 어외도於外島에 이르니 피란선 무려
        삼백여 척이 먼저 와 있었다. 나주진사羅州進士 임선林愃
        임환林懽 임업林業 들이 보러 왔다. 우리 수군이 크게
        승첩한 것을 알고 서로 다투어 치하하며
        양식들을 가지고 와서 군사들에게 주는 것이었다.

열여드레(병오) 맑음. 그대로 어외도에서 머물렀다. 내 배에

> 탔던 순천 감목관 김탁金卓과 영노營奴 계생戒生이
> 탄환에 맞아 전사하였고,
> 박영남朴永男, 봉학奉鶴 및 강진 현감 이극신도
> 탄환에 맞았으나 중상에 이르지는 않았다.
>
> 시월
> 초여드레(을축) 맑고 바람이 순했다. 배를 띄워서 어외도에
> 　　　이르러 잤다.
>
> 　　　　　　　－『난중일기』776-777, 781

그 당시는 '어외도於外島'라 했다. 충무공은 왜구들과 싸울 때 바로 앞에 있는 임치진*과 어의도를 전략적인 기지로 활용하였다. 법성포와 고군산도를 갔다가 내려오면서 들리는 거점 섬이기도 했다. 어의도는 칠전량 해전에서 소멸된 조선 수군을 재건한 뜻깊은 곳이다.

주위에 여러 섬들이 보인다. 모두가 낚시터로 활용되고 있는 듯하다. 내·외갈도, 명덕섬, 대섬, 부남도, 명섬 등. 농어와 장어낚시가 잘 된다. 민물낚시터로는 증동 염산지가 유명한데 붕어와 장어가 잘 잡힌다.

내양리 펄 갯벌

내양리 갯벌은 펄 갯벌이다. 갯벌에 핀 칠면초 전경이 아름다울 뿐만 아니라 신비스럽기 조차 하다. 빨간 칠면초가 장식된 바다가 끝이 없이 너울거린다.

갯벌이라고 모두 다 같은 갯벌이 아니다. 급이 다르다. 내양리 갯벌은 A

---
* 임치진지는 무안군 31코스 석산마을에 위치한다.

내양리 펄 갯벌 칠면초 전경

와 B로 구분된다. 전남 신안군 지도읍 내양리 가정방조제 옆 참도선착장 사이는 '내양리 펄 갯벌A'이고, 가정방조제와 내양염전 사이는 '내양리 펄 갯벌B'로 구분된다.

내양리 갯벌A는 농게, 칠게 등을 어획하는 곳이지만, 이들이 주 수입원은 아니다. 갯벌에서는 낙지도 어획되고 있으며, 수로에서는 봄에 실뱀장어를 어획하기도 한다. 갯벌 바로 뒤에는 논과 밭이 있어 우천 시에 비료 등의 영양염이 유입될 가능성이 높으나 주변 해수는 상대적으로 깨끗한 상태이다.

그러나 B의 경우는 다소 차이가 많다. 갯벌을 간척하여 만든 농경지가 있어 자연성이 많이 훼손된 곳을 말한다. 해안선에는 축제식 새우양식장(크기 500×500m 정도)이 있으나 바이러스로 인해 양식장으로서의 기능을 상실한 상태다. 계절적으로 숭어, 문절망둑 등이 어획되나, 갯벌에서 흔히 어획되는 낙지 어획은 안 되고 있다. 갯벌 중간 중간에 칠면초 군락이 보이고 있으나 서식밀도는 높지 않다. 어획의 유무로 낙지가 갯벌의 수준을 판가름하는 것 같다.

우리나라 갯벌의 형태는 다양하다. 기본적으로 해양생태계의 먹이사슬이 해안에서부터 시작되기 때문에 연안생물의 60% 이상이 해안생태계와 직, 간접적인 연관이 있다(신안군).

대부분의 어류가 먹이와 번식장소로 해안의 전이대나 습지를 이용하고 있으므로 어업활동의 약 90%가 연안에서 이루어지고 있다. 연안습지는 지구상의 자연생태계 중에서 가장 생산력이 높은 생태계 가운데 하나로 연근해에 비하여 10~20배가 높으며, 농경지나 산림지역과 비교하여도 더 높은 생산력을 나타내고 있다. 염생식물이 살고 있는데 숭어, 농게, 칠게, 칠면초, 민챙이, 망둑어가 특징적인 생물이다.

하여튼 이들 갯벌에는 차량 접근이 가능하다. 이렇게 걸어서 지나갈 수도 있다. 내양리 방조제가 아주 길다. 펄 갯벌에는 칠면초가 아름다운 풍경을 자아낸다. 멀리 섬과 섬 사이에 노두길이 하얗게 보인다.

'내양녹색농촌체험마을'이 운영된다. 농어촌 체험마을로 바다체험과 농촌체험을 동시에 할 수 있다(신안군지 4권). 전통고추장 체험 등 전통음식을 체험으로 농촌의 따뜻한 마음을 느낄 수 있다. 어촌체험은 고기 잡기, 갯벌체험과 신비의 바닷길 등 다양하다. '청정예찬'은 내양녹색마을에서 독자적으로 등록한 상표다. 소비자에게 믿고 먹을 수 있는 신안군의 친환경 특산품으로 만든 유기가공식품을 제공한다. 청정유기된장, 간장, 고추장, 양파즙 그리고 효소 등이다.

이외에도 지도읍에 속한 갯벌은 봉리 갯벌, 감정리 갯벌, 솔섬 갯벌, 오룡 갯벌, 태천리 갯벌A, 태천리 갯벌B, 내동 갯벌이 존재한다.

전라남도는 우리나라 전체 갯벌 면적의 약 44%가 분포되어 있는 갯벌생태계의 보고이다. 이 중 신안군의 갯벌 면적은 378㎢으로 한국 전체 갯벌 면적의 15%에 해당되고 전남의 약 31%로서 가장 많은 갯벌 면적을 자랑하고 있다. 매우 풍부한 갯벌 자원을 보유하고 있는 셈이다.

신안 갯벌은 다양한 기능을 한다. 우선 많은 주민들에게 갯벌은 생업의 공간이다. 직접적으로 낙지, 망둑어 등을 잡고 감태를 채취하는 터가 된다. 특히 낙지에 대한 수요가 높아 근래 젊은 층에서 낙지잡이를 생업으로 하는 경우가 늘고 있다.

또한 갯벌은 어류의 생산 및 서식지 기능을 한다. 우리나라 서해안에는 230여 종의 어류, 193종의 게류, 58종의 폐류, 74종의 새우류가 서식하고 있다. 그리고 육상에서 배출되는 오염물질을 정화하고 공적으로는 홍수 조절 기능도 한다.

신안의 많은 양식장은 갯벌의 정화작용으로 더 좋은 품질을 유지할 수 있다. 따라서 이러한 종합적인 기능을 더하면 갯벌의 생산성이 농지에 비해 3배 이상 높다고 한다.

무안군 ②

31코스 —
32코스 —
33코스 —
34코스 —

도리포해변 어린이들의 갯벌놀이

31코스 무안군
수포마을회관– 백학산임도 입구– 슬산제– 삼강공원 / 13.1km

동학길, 석산마을

　서해랑길 안내판이 수포마을회관 앞도 아니고 뒤도 아닌 옆벽에 바짝 붙어 있다. 건물이든 사람이든 원래 앞이나 뒤보다 측면이 허술한 법이다. 생각지도 못한 측면, 숨바꼭질하는 양 꼭꼭 숨어 있지만, 기어코 찾아낸다. 찰칵 인증 찍고 출발.

　수포마을에서 출발한 서해랑길에 선물 같은 하루가 주어졌다. 석산마을의 동학길을 따라가면 감정마을의 곰솔을 만나고 송정마을, 신사마을, 슬산마을의 문화와 역사의 깊이가 삼강공원에서 그 의미를 더한다.

　석산마을, 석산동石山洞은 우리말로 하면 '돌뫼동'이다. 석이 돌이요, 산이 뫼이기 때문이다. 석산마을회관 앞 시비가 마을을 소개한다. 읽어본다.

　　황토빛 구릉 바다로 흐른다.
　　왕제산王帝山 기슭에 참용讒龍처럼 누워
　　길게 처마를 맞댄 돌뫼石山 되었네.

　　입향조 창녕 조씨 민대들 만들고
　　해주 최– 장수 황– 전주 이– 김해 김
　　동래 정– 밀양 박– 경주 배– 광산 노
　　손 모아 언䢈둑 막으니 살찐 아시레 염전

대대손손 자식 키웠네.

수로水路 요충 임치진성 천년 고찰 원갑사 가슴에 품고
문장은 비단(錦繡) 되며 덕행은 인물(珪璋규장) 된다는
해동공자(崔沖최충) 가르침 따라 갑오년 동학 삼의사
부정不淨과 외세에 피로 맞서니 역사의 작은 부침浮沈도
여기 돌뫼동이 있었네.

이곳 작은 벌 너와 내가 태胎를 묻고
형제자매 나고 자란 석산동은 언젠가
우리 모두 돌아올 고향이라네.
세세익흥창世世益興昌할 터전이라네. -「석산마을회관」

돌뫼, 민대들, 아시레 염전, 임치진성, 원갑사, 삼의사. 키워드만 보아도 석산마을은 역사의 회오리 가운데 그들의 삶이 그대로 우러나는 터전이었다. 여기서 삼의사三義士는 동학농민혁명 지도자 세 명을 말한다, 즉 민제 최장현, 청파 최선현, 춘암 최기현이다. 이야기는 이렇다.

세계 3대 혁명인 동학농민혁명의 지도자 해주 최씨 삼의사는 28대손 최재익의 장남 장현1850, 차남 선현1867과 최재화의 아들 기현1866이며, 석산마을에서 태어났다.

썰물 때는 벌판이 되는 마을 앞 해변에서 선현과 기현은 동학 접주로서 근방에서 모인 동학농민혁명군 양성훈련을 지도하였다. 1, 2차 봉기 때에는 각처 전투에 참여하여 용맹을 떨쳤다. 이때 배상옥 장군은 가끔 장현의 집에 머물며 동학군의 훈련을 지도하기도 했다. 동학농민혁명 발발 후, 나

주 고막포 전투에서 패퇴하고 향리에 은거하고 있을 때 해제지역 향권鄕權을 둘러싼 갈등으로 평소 감정이 좋지 않았던 불의한 자의 밀고로 1894년 12월 25일 체포되었다. 나주 일본군 순사청으로 이송된 후, 모진 고초를 당한 끝에 27일 처형을 당하였다. 장현의 둘째 15세의 원식이 체포 당시 나주 처형장까지 따라가 불더미 속에서 시신을 수습하였다.

1894년 4월의 동학농민혁명은 조선 말기 60여 년 동안 어린 임금의 외척 세력들이 실권을 잡고 매관매직과 삼정三政, 전정·군정·환곡 문란 등 부정부패로 인해 사람이 사람답게 살 수가 없었고 평등사상, 척양척왜, 사람을 하늘처럼 여기는 동학사상이 널리 퍼져서 봉건제도의 개혁을 요구하며 봉기했다.

삼의사가 참여한 농민군은 황토현과 황룡촌 전투에서 관군에 맞서 승리하였고, 그 여세로 전주성을 점령하여 전주화약 12개 조항과 집강소 설치를 약속받고 청국군과 일본군대의 파병 명분을 주지 않기 위하여 해산하였다.

그러나 위정자들은 잘못된 제도의 개선보다는 동학농민군을 진압하기 위하여 청국군 파병을 요청하였고 파병 요청이 없는 일본군도 뒤따라 들어와 6월 경복궁을 점령한 후 친일정권을 세워 국권을 침탈했다. 9월 이에 대항하기 위하여 전국에서 300여만 명이 참여한 2차 봉기가 일어났다. 청일전쟁에서 승리한 일본군은 관군과 합세하여 신식 무기로 동학농민혁명군을 무자비하게 진압하였다. 약 30여만 명을 살상하였다. 1894년 12월 11일 순무 선봉진등록에 의하면 접주 문빈장현은 1894년 11월 고부 부민 황경여 소유의 도조를 받기 위하여 해제에 온 영촌면 비화동 박준상이 도조를 받지 못하도록 저지하는 등 가난한 농민의 대변자로, 약자를 침해하는 꼴을 보지 못했었다. 일본군은 동학농민혁명 재봉기의 방지를 위해서 동학농민군의 거괴우두머리를 잡으면 나주 토벌대본부로 압송하라고 각 현에 명령을 내렸다. 1895년 1월 양호우선봉일기 권4에 최기현, 최문빈, 최이

현을 접주로 기록하고 있으며 각 지역에서 잡혀온 거괴 73명과 함께 나주의 일본군 진영에서 쏘아 죽였다고 기록하고 있다.

삼의사의 죽음은 봉건제도 개혁과 나라를 위한 값진 희생이었다. 그리고도 패가망신을 당하는 수모를 겪었으나 해주 최씨 후손들은 조상들의 애국정신을 열심히 교육하였고 생활이 어려웠을 때도 일본인에게는 전답을 팔지 않았으며 일제강점기 때는 마을에서 농학놀이를 하는 것을 극구 반대하였다. 삼의사가 유언처럼 남긴 차당피당불입당此黨疲黨不入黨은 동학농민혁명의 피해가 얼마나 큰 것인지를 알 수 있다.

후손들은 1973년 동학농민혁명 참여한 해주 최씨 삼의사의 자료를 입증하였고 이를 기리는 '역사문화지원사업'으로 공원을 조성하여 알리고 있다.

감정마을 곰솔

"반갑소." 먼저 아는 채를 하신다. 감정마을회관 앞에서 주민을 만났다. "여기 걸으러 오셨구만." 이런저런 이야기 끝에 감정마을 소개를 부탁했다. "전라남도지정 곰솔이 유명하지라." 그냥 지나칠 뻔한 곰솔이다.

무안 석용리石龍里곰솔로 알려져 있다. 곰솔은 소나무 잎보다 억세서 곰솔이라 부른다. 바닷가를 따라서 자라기 때문에 해송이라고도 한다. 중부 이남의 바닷가와 해풍의 영향이 미치는 지역에서 많이 발견된다. 바닷바람과 염분에 강해서 바닷가 바람을 막아주는 방풍림이나 방조림으로 많이 심는다.

이곳의 곰솔은 전설에 따르면 마을 주민 한 사람이 쟁기용으로 쓰기 위해 나뭇가지를 베었다가 음부에 종기가 나서 3년간 고생을 하다 죽었다. 그 뒤에도 마을에서 많은 전염병이 돌았는데 주민들이 나무에 정성을 다하여 제를 모시자 마을이 평안해졌다. 이후, 이 나무는 신목神木. 신성한 나무,

당산영감으로 여겨 해마다 2월 1일 산신에게 드리는 당산제를 지내고 있다. 하지만 '외지인은 곰솔나무에 치성이나 공을 드리는 행위를 엄금한다.'는 안내문이 재미있다. 소문이 널리 퍼진 모양이다. 외부인들이 와서 치성을 드리는 일이 종종 있다니? 치성을 드려야 하는 사건이 많은 것인가.

감정마을 곰솔의 나이는 약 300년 정도로 추정된다. 마을에서는 이 나무를 생물학적 민속적 가치가 높아서 전라남도 기념물제175호로 지정하였다.

감정마을은 무안에서 서방으로 칠십 리 떨어진 해제에 위치한다. 봉대산이 우뚝 서고 그 서쪽으로 뻗어난 등걸산의 기슭 아래 동네가 감정이다. 1488년 담양 전씨 양은공 후손이 이주 세거하고, 그 다음으로 파평 윤씨, 인동 장씨, 밀양 박씨, 장수 황씨, 김해 김씨 등이 먼 옛날부터 오늘에 이르기까지 삶의 터전으로 살고 있다. 1763년 원갑사에서 노스님이 이곳을 지나다가 샘물 맛을 보고 마을이름을 감정이라 수머슴에게 청하니 이를 따랐다고 한다.

자랑거리를 찾는지, 한참 생각하더니 주민은 말했다.

"마을 주민 누구나 외지인들을 반겨주고 예를 다하여 모시는 거지요." 마을의 어르신들을 존중하고 사는 것이 제일이라고 덧붙인다. 예로부터 예와 효가 높은 지역으로 알려져 있는 곳임을 자부한다. 너나없이 널리 사람을 이롭게 할 줄 아는 아름다운 성심을 가진 마을이다.

이웃인 송전마을도 푸른 소나무가 마을 앞뒤로 울창하게 우거지고 풍광이 아름다워 청송靑松마을이라 불렸다. 행정구역의 개편으로 '소나무가 우거진 밭'이라는 뜻으로 송전松田이라는 지금의 마을 이름을 갖게 되었다. 감정마을과 마찬가지로 송전마을도 효와 예를 밑바탕으로 이웃과 따뜻한 사랑과 이해로 서로가 양보하며 우의를 돈독히 다져가고 있다고 마을회관 앞 석비가 전한다.

백학산 전설

　백학산126m은 야산이지만, 정상에 오르면 칠산 앞바다를 비롯하여 멀리 서해의 아름다운 풍광이 한눈에 들어온다. 특히 밀물 때 드러나는 갯벌과 연한 푸른빛의 서해바다가 아름다운 풍경을 빚어낸다. 대한불교조계종 백림사를 지나면 백학산이 끝난다.

　본래 동백나무가 많다고 하여 '동백산'이라 불렸는데 백학산이 된 이야기가 전설처럼 내려온다.

　옛날 동백산에 고씨라는 속세의 성을 가진 고승이 상좌 여섯을 데리고 백림사라는 절을 창건하였다. 고승은 밤낮으로 부처님께 불공을 드리면서 동굴을 만들었고, 그곳에서 참선하였다. 동굴 안에는 두 갈래의 굴이 있었는데, 한쪽은 바다의 수중 용왕에게 갈 수 있는 굴이고, 다른 굴은 용자龍子가 왕래할 수 있도록 하였다. 몇 년이 지난 후 백림사 인근 마을에는 긴 가뭄이 계속되었다. 마을 사람들이 피땀 흘려 지은 곡식들이 말라 죽었고, 개울물과 저수지도 쩍쩍 갈라진 지 몇 해가 지났다.

　마을 사람들은 굶주림에 나무 껍데기를 벗겨 먹으며 근근이 하루하루를 버텼다. 이러한 가뭄에도 고승은 동굴 안에서 수도만 할 뿐이었다. 하루는 마을 사람들이 모인 자리에서 한 사람이 말하기를 "봉대산에 누군가 암매장을 하여 산이 노한 것이 틀림없습니다. 그렇지 않고서야 이렇게 비가 안 올 수 있겠습니까?"라고 하였다. 그리하여 산으로 가서 암매장한 무덤을 파내고 비를 기원하는 기우제를 지냈다. 그러나 여전히 비는 오지 않았고, 오랜 굶주림에 죽어가는 사람들이 속출하였다.

　그러던 어느 날, 한 노인이 고승을 찾아가서 "대사님, 몇 해 동안 비가 오지 않아 사람들이 굶어 죽어가고 있습니다. 대사님께서 비가 올 수 있도록 불공을 드려 주십시오."라며 눈물을 흘렸다. 고승은 노인의 간곡한 부탁을 무시할 수가 없었다. 그리하여 수중 용왕 굴에 가서 목탁을 치고 염불을 외우니, 갑자기 먹구름이 몰려오면서 억수 같은 비가 쏟아져 내렸다. 비가 내리자 노인은 고승에게 머리가 땅에 닿도록 인사를 하고, 덩실덩실 춤을 추며 마을로 내려갔다. 비가 내린 지 몇 해가 지나고 또 극심한 가뭄이 들자, 노인은 다시 고승을 찾아가 비를 내려달라고 부탁하였다.

그런데 고승은 "한 번은 가능했지만, 두 번은 불가능합니다. 지난번 일로 용왕님이 노하셔서 제가 벌을 받게 되었습니다. 용왕님의 뜻대로 인간은 살 수밖에 없습니다."라고 하며 노인에게 마을로 내려가라고 하였다. 그리고 상좌들을 불러 놓고, "이제 나는 떠날 때가 되었구나. 다음 세대에는 중들이 죽임을 당하는 세상이 올 것이니, 너희들은 자연과 더불어 조용히 살아야 할 것이다."라고 하였다.

사실 고승은 용왕의 허락도 받지 않고 비를 내리게 하였고, 이를 알게 된 용왕은 고승에게 "너는 자연의 질서를 어지럽히는 큰 죄를 지었다. 그 벌로 학이 되어라."라고 명하였다. 이에 고승은 모든 깨달음을 얻은 후에 학이 되겠다고 약속했던 것이었다. 그리하여 하얀 학이 된 고승은 동백산 주위를 애처롭게 돌다가 멀리 날아갔다. 이를 본 마을 사람들은 하얀 학이 된 고승을 기리기 위해 동백산을 '백학산'이라 불렀다고 한다.

분매동 유적지, 삼강공원

신사마을 언저리를 지난다. '신사마을폐기물쓰레기장'이라고 적혀서 신사마을인지 알 뿐이다.

그리고 덕산1리 슬산마을을 에돌아 나간다. 돌담으로 둘러진 고택도 서너 채 보인다. 마당과 집안을 쳐다보니 빈 집들이다. 얕은 돌담으로 쌓은 울타리가 정겨워 보이는 마을을 한 바퀴 돌았다.

마을 앞산의 모양이 옥녀가 거문고를 타는 모양인데 거문고보다는 비파가 더 좋아 비파 슬瑟자와 산山자를 따서 '슬산'이라 불렀다. 옛날에는 길산吉山마을이라 했단다. 이 마을의 최초 입향 성씨는 함평 이씨이겸손로 세거지 경기도 평택에서 살다가 중종1506-1544 때 사회 정국이 혼란스러워 함평으로 이거하였다가 다시 이곳으로 옮겨왔다고 한다. 그 후로 함평 노씨, 나주 정씨 등이 입향하여 살고 있다.

곧이어 내분마을회관이고 삼강공원에 닿는다. 삼강공원三綱公園은 우리가 알고 있는 일반 공원, 즉 대중에게 개방되어 주민이 산책과 운동을 할 수 있는 공간이 아니다. 삼강비三綱碑을 모신 유적지가 삼강공원이다. 이외에도 파평 윤씨 사당인 금성사와 광산 김씨 모충사가 분매동 유적지로 근처에 있다.

유교 도덕에서 기본이 되는 세 가지 강령을 삼강이라 한다. 곧, 임금과 신하, 부모와 자식, 남편과 아내 사이에 마땅히 지켜야 할 도리로 군위신강君爲臣綱·부위자강父爲子綱·부위부강夫爲婦綱을 말한다. 삼강비는 충열문과 칠효열각 사이에 있다. 김득남 밀양 김씨 김성?1728-?, 김규연1747-1778, 김제문1786-?, 김종현1825-1893, 김철현1800-?, 김성정1760-?, 진주 정씨김영호의 처, 나주 임씨김준수의 처 등의 충효열을 기리기 위하여 1912년에 건립된 것이었다. 비의 높이는 175cm, 두께는 36cm이다(해제면).

『논어』「악연」편의 군군 신신 부부 자자君君 臣臣 父父 子子에 관한 이야기도 이와 유사하다. 임금은 임금다워야 하고, 신하는 신하다워야 하며, 아버지는 아버지답고 아들은 아들다워야 예禮가 이루어지고 정치가 바로 서는 바 나라가 윤택해진다는 뜻이다.

삼강비 이외에도 삼강공원에는 광산 김씨 충열문, 칠효열각, 삼강비, 분매동 유래비, 삼강조형물, 충효열강의장, 전통놀이 체험장, 천자문광장, 매사거사윤공 유적비와 파평 윤씨 효열비가 곳곳에서 의미를 부여한다.

분매동의 처음 이름은 함평현 불무동佛舞洞이었다. 불갑산이 아스라이 보여 붙인 이름이라 한다. 처음으로 마을에 입향한 사람은 광산 김씨 27세 김억창金億昌 1585-1646이었다. 그는 두문동 72현인 김약시金若時의 후손으로 경기도 양천현에 살다가 임진왜란 때 가족과 함께 배를 타고 피난길에 풍랑을 만나 이곳에 표류되어 광산光山 김金씨 집성촌을 이루었다.

그 후에 병자호란 때 벌말싸움에서 큰 공을 세운 그의 아들 매죽헌梅竹軒 김득남金得男 1601-1637이 고결한 절개를 지키는 선비정신을 배우기 위하여 세한삼우인 매화나무를 많이 심어 마을에 매화향기가 그윽하므로 분매동盆梅洞이라 하였다. 이후 세터에 파평 윤씨 윤득열1574-1642이 들어오고, 뒷골에 윤형은1647-1707이 들어와 세거하면서 분매매곡, 외분매, 내분매 3개의 마을로 나뉘어졌다.

1914년 행정구역 개편 당시 매곡과 외분매 두 마을 이름에 매자가 들어있다 해서 지금까지 양매리兩梅里라 부르게 되었다. 우데미와 아래데미로 구분한다. 우데미 매곡마을은 붕대산의 맥을 이은 매봉산을 주산으로 하고 있으며, 광산 김씨가 사는 거주지역이다. 아래데미 외분마을은 파평 윤씨가 사는 지역이다. 하여튼 유적 유물이 산재해 있는 역사문화마을이다.

32코스 무안군

삼강공원- 칠산대교- 삼복산등산로 입구- 무안황토갯벌랜드 / **17.8km**

걸어서 도리포해변 속으로

오랜만에 농로로 이어진 길을 걷는다. 긴 농로인 만큼 모내기를 준비하는 너른 들이 펼쳐진다. 들판 저쪽 둔덕에 밭고랑이 잠깐 보일 뿐이다. 무안 서해랑길에서는 양파밭, 양배추밭, 대파밭, 고구마밭, 그리고 마늘밭이 대부분인데. 32코스에서는 모내기 전에 출렁이는 농로 사이를 거닌다.

무안은 지형특성상 구릉지대가 많아 대부분이 밭으로 개량되었다. 그래서 '무안 처녀는 시집가기 전에 밥을 한 됫박도 먹지 못 하고 시집을 간다'는 풍문이 나돌았을 정도다.

해제면은 양파, 마늘과 미곡이 중심작물로 벼농사가 그런대로 많은 편이다. 무안군 내에도 영산강을 접한 평야지대는 벼농사를 기반으로 하지만 서해랑길목은 서해안과 접하고 있어 수산물 생산과 밭작물 재배가 주 소득원이다.

이번에는 염전길이다. 무안의 염전마을을 지난다. 버스정류장 이름도 '염전'으로 되어 있다. 바다가 가깝다는 지형적인 특성이 염전지대로 만들어진 것이다. 이곳도 어김없이 염전지역의 일부가 태양관 발전단지로 탈바꿈되어 아쉽기만 하다.

삼봉마을회관에서 보이는 소나무 숲이 멋지다. 숲 너머가 바로 도리포해변이란다. 해제반도 북서쪽 끝 도리포에 있는 유원지다. 모래사장이 길고 송림이 우거지며 해변이 넓은 도리포해변이다.

염전마을

　그런데 밀물로 모래사장이 끝난 바다는 갯벌이 드러난다. 아이들이 찐득이는 갯벌 속에서 놀고 있다. 해수욕장으론 마땅치 않은 듯싶다. 오히려 해변의 낭만을 즐기는 것이 나을 것 같다. 마침 토요일. 캠핑과 카라반글램핑이나 차박으로 소나무숲은 이미 만원이다. 소나무숲이 곧 사람들로 가득 찰 것 같다.
　소나무 숲 사이에 송석정松石亭이 있다. 소나무 계곡이라는 의미로 송계마을이라 칭한다.

　　송림이 우거지듯 송계松溪는 창성하리
　　낙엽이 귀근歸根이면 애향도 귀근이라
　　부모형제 일가친척 그리는 마음
　　송석정에 모았으니 신선도 유숙留宿하며
　　과객은 휴식休息하고 동민洞民에겐 안식처라
　　명사들의 방함芳啣이 천추千秋토록 빛나리　– 안국安國 글

다시 돌아오라는 도리포항

도리포해변에서 육지의 꼭짓점까지 가야 도리포항이다. 도리포해변과 도리포항은 다소 떨어져 있다.

도리포항은 자그마한 포구다. 해제면 송석리에 위치한 도리포항은 무안에서 가장 큰 포구로 예전에는 100여 척이 넘는 어선이 드나들었다고 한다.

「해제면 마을유래」에서 보면 도리포道里浦는 1789년 호구총수에도 나오는 역사적 지명이었다. 조선시대에는 도리포道里浦로 썼으나 일제강점기 때는 '도리'라 불렀고 해방 이후에는 다시 도리포로 불렀으나 한자는 道理浦 도리포로 바뀌었다. 길이 통하는 포구라는 의미를 갖는다. 예전에 이곳 사람들은 도로포라 하여, '돌아가는 포구', '돌아오는 포구'로 되돌아오는 포구라는 뜻으로 사용했다(무안군 해제면). 배가 돌아오면 그리운 사람들을 만날 수 있는 그리움과 기다림이 교차되는 포구였던 것이다.

이를 대변해 주는 '항상바우'가 도리포에 있다. 이는 항상 같은 바위로 있다 해서 붙어진 이름인데 여러 가지 이름으로 의미를 달리하고 있다. 항구에 떠 있는 바위라 해서 항상港上바위, 살아서 돌아오라는 염원이 담겨 환생還生바위, 신선이 돌아온다 해서 환선還仙바위, 배가 다시 돌아오라는 의미에서 환선還船바위라 불렀다. 함평군의 손불마을이나 현경면의 월두마을 주민들이 큰 바다로 고기를 잡으러 갈 때는 반드시 이 바위에 고사를 지내고 갔다고 한다.

도리포항도 서해안의 여느 일출명소와 마찬가지로 겨울철에는 함평의 바다 쪽에서 해가 뜨고, 여름철에는 영광의 산 쪽에서 해가 뜬다. 바다 쪽으로 길게 나와 있어 일출을 볼 수 있고 포구 반대편 칠산바다 쪽으로는 일몰이 장관을 이루어 일출과 일몰을 함께 즐길 수 있는 곳이다(두루누비). 충남 서천의 마량포구와 마찬가지로 일출과 일몰을 같은 장소에서 즐길 수

도리포항, 항상바위와 칠산대교

있는 곳으로 매년 1월 1일에는 이곳에서 일출 행사가 개최되기도 한다.

무안군과 영광군, 그리고 함평군이 마주보고 있는 도리포항은 각종 어족자원의 못자리였다. 해서 다양한 어종이 잡힐 만큼 황금어장이었다. 바다낚시로 유명하며 낚시 후 어획한 싱싱한 활어를 즐길 수 있다. 짱짱한 횟집도 주위에 있어 낚시를 안 해도 된다. 그중에 숭어회가 맛있는 곳으로 소문난 포구다.

전국적으로 유명한 해제 김의 생산지가 바로 이곳이다. 이곳에서 생산되는 양질의 원료인 물김은 진도, 해남 등지의 물김에 섞기 위해서 불티나게 팔려 나간다(해제면). 곱창김 제조장을 겸한 현대식 카페가 사람을 부른다. 해서 마을에는 다른 마을에 비해 청년들이 많이 살고 있단다. 도리포해변에서 낭만을 즐기고, 도리포항에서 먹거리를 해결하고 추천할 만하다.

함평만 바다를 잇는 영광군의 칠산대교로 자동차들이 잇따라 달려가고 달려온다. 어디로 가는지 궁금하다.

무안 도리포 해저유적 매장해역

도리포는 해저유적이 발굴된 곳이기도 하다. 전라남도 무안군 해제면 송석리 도리포 북측 약 3km지점, 닭섬 북쪽 약 1km 지점이다. 이곳은 함평만 지역으로 무안, 함평, 영광군과 경계를 이루고 있으며, 신안군 어의도와 전장포 지역이 서쪽에 위치하고 있다. 국가 사적지제395호로도 지정되었다(국립해양유물전시관).

1995년 10월에 이곳에서 바지락 채취를 하던 잠수기 어부들에 의해 청자대접 등 120점의 유물이 신고되어 세상에 알려지게 되었다(국립해양유물전시관). 고려 후기 상감청자를 대표하는 유물로 확인됨에 따라 문화재청문화재관리국에서는 '무안 도리포 해저유물탐사단'을 구성하고 해군 '충무공해전유물발굴단'과 함께 1995년 10월과 1996년 5월과 10월 총 3차례에 걸친 수중 유물을 탐사하였다.

그 결과, 청자대접을 비롯하여 소량의 잔과 접시 등 1차에 449점, 2차에 147점, 3차에 43점으로 총 639점이 인양되었다. 그릇들은 포개진 채 뉘어져 매몰되어 있었고, 개흙과 조개껍질 등이 붙어 있었을 뿐 비교적 상태가 좋았다.

도리포 해저 출토의 상감청자의 기형器形은 대접 561점, 접시 72점, 잔 2점, 잔 받침 2점, 발 1점이다. 대부분 일상 생활용기인 대접과 접시가 주류를 이루며, 유물의 문양은 상감기법으로 새겨져 있었다. 구름과 봉황이 가장 많이 나타나며, 국화문, 모란당초문, 연화문, 화훼문, 유노문과 유노수금문 등이 단순하면서도 해학적이며 생동감이 우러나는 것들이다. 청자의 유색은 담녹색과 담갈색, 암녹색과 암갈색으로 대부분 어두운 색을 띠고 있다.

발굴된 유물들은 14세기 후반1370-1380에 전라도 강진 일대 사적제68호에서 제작된 청자들로, 도리포 근처를 지나가던 청자를 실은 배가 침몰하였던 것으로 짐작된다. 그러나 침몰선이 발견되지 않아 매장 경위에 대한 사항은 밝혀지지 않았다. 도리포항은 중국과 가장 가까웠던 포구로 중요한 교역로였다.

그러나 윤종인 교수의「무안 도리포 해저출토 상감청자의 성격」에 따르면, 도리포 출토 상감청자들은 강진 사당리 10호 요지 일대에서 제작된 1350년대와 1360년대 초반경인 공민왕대에 고려 왕실 및 관청 수용의 공납용 상감청자들로 개경으로 향하던 조운선박이 풍랑에 휩쓸렸거나, 왜구들의 침입으로 무안 도리포 해역에 침몰되었던 것으로 추정하였다.

고려청자가 쇠퇴기에 접어들 무렵에 만들어진 것으로 당시 문화와 경제상을 살펴볼 수 있는 학술적 자료로서 가치가 높다. 또한 고려 말기 청자의 변천을 살필 수 있는 귀중한 자료로 분청사기로 넘어가는 과도기적 청자로 의미 또한 높다고 한다.

이야기가 있는 문화생태탐방로

자연 속 편안한 휴식이 함께하는 무안여행이다. 천혜의 자원인 갯벌과 황토를 걷는 탐방로가 있다. '이야기가 있는 문화생태탐방로.'

문화생태탐방로는 문화관광체육부가 2009년부터 매년 자연경관이나 역사, 문화자원이 뛰어난 길 중 특히 도보여행객들이 가볼만한 곳을 지정, 지원하는 사업에 의해 만들어진 길이다.

무안군에는 4개 구간, 총 40.3km의 길이 조성되었다. 걸을 수 있는 길이 있다니 우선 반갑다. 1구간9.3km은 마을과 들녘을 걷는 길이다. 해운보건진료소에서 시작되는 길은 당연히 마을들, 후동마을- 현화마을- 평산4리 버스정류장까지 이어진다. 서해랑길 34코스에 해당된다.

도리포해변 꽃보다 청춘 무안 여행 중

2구간11.km은 들녘과 바다를 걷는 길이다. 송정리 버스정류장에서부터 수양마을- 감풀마을- 두풍마을- 요정골마을- 월두마을주차장까지 마을을 지나지만 바다를 보며 걷는 길이다.

3구간10km은 해변과 갯벌을 따라 가는 길이다. 무안황토갯벌랜드에서 시작해서 물암마을- 가입마을- 홀통해수욕장- 오류동마을- 삽다리 버스정류장에서 끝난다. 갯벌과 홀통해변을 지난다. 서해랑길 24코스와 함께 한다.

무안황토갯벌랜드에서 시작하는 4구간은 갯벌과 산, 함평만을 둘러싼 서해의 갯벌과 송계산을 넘는다. 용산마을- 신만마을- 신풍마을- 송계산- 도리포유원지에 닿는다. 구간마다 서해랑길과 겹친다. 이참에 관심을 가지고 걸으면 무안을 빠삭하게 속속들이 알아갈 것 같다.

서해랑길은 '문화생태탐방로' 4구간의 용산마을을 끝으로 황토갯벌랜드에 이른다. '청정한 희망'을 여는 용산마을. 동, 서, 남 삼면이 바다로 되어 있다. 동편백두에 인접된 바다에서 용이 하늘로 승천하다 떨어졌던 산이 있다는 설에 의해서 용산마을이라고 부르게 되었다. 큰 용산 서북쪽으로는 해발 100m 가량의 산이 용머리이며, 동과 서남쪽으로 500m거리에 펼쳐진 부분이 용날개이고, 서남쪽으로 약 700m가량 인접지역이 용꼬리라 전해오고 있다.

마을은 큰 용산과 작은 용산, 그리고 사그점의 3개 반이 전부다. 지금은 약 35호의 여러 성씨들이 오순도순 살고 있다. 지명으로는 가마골, 사그점과 갯골이라고 불리는 샘너머 바다골이 있다.

용산의 서쪽 약 200m가량 떨어진 지점에 위치한 가마골은 옛 선조들이 도자기와 백자기를 빚어서 생업을 이루었던 곳이다. 큰 용산 북쪽으로 150m 떨어진 지점에는 '샘너머'라는 우물이 있었는데 고개를 넘어 물식수을 길러 와야 병이 없이 건강하게 산다고 하여 샘너머로 불렸다. 허나 지금은 우물이 없어지고 농토로 이용되고 있다.

지구의 시간을 느끼는 무안의 갯벌

코스의 종착지면서 시작점 '무안황토갯벌랜드'다. 안으로 들어가 둘러볼 만하다. 꽤 흥미롭고 재미지다. 무안황토갯벌랜드가 처음엔 무안생태갯벌센터였다. 그러니까 센터가 랜드로 확대된 것이다.

무안황토갯벌랜드에서도 무안생태갯벌과학관은 꼭 보아야 한다. 갯벌의 중요성과 갯벌 생물의 다양한 특징을 배울 수 있다. 결국 무안갯벌만의 특수성을 이해하게 된다.

무안군과 함평만 사이에 위치한 함해만 일대 면적 4.2㎢의 갯벌은 외해에서 어류가 회유하여 산란하는 주요 서식지이자, 자연 침식된 육지의 토양과 사구의 영향으로 다양한 갯벌이 혼재하는 지역이다. 이러한 특징을 바탕으로 무안갯벌은 다양한 동식물종들과 철새들이 있는 생물다양성을 갖추고 있다.

북서쪽이 열려 있는 입구는 좁고 안이 넓은 폐쇄된 만의 지형으로 3,000년 역사의 신생 갯벌이라는 점이다. 수심 10m 미만의 얕은 퇴적층으로 형성되어 생물다양성이 풍부하다. 다른 지역에 비해 자연 원시해안이 많아 연안의 생태적 건강성이 우수하다고 인정받고 있다.

갯벌이 잘 발달한 것은 주로 편평하고 완만하며, 해안선이 복잡하다. 주변에 섬이 많아 파도도 세지 않다. 갯벌에 난 목교를 걸어보자. 갯벌을 체험하고 바다의 의미와 생명체의 다양성이 느껴진다. 말로는 표현되지 않지만. 이런 지역적 특성이 걸으면서 저절로 느껴진다.

무안갯벌은 24시간이 부족하다. 하루 2번, 갯벌은 생명들의 움직임으로 분주해진다. 새벽 만조가 지나고 서서히 물이 빠지면 갯벌 생명들이 이곳저곳에 나타나며 조용히 잠자던 갯벌을 깨운다. 한바탕 소동이 끝나고 해가 지기 시작하면 다시 물이 차오른다. 세상의 생명들은 모두 집으로 돌아가고 갯벌은 바다 속으로 숨는다. 그리고 내일의 새벽을 조용히 기다린다. -무안생태갯벌과학관

무안 갯벌은 3관왕을 차지했다. 국내 최초 2001년 한국의 갯벌습지보호구역 1호가 되었다. 2008년에는 람사르습지가 됨과 동시에 갯벌도립공원 1호로 지정되었다. 천혜의 자연경관을 자랑할 만하다.

'갯벌 생물관'에서 무안갯벌에 서식하는 저서생물과 염생식물, 철새 등에 대해 살펴볼 수 있다. 전시장 벽면에 1, 2, 47, 50, 250 숫자가 눈길을 끈다. 해양수산부 지정 제1호 습지보호지역 '무안갯벌'과 해양보호생물 지정종 2종 흰발농게와 대추귀고동, 무안갯벌에 서식하는 염생식물 47종, 무안갯벌

을 찾는 조류 50종, 무안습지보호지역 대형 저서동물 250종을 의미한다.

이외에도 분재테마전시관과 일반분재전시실 등 볼거리가 다양하다. 이색볼거리로 지역출신인 故문형열 옹이 기증한 분재 작품 등 1,000여 점이 전시되어 있다. 무안군 해제면은 전국 분재 생산량의 30%이상을 생산하기도 한다.

이곳에서는 숙박도 가능하다. 황토이글루, 황토움막, 방갈로, 캐러반, 오토캠핑장 등 다양한 숙박시설이 있기 때문이다. 편의시설로는 식당과 매점, 카페, 바비큐장 등이 갖추어져 있다. 처음 조성되었을 때 도서(섬)학회가 열려 황토이글루에서 숙박을 한 적이 있었는데, 아늑하고 따뜻했다. 지금 다시 와보니 엄청난 규모로 발전한 것이 눈에 띈다.

33코스 무안군

무안황토갯벌랜드- 마산마을- 석북마을회관- 상수장3반버스정류장 / 19.8km

말과 관련된 지명이 많은 마산마을

마산리馬山里는 현경면 소재지에서 해제 쪽으로 9km 떨어진 현경-해제 간 일반국도 옆에 위치하고 있다. 마산마을은 조선시대 목장이 있었던 마을로 추정되나 기록이나 구술이 없어 확인할 수 없다.

현재의 행정구역명은 1914년 행정구역 개편 때에 신기동을 합하여 무안군 현경면에 편입되었다. 마산리는 두 개 마을, 마산1리의 마산마을과 마산2리의 신기마을로 이루어졌다.

마산馬山이란 지명은 마을 뒷산인 비룡산에서 마을을 보면 마을을 둘러싼 산의 지형이 마치 말의 형국을 하고 있어 붙여진 이름이다. 마을이 자리 잡은 곳이 말안장과 같은 지세로 안정적이고 편안한 느낌을 주는 곳이다. 이른바 마산 지세의 자리다.

마을을 둘러싼 지명에는 말과 관련된 이름이 많다. 이목정과 걸안지 사이에 말을 방목해서 길렀다는 방마放馬골평이 있다. 또한 마을의 동쪽 신기마을과의 사이에는 말에게 먹일 풀을 길렀던 초장草場골이 있다. 초장골 앞에 마을 광산 김씨 입향조의 무덤이 있는 곳을, 이유는 알 수 없지만, 삼역동三驛洞이라 칭한다. 단지 마을 주변에 말관 관련된 지명이 많아 목장이 있었을 것이라고 추정할 뿐이다(현경면). 마을이 큰 동네와 너먼골로 나뉘어져 있다. 마을이 얼마나 컸던지 이 마을로 시집온 사람들이 나들이 갔다가

집을 못 찾아 당황한 적이 많았다고 한다. 주민들이 많이 거주하게 된 것은 주변 환경이 넉넉함 때문이었다. 광주 김씨와 함평 이씨 두 집성촌의 화목한 분위기도 마을을 살찌게 하는 주된 요인이 되었던 것이다.

현재 마산횟집 주변을 걸안지 또는 거안지라고 하는데, 함부로 지나다니기가 어려운 곳去難地, 기러기가 지나간 곳去雁地, 또는 편히 살 수 있는 곳居安地을 나타내는 지명이다. 거난지去難地라 부른 이유는 예전에 해제나 지도 사람들이 이곳을 지날 때 봉변을 당하는 등 대단히 큰 어려움을 겪었다 해서 붙여진 이름이다.

마을에서는 오래 전부터 마을의 평안과 농사의 풍년을 기원하는 당산제를 지내오고 있다. 예전에는 수령이 수백 년이 넘은 구수나무가 있어 그곳에서 지냈다. 그러나 1960년 사라호 태풍에 쓰러져 말라 죽고 근래에 들어서 마을회관 앞에 새로이 당산나무를 심어 당산제를 지내고 있다. 당시 당산나무가 얼마나 컸던지 무안에서 제일 큰 당산나무였다. 20여 두頭의 소를 매어도 자리가 남아 더 맬 수 있는 크기였다고 한다.

33코스는 두 번에 나누어 안권숙 교수와 같이 걸었는데, 기억력이 의심되는 일이 벌어졌다. 오후에 가볍게 운동 겸 걷기로 하고 석북마을에서 상수장3반버스정류장까지 약 3.8km로 정했다. 상수장3반버스정류장에 내 차를 주차하고 안 교수 차로 석북마을로 갔다. 헌데 상수장3반버스정류장에 도착했는데 자동차 열쇠가 없는 것이었다. 깜빡하고 안 교수 차에다 두고 온 것이었다. 하는 수 없이 다시 걸어서 석북마을로 갔다. 왔던 길을 다시 걸어도 지루하지 않았다. 서로의 속내를 털어놓는 깊은 이야기에 빠져서.

석북마을은 행복마을

'석북행복마을' 안내판. 행복마을이라고? 얼마나 행복한 마을인가, 의문이 생긴다.

결론부터 말하자면 이름만 행복마을이다. 전라남도에서 실시하는 '행복마을조성사업'의 일환인 '한옥보존시범마을'이었다. 무안군에서는 현경면 석북마을이 선택된 것이다.

2003년 정보화마을 지정 이후 자연과 흙을 바탕으로 지역특산물을 생산하여 판매하는 팔방미인마을을 만들었다(무안문화원). 다양한 농촌 체험프로그램을 개발 실시하면서 마을을 찾고자 하는 이들을 위한 여가공간으로 한옥을 건립하고자 행복마을로 지정된 것이다.

"마을에 행복마을사업으로 새 한옥이 들어서면서 동네에 활력이 생겼다"는 설명이다. 행복마을 프로젝트는 전남도가 지난 2007년부터 농어촌 주거환경을 바꾸기 위한 목적으로 추진하고 있는 사업이다(http://www.ftoday.co.kr).

현경면 수양리 석북마을은 함해만의 아름다운 경치와 게르마늄이 풍부한 황토갯벌로 어우러져 있다. 하늘을 이고 있는 마늘밭 너머 개펄이 펼쳐지고 양파밭 너머엔 파도가 들이치고 들판에 서 있는 굽은 소나무 몇 그루도 아름다운 풍경을 자아내는 마을이다. 들녘은 황토 땅이며 황토 들판 옆으로 푸른 양파와 마늘밭이 대조를 이루고 있다. 주민들 스스로도 조상대대로 불려온 청정환경 보전에 스스로 노력하고 있으며 깨끗한 자연 가꾸기에 힘을 쓰고 있다.

전국 최초 무농약 고구마 품질인증을 받은 4만 평 유기농 고구마단지 새터농장이 있다. 이곳 해풍과 물 빠짐이 좋은 황토에 고급유기질 퇴비를 먹고 자라 당도가 뛰어날 뿐 아니라 저장성이 좋다고 한다. 그래서 많은 소비자들이 찾고 있다. 고구마 인증을 받은 이후 최근 10여 동안 양파, 마늘, 배추, 당근, 감자, 무 등 대부분 농산물이 친환경 농산물 인증을 받아 열악했던 농가소득에 큰 도움이 되고 있다. 이러한 상황만으로도 행복 조건에 해당되는데. 여기다 한옥까지.

수양촌마을, 황토고구마밭

양파 수확작업

하지만 진정으로 행복을 추구하는 나라가 있다. 부탄이다. 국가의 발전 정도로 국민총생산GDP지표를 보는데, 부탄은 국민총행복Gross National Happiness, GNH 지수를 지표로 삼고 있다.

5년마다 행복조사를 실시하는 나라가 부탄이다. 최근 조사결과에 따르면 92%가 '행복하다'고 응답한 반면, 3~5%만 '불행하다'고 응답하였다. 부탄이 행복지수 1위인 이유는 무상 의료 및 무상 교육과 같은 복지나 물질적 혜택도 있겠지만, 국민이 행복하도록 고민하고 나눔을 의무로 받아들이는 통치자와 행정시스템에 있다(조유향).

교육을 강조한다. 교육부에서는 행복을 위한 교육, 좋은 사람이 되는 교육, 자애심 많은 사람이 되는 교육에 주력한다.

생계는 농사로 해결한다. 열심히 농사를 짓는다. 농업의 비중이 과거에 비해 크게 감소하긴 했지만, 아직까지 농촌인구가 69%에 달한다. 이들은 대부분 전통방법에 의한 농사로 벼, 밀, 옥수수, 감자가 주이며, 목축업으로는 소와 야크를 주로 키운다. 2차 산업의 특징은 제조업보다는 수력발전 분야가 상대적으로 더 크다. 이는 부탄이 자연조건상 수력발전을 통해 전기를 인도에 수출하는 것이 경제성이 높기 때문이다.

거지가 없다고 한다. 만일 가족 중에 누군가 생활이 어려운 사람이 있으면 가족이나 친척이 돌보고, 아니면 절에서 거두어주기 마련이다. 국민 서로가 돕는 복지서비스라고 해도 좋을 것이다. 그래서인지 일하지 않는 사람들의 비율도 높은 편이다. 근로자의 대부분이 인근 국가에서 참여한다는 점도 문제점으로 지적된다.

무엇보다 좋은 정책이 가장 중요하고, 좋은 정책을 내놓는 좋은 정부가 있어야 국민이 행복하다는 것이다. 행복은 모든 국민이 행복해지도록 노력하는 정책이 지름길이다.

34코스 무안군
상수장3반 버스정류장- 유수정회관- 파도목장입구- 돌머리해변 / 17.2km

옛 정취가 풍기는 송정정미소

상수장 버스정류장에서 하수장 버스정류장까지는 2차선 도로지만 인도가 전혀 없는 전형적인 시골 포장도로다. 갓길이 없어 신경을 바짝 차리고 걸어야만 했다. 풍경이랄 것도 없는 시골 농촌의 도로가 아직도 이런 모습이라는 생각을 하면 어이없다. 하지만 자동차가 달리는 데는 전혀 손색이 없다. 씽씽 잘 내달린다.

말이 좋아 정미소이지 창고 같은 허름한 건물이 버티고 있다. 하수장 버스정류장 근처에서 만난 낡은 정미소다. 바람이 조금만 강하게 불어도 무너질 것 같은 건물이 풍경을 더 한다. 명패도 없이 기계가 돌아가나 싶었는데 건물 꼭대기에 '송정정미소' 간판이 꽤 크다. 과거엔 여행사도 했는지 여행사 간판도 겸하고 있는 것이 우습다. 반쯤 열린 문으로 들여다보았다. 그래도 젊은 편인 아저씨 혼자 이리 갔다 저기 갔다 하면서 바쁘게 움직인다. 인사말을 건 내기도 미안할 지경이다.

> 늙고 낡은 기계들은 아직까진 잘 버텨주고 있습니다. 다행히.
> 하지만 너무도 투명한 이 기억이 머지않아 낡은 전설이 돼버릴지도 모르겠네요.

EBS방송에서 천년의 기억으로 나오는 정미소의 풍경이다. 정미소精米所는 곡식을 도정하는 공장으로, 도정공장이라고도 한다. 벼, 보리 등 곡물을 가공하는 시설. 일반적으로 현미기, 현미분리기, 정미기, 계량기 등 일련의 기계를 갖추고 있다. 최근에는 건조, 저장에서부터 포장에 이르는 전 과정을 자동화 현대화한 시설로 발전되었는데, 이를 미곡종합처리장이라고 한다(농촌진흥청).

본래 방앗간의 일종이나 현대에는 현대식 설비를 들여와 공장식으로 운영되는 곳이 많다. 일반적으로 동네 방앗간이라고 하는 곳보다는 큰 규모의 공장이다. 따라서 포장, 출하까지 정미소에서 다 하는 경우에는 농협이나 조합 같은 큰 단위에서 운영하는 경우가 많다. 여기서 도정을 한 다음 포장 과정을 거쳐 출하를 하면 본격적으로 쌀집으로 운송되어 우리가 구매할 수 있는 것이다(나무위키).

방앗간은 방아를 이용해 곡식을 짓 빻아 가루로 내는 시설이다. 재래식 방아는 인력·우마력·수력·풍력 등을 주로 사용했으나, 오늘날에는 전기로 가동하는 현대식 분쇄기가 더 많이 쓰인다. 곡식뿐만 아니라 고춧가루를 빻고 각종 기름류를 짜내기도 하며 그 자리에서 떡을 뽑아주기도 한다. 아예 방앗간에서 기름집, 떡집을 겸업하기도 한다. 과거에는 기름만 짜내는 기름집들이 따로 있었지만 요즘은 방앗간과 기름집 모두 수요가 줄어들면서 합쳐진 경우가 많다. 방앗간이란 단어를 상호 짓는 데 활용하는 음식점도 가끔 볼 수 있다. 특히 떡을 만들어 파는 떡집에서는 '떡방앗간'이란 표현을 상호에 쓰는 경우가 상당히 많다.

정미소. 곡류가공의 장소로 우리의 식생활에서 없어서는 안 될 중요한 장소 중의 한 곳이다. 무안군의 경우는.

이름도 예쁜 마을路

서해랑길은 '장군로'를 따라 유수정마을을 지난다. 현화로를 따라서는 내현화마을과 외현화마을로 나뉜 현화마을을 두루 거쳐 후동마을로 간다. 마지막 종착지 돌머리 마을인 석두마을로 이어진다. 오늘의 마을로路를 따라 걷는 산책 여정이다. '이야기가 있는 문화생태탐방로' 1코스로 서해랑길 34코스와 함께 하는 길이다.

장군바위라는 고인돌의 이름을 따 장군암마을이 해운 5리에 속하고, 그곳까지 가는 길이 장군로가 되었다. 장군바위는 남북 장축의 큰 고인돌로 바위 윗부분에는 붉은 빛이 어려 있고 군데군데 홈이 파여져 있다. 정성을 들이면 장군 같은 아이를 낳는다는 장군바위. 주민들은 30년 전부터 정월 보름이면 장군바위에 제사를 지내고 있다.

장군로를 걷다보면 먼저 유수정마을회관, 평산 4리에 이른다. 바다를 끼고 있는 우수한 경관을 바탕으로 마을이 아담하게 이루어져 있다. 들녘은 황토땅이며 황토 들판 옆으로 푸른 양파와 마늘밭이 대조를 이룬다. 반농반어의 고장, 뭍이 끝나는 골짜기마다 자그마한 어촌들이 숨어 있다.

마늘심기, 후진심기: 앞에 심고 뒤로 물러나면서 심는다.

마늘종자

대문 앞에서 새참을 드시던 중이신가, 내가 지나가니까, 말을 건 내신다.

"음료수 한 잔 하고 가셔요?"

소주박스를 뒤집어 활용한 술상에는 계란말이, 무생채, 오뎅국이 안주로 차려졌다. 한가하게 소주를 마시는 주민들이 부럽다.

"술밖에 없는 것 같은데요? 괜찮습니다." 하자 옆에 있던 어르신이 캔커피를 내 앞에 내놓는다.

"여기요." 하며. 어르신 뒤로 'Let's Be' 캔커피가 3박스나 있는 것이다.

"어디서 이렇게 많은 캔거피가?" 하자.

"내 차에서 내려놓은 것이네요." 본인이 사가지고 왔다고 하지 않고 편하게 말씀하신다. 길가 집이라 대문 앞으로 많은 사람들이 지나갈 때마다 음료수를 챙겨드리는 것 같다. 그리고 얼음물도 있다면 금방 일어나 들어가서 얼린 생수 한 병을 나에게 가져다주셨다. 아주머니도 한 분 오시더니 합세했다.

"배낭 맨 사람들이 지나가면서 사진을 엄청 찍드라고. 다른 것 찍어봐야 소용없어, 이런 것을 찍어야지." 하면서 마늘종자더미를 마당에서 안고 나오셨다. 덕분에 마늘종자도 처음 구경했다.

저탄소 녹색생활화 실천의 집, 주인장인 강동선 씨는 마늘하고 고추하고 깨 농사를 하신다며, 농사 이야기를 이어갔다. 이 마을에서는 붉은 황토에서 생산되는 밤고구마를 비롯하여, 수박, 참깨, 쪽파, 양파 등을 지으며 산단다. 블루베리 농장도 지나는 길에 만났다.

이들이 살고 있는 유수정流水亭마을은 감방산에서 흘러내리는 물이 마을 앞으로 흘러내린다 하여 마을 이름이 유수정이다. 마을 북쪽은 드넓은 바다가 있고 동남서쪽에는 울창한 임야가 둘러 있어 아담한 곳이라고 자랑한다. 200여 년 전에 장흥 고씨가 처음으로 터를 잡고 살았다. 그 후 여러 성씨가 들어와 마을이 차츰 커지고 발전되어 지금에 이르렀다.

마을 바깥 쪽 바닷가 갯벌에는 멸종위기동물Ⅱ급 흰발농게와 대추귀고둥이 집단으로 서식한다. 집단 서식지로 멸종위기에 처한 동물을 보호하기 위해 관심이 필요한 지역이라며 애지중지한다.

어느새 현화로. 외현화마을 표시석이 보인다. 외현화마을은 태통산兌通山 정기 받은 마을이다. 태통산은 화합의 장이었다. 추석이 되면 현화리의 주부들이 모여 강강수월래를 하며 정을 확인하였다. 삼백오십여 년 전 장수 황씨, 인동 장씨, 무송 유씨, 광산 김씨가 터를 잡고 살았다. 그 후 전주 최씨가 임진왜란 때 난을 피하여 전주에서 무안군 몽탄을 거쳐 이곳에 입주하여 집성촌을 이루었다. 태통산을 중심으로 동편은 내현화마을, 서편은 외현화마을이라 부른다.

단아하고 나지막한 단청 팔작지붕이 눈을 즐겁게 했다. 전주 최씨 삼강문이다. 삼강문은 마을회관 앞에 있으며 2003년에 세운 건물로 정면 3칸, 측면 1칸에 팔작지붕이다. 忠에 임진왜란의 충신으로 병조참관을 역임한 제남, 孝에는 지극한 효성으로 하늘의 감응을 이끌어낸 달신과 그의 아드님인 상효, 烈에는 상효 부인인 죽산 안씨가 주인이다. 안씨는 결혼한 지 3년 만에 남편이 전염병으로 위기에 처하자 허벅지살을 베어 약제로 사용함으로써 병을 낳게 하였다. 삼강문 안에는 이를 기리는 두 기의 비석이 있다(현경면).

내현화마을은 현화3리로 현화리 안쪽에 있다 해서 붙여진 이름이다. 내현화마을회관은 대한노인회 무안군 지부가 있을 정도. 노인들을 두루 아우르고 있는 것이다. 인조 신사년1641에 김해 김씨가 처음으로 마을을 형성하였다. 그 후 여러 성씨가 거주하고 있으나 주로 김씨와 최씨 집성촌을 이루고 있다. 숙종 정해년1707에는 현포 김석구1653-1718 선생이 강학소講學所인 현포정사玄圃精舍와 유택을 이곳에 창건하였다. 그는 조선시대 대학자 미수 허목의 문하생이었다. 걷다 보면 사슴이 물을 먹는 형국의 '생록동' 마을표시석도 보이고. 현화3리를 지난다.

그리고 파도낙농체험목장을 지난다. 목장인데 바다가 있는 곳이라 '파도목장'인가? 이름이 그럴듯하다. 잔디가 좋아 보여 마당 안으로 들어가 보았다. 넓은 초지와 바다를 배경 삼아 자연을 느낄 수 있었다. 그림처럼 아름답다. 체험의 종류는 낙농체험과 캠핑체험으로 나뉜다. 낙농체험은 우유 짜기, 소 꼴 주기, 초지체험, 송아지 우유먹이기 등 다양하다. 캠핑체험은 갯벌체험, 트랙터 트레일러 타기 체험과 캠핑을 함께 즐길 수 있다. 어린이에게 대자연과 교감하는 소중한 추억이 될 것이다. 농촌진흥청 농촌교육인증목장으로 HACCP인증목장이기도 하다.

해운4리 후동마을 못미처 바닷길로 간다. 예전에는 이 마을 앞에까지 바닷물이 들어왔다고 하듯이 점차 바닷가로 접어든다.

함평만, 밀물이 밀려오는 광경

 해운천변을 끝으로 서해랑길의 무안군 구간이 막을 내린다. '수산자원보호구역 안내판'에 함평군 함평읍 손불면이라고 적혔다. 드넓은 바다, 함평만을 바라보며 걷는다. 헌데 '공사 중' 진입금지. 그래도 서해랑길이니 앞으로 나아갈 수밖에. 어찌어찌 하여 드디어 종착지에 이르긴 했다.

함평군

35코스 —

갯벌 작업 모습

35코스 함평군

돌머리해변(해수욕장)- 주포한옥마을 입구- 신남리 간척지- 안악해수욕장- 함평항- 영광 칠산타워 / 19km

돌머리해수욕장

삭풍이 몰아치더니 한파와 폭설이 이어졌다. 벌써 2주째다. 계속 내린 눈으로 나뭇가지들과 지붕들이 온통 눈부시다. 창밖에는 나뭇가지가 바람에 심하게 흔들린다. 기상이변이 발목을 잡아버렸다. 폭설로 길이 꽁꽁 얼어버렸다. 하지만 사람이 다니는 길은 녹았을 거라고 혼자 생각하며, 배낭을 메고 함평으로 향했다. 길은 정말 말끔하게 녹았다. 설경 속에서 걷기는 나를 또 다른 매력적인 세계로 이끌었다.

35코스는 돌머리해변에서 시작된다. 여기만 눈이 그대로 얼어 있었다. 쓰레기를 줍던 어촌계 남자 두 분이 나를 보더니 반갑게 맞이한다. 서해랑길을 걷는다니까, 전망대는 꼭 가보라며, 눈길에 조심하라고 격려까지 해준다. 이런 날 만일 사고라도 난다면 가족들에게 무슨 말을 해도 납득시키기 어려울 것이다. 알려준 전망대로 조심조심 살금살금 나아갔다.

마침 썰물 때라 지평선의 끝자락까지 갯벌 차지다. 함평만은 광활한 갯벌이 장관이다. 물이 빠진 갯벌 위에 설치된 목교405m가 한층 멋스럽다. 갯벌생태 탐방로이다. 갯벌에는 낙지·게·조개·해초류가 많아 생태학습장으로도 활용된다. 채취한 생물은 관찰 후 다 놓아주는 것이 원칙이다. 매년 11월부터 다음해 3월까지 해수욕장 왼쪽 일대에서 나는 굴은 맛과 질이 뛰어나다고 주민이 자랑한다.

함평만 - 전망대 풍경

『함평 그곳에 가고 싶다』에는 '돌머리해변에서의 장어잡이' 사진이 있었다. 참숯뱀장어잡기대회의 한 컷에는 바닷물 반, 사람 반이다. 2010년도 사진으로, 그 시절엔 참숯뱀장어도 많았다는 것이 아닌가. 해산물이 풍부했음을 증명해주는 사진이다. 지금도 근해에서는 왕새우·도미 등이 잘 잡혀 바다낚시를 즐길 수 있다.

육지의 끝이 바위로 되어 있어 '돌머리'라는 지명이 흥미롭고 친근하다. 함평만으로 돌출된 해안 특성 때문에 일명 '코주배기 해안'으로 불렸다. 한자표기로는 석두石頭마을이다. 이곳은 갯벌마을로 주포를 중심으로 석성 2리의 두 개 부락을 중심으로 이루어져 있는데, 석성리는 주변에 늘어진 기암괴석들이 돌머리 마을임을 입증해준다.

돌머리해변은 행정구역상 함평읍에 속한다. 유명세만큼 폭 70m, 1km의 백사장과 해수욕장이 있으며, 백사장 뒤로 솔숲이 우거져 그늘이 좋다. 물론 돌머리해수욕장은 함평군의 대표 해수욕장이다. 숲과 바다의 어울림이랄까? 물이 맑고 수심이 얕아 해수욕하기에 좋으나, 조수간만의 차이가 좀 심하다는 게 단점이란다. 그걸 보완하기 위해 2,700여 평 규모의 인공 해수풀장이 설치돼 있다. 그래서 썰물 때도 수영을 할 수 있다. 한눈에 봐도 각종 편의시설이 돋보인다.

주포마을과 주포항

주포마을로 향하는 도로에 해안 보호석들이 컬러 페인트로 칠해져 화사하다. 주포마을은 '주포한옥 전원마을'이 들어서 고즈넉한 분위기를 자아낸다. 주로 민박집으로 한 집 한 집 이름과 주소, 전화번호가 마을지도에 적혀 있다. 주변정보도 가득하다. 시골 5일장, 수퍼와 마트, 아침식사 가능한 곳, 점심과 저녁식사, 수산물 횟집, 해수찜, 의료 및 기타 등등.

작은 규모의 항구 '주포酒浦항'이다. 술 포구라니! 「함평군사史」에 따르면 원래 주항포酒缸浦였는데 1900년 초부터 '주포'로 불렸다. 일제강점기인 1930년대에 주포방조제를 막으면서 옛 주포는 포구기능을 잃어버렸다. 그래서 새로 만든 포구가 신설포新設浦이다. 간척한 이후 진흙탕 갯가로 변해 수렁개의 사투리인 '수량개'라고도 했다.

생선을 구워주는 장터도 옆에 있는 것으로 보아 지금도 고깃배가 꽤 들어오는 모양이다. 옛날 어른들은 '술안개항'이라 했다는 주민의 이야기가 재미있다.

주포항의 '주'는 술로 이해되는데 안개는 무엇을 의미하는가, 궁금하다. 아마도 먹물을 뿌려놓은 것처럼 어두운 새벽 싸늘한 바다에 찬 밤안개의 습기가 항구를 덮었기 때문이 아닌가 싶다. 안개에 싸인 주포항을 상상해 본다.

깊은 밤이면 안개는 점점 짙어졌다. 모든 것이 안개에 휩싸여 어슴푸레

했다. 때론 사람의 머리가 때론 다리가 언뜻 보였다가 묻히고 또 나타났다가 사라졌다. 소주 한 병을 비우고 나면 안개는 눈에 띄게 엷어졌을 것이다. 술김이란 핑계를 대고 짙은 새벽안개 속에서 고깃배는 항상 바다로 나갔을 것이다. 안개 속에서 해안선이 보이지 않아도 어부는 안개를 뚫고 배에 올랐고, 배들은 안개를 헤집고 그 속으로 스며들어간다. 날이 밝기 시작해야 안개는 묽어진다. 주포항에서는 날이면 날마다 안갯속에서 안개 너머로 배를 저어나갔다. 새벽안개가 배를 휘감아도.

여행의 쉼표, 빈티지 해수찜

해수찜을 해 보셨나요? 해수海水찜이 가능한 함평 해수찜마을을 지난다. 과거에 해수찜 했던 기억을 되살린다.

그곳에서 주는 반팔티셔츠와 반바지를 갈아입고 4인실로 들어갔다. 가운데 놓인 해수를 둘러싸고 마루바닥에 앉아 볏짚을 통해 나오는 해수 증기를 쐬고, 해수가 어느 정도 식으면, 뜨거운 해수에 적신 수건을 몸에 덮어 해수찜을 했었다. 샤워를 하지 않고 옷을 갈아 입었다. 그래야 효과를 본다고 했다. 하여튼 온몸이 소금으로 소독되는 기분이 들었다. 눈도 개운해졌다.

증도와 고창에서도 해수찜을 해보았는데, 시설과 절차와 방법이 다소 달랐다. 두 곳은 해수탕도 있고 찜질방도 있었고 규모도 컸던 것으로 기억된다. 그러니까 함평 해수찜은 고전적인 모델이라고나 할까.

함평의 해수찜은 예로부터 해수찜이라 하여 유황성분이 많은 돌을 불에 달구어 바닷물 속에 넣고 증기로 찜질하는 곳으로 유명하다. 약 80도에 여러 가지 약재, 주로 쑥을 넣고, 온몸을 찜질하는 '해수 약찜'이다(함평군).

해수찜은 1800년대부터 민간요법으로 널리 이용되어 왔다.『세종실록』

의 도자기 가마를 이용한 한증법을 계승 발전시킨 것이다. 유황성분이 많은 돌과 쑥 등의 약초를 넣고 소나무 장작으로 가열한 후 해수가 든 탕에 넣고 데워진 물로 찜질을 하는 방법이다. 온천과 약찜의 효능을 한꺼번에 즐겼던 것이다. 해수찜은 염도가 높은 해수의 뛰어난 삼투압효과로 옛날부터 혈액순환에 탁월한 효과가 있는 것으로 알려져 있다. 신경통, 산후통, 관절염, 피부염 등 만성질환 치료에 효과가 있는 것으로도 알려졌다.

특히 피부의 노폐물을 땀으로 분해시켜 용출시키기 때문에 피부의 잡티까지 깨끗하게 없애 주는데, 직접 체험을 원하는 사람은 반지나 목걸이를 찬 채로 해수찜을 하고 나서 살펴보면 초음파 세척보다 훨씬 깨끗해진 것을 그 자리에서 확인하게 된다.

최근에는 중·노년 주부들을 중심으로 한 효도관광코스로 인기를 모으고 있단다. 때문에 시즌에는 관광버스가 줄지어온다. 예약을 하지 않아도 되며 오는 순서대로 가능하다. 시간은 1시간 30분으로 정해져 있다. 옛날에는 정해진 시간 없이 마냥 즐겼던 기억이 난다. 재미있던 수다시간이었던 것이다.

안악해변과 이미자 노래비

백사장 길이 200m의 아담한 해변이다. 해수욕을 즐길 수 있게 해수욕장 시설이 보인다. 작지만 안악해변은 백사장과 소나무 숲이 어우러져 여름철 주민들과 피서객들의 휴식공간이 되어줄 만하다.

안악해변에서 볼거리는 '이미자 노래비'다. 함평나비축제 때 초청된 것이 인연이 되어 이미자 가수의 노래비를 세우게 되었단다. 노랫말에 맞추어 해당화 꽃길도 조성되어 한때 해당화 꽃길이 대단해 함평축제처럼 이곳도 사람들의 물결을 이루었단다. 하지만 이젠 꽃길도 사그라져 버리고 이미자 노래비만 남았다.

  2004년도에 이미자 노래비가 처음 설치되었다. 노래비는 함평만의 해안선이 주는 부드러운 곡선의 형상과 섬마을 선생님에 나오는 총각선생님에 대한 섬 처녀의 간절한 기다림을 담은 소녀상이 함께 조화롭다. 그런데 2020년 제8호 태풍바비에 파손되는 바람에 2021년에 다시 설치하였던 것이다. 기존 크기의 1/2규모라는데도 엄청 큰데 처음에는 얼마나 컸는지 놀라울 뿐이다. 옆에는 이미자 선생님 이 부른 '섬마을 선생님' 노래가사비도 있다.

  해당화 피고 지는 섬마을에
  철새 따라 찾아온 총각선생님
  열아홉 살 섬 색시가 순정을 바쳐
  사랑한 그 이름은 총각선생님
  서울엘랑 가지를 마오 가지를 마오.　 –〈섬마을 선생님 1절〉 전문

이미자 노래비

실제 노래의 배경이 된 섬마을은 안산시 대부도의 대남초등학교로 알려져 있다(Http://naver.com). 대부도 섬마을축제추진위원회는 주민들의 증언을 통해 배경지라는 확신을 갖고 2020년 8월 노래비 제막식을 가졌다고 한다.

마침 송기숙 작가의 소설을 읽고 있던 중 『휴전선 소식』을 접하게 되었다. 남해안 지방의 어느 외딴섬 어린이 작문에 기초한 소설로 섬마을 선생님의 이야기가 실려 있었다. 『현대문학』 1971년 8월에 실린 것을 2007년에 개고한 것이다.

우리 학교에는 빨간 기가 올라 있습니다. 벌써 한 달이 넘도록 빨간 기가 깃대 끝에 매달려 있습니다. …

우리들은 오늘도 너럭바위에 모였습니다. 누가 말한 것도 아닌데, 모두 거기 모여 오래도록 진섬 쪽을 바라보고 있습니다. 새로 선생님이 오늘은 꼭 오실 것만 같아, 어제보다 더 오래도록 기다렸습니다.…

선생님은 라디오를 가지고 오셨습니다. 라디오는 신통했습니다. 서울이나 부산에서 불난 이야기며, 심지어는 미국에서 하는 말까지 가만히 앉아 들을 수가 있었습니다. 신나는 노래도 나왔습니다.…

'섬마을 선생님' 노래가 1966년에 나왔다. 1971년에 소설이 나왔는데 섬마을 아이들의 배우고 싶은 열망과 선생님에 대한 사랑과 존경, 그리고 반공사상과 관련되어 전개되었다. 그 시절에 섬으로도 교육이 확대되면서 자연히 섬마을 선생님에 대한 이야기가 만들어졌으리라. 그리고 반공규율의 필요가 섬에 특별했던 것 같다. 섬 아이들의 진술은 언제든지 간첩을 색출하는 정보 가치로 전유가 가능하고, 선생님은 정보원으로 활용되고, 순박한 섬 주민들조차도 간첩으로 누명을 쓰고 고초를 당하는 일이 비일비재했던 시절이었던 것이다.

지금도 안악마을 주민들은 바다에서의 조업과 농업을 통해 생활을 영위하고 있다. 섬마을과 다름없이. 특히 갯벌에서 나오는 세발낙지와 석화는 전국적으로 그 맛을 인정받고 있다고 하니 다행이지 않은가.

함평만 해안도로의 끝자락

'HAM PYEONG'이라는 영어 알파벳이 함평항을 장식한다. 어디에서도 항구의 이미지는 전혀 찾아볼 수 없다. 오로지 버스정류장에 적힌 '함평항' 지명만이 이곳이 함평항으로 인식케 했다. 단지 초라한 편의점 앞에 반짝이는 불빛과 '낚시도구'라고 적힌 간판이 이곳이 항구로 읽힌다. 낚시꾼들의 방앗간으로, 취미생활로 바다로 나가는 낚싯배가 들고 나는 작은 항구인 것이다.

함평항은 항구의 역사를 잊히지 않으려는 듯이 여기저기 꾸며놓았다. 의자가 놓여 있고, 잔디밭도 있고, 설치예술품도 있고. 방문한 모든 이들이 함평항 공간에 머물고 항구를 생각하게 한다. 지금은 항구로써의 기능이 상실된 곳이지만.

함평만 해안도로도 여기에서 끝이 난다. 함평만은 활시위를 최고로 당겼을 때의 모양으로 깊게 굽어진 궁형^{弓形}의 만이다. 걸어서 멀어져도 멀리 돌머리전망대가 계속 보였다. 가다가 뒤돌아보면 이번에는 전망대가 더 작게 보였다. 등대와도 같은 돌머리전망대. 돌머리 해변에서 시작된 '돌머리 해안길'을 통해 '함평만 해안도로' 총 19km를 굽이굽이 돌아 이곳에서 끝난다.

해안누리길 9코스

  함평만해안도로의 일부 구간이 '해안누리길'이다. 해안누리길 9코스, '돌머리 해안길'이라고 말한다. 돌머리 해안부터 해수찜마을까지 왕복 7.6km의 해안을 누비는 산책길이다. 산책이라는 말 그대로 걷기 여행이 목적이 아니라 여행지에 체류하면서 여유를 즐기기 위해 걷는다는 의미다. 편도 3.8킬로미터이기 때문에 충분히 걷기에는 다소 부족한 감이 있다(한국해양재단). 하지만 돌머리해변의 풍경과 함께 해수찜 마을에서 해수찜을 즐기는 등 체류형 여행자에게는 편안한 산책 코스로 제격이다.

  해안누리길은 해양수산부와 한국해양재단이 선정한 걷기 좋은 해안길이다. 인위적인 보행길 조성이 아닌 자연 그대로 이거나 이미 개발된 바닷길 중 주변 경관이 수려하고 우리의 해양 문화와 역사, 해양산업 등을 체험할 수 있는 곳을 엄선한 길이다. 마음의 평온과 바다의 아름다움과 소중함을 느끼도록 해안누리길을 추천하고 있다.

  많은 해안누리길을 가진 해안선이 아름다운 나라는 그리 많지 않을 것이다. 삼면이 바다인 우리나라는 전국에 58개의 해안누리길이 있다(한국해양재단). 1코스는 백령도에서 시작하는 '오군포·장촌 해안길'이다. 오군포구에 붙어 있는 콩돌해안을 거닐어 보자. 콩돌해안은 천연기념물[제392호]로 지정되었는데, 콩알만 한 크기의 돌들이 해안을 이루고 있다는 것이다. 콩알만 한 돌이 보고 싶다.

  마지막 58코스[9.6km]는 제주도에서 막을 내린다. 제주도의 '삼양역사올레길'이다. 올레를 걸었을 때의 기억들이 생생하게 떠오르지만 삼양역사길은 기억이 애매하다. 출발점은 삼양동 선사유적지이다. 이곳은 기원전 1세기를 전후한 시기의 집터 236기와 돌담, 토기류, 석기류, 청동기류, 곡식류 등이 출토되어 꽤 큰 마을이 있었던 것으로 추정되는 유적지다. 문강사에

칠산대교와 칠산타월

서 원당사, 삼양동 검은 모래해변으로 이어진 길이다. 이 중에서 원당사는 원나라 마지막 황제인 순제의 총애를 받던 제2황후인 기황후가 아들을 얻기 위해 세운 절이라고 전해진다. 기황후는 원래 고려 사람으로 원나라에 공녀로 갔다가 우여곡절 끝에 제2황후가 된 사람이다.

해안누리길마다 많은 이야기와 사람들의 삶이 숨어 있다. 바닷가 자연 속에서 살아가는 사람들의 삶을 느끼고 공감하는 시간을 가져보자. 또 하나의 버킷리스트가 생긴다.

멀리 보이는 육지와 섬의 실루엣, 칠산대교가 보인다. 이젠 영광이 눈앞에 아른거린다.

영광군

36코스 —
37코스 —
38코스 —
39코스 —
40코스 —

영광 테마식물원

36코스 영광군
칠산타워- 설도젓갈타운- 합산제- 합산버스정류장 / 14km

환상의 콤비, 칠산대교와 칠산타워

함평항에서 방조제를 사이에 두고 영광군과 나뉜다. 곧바로 염산군 옥실리 향화도항이다. 항구에는 칠산타워 111m가 우뚝 솟아 있다. 전남에서 가장 높은 타워로 알려져 있다. 지금까지는.

칠산타워 때문에 어디서 보아도 칠산대교는 알아본다. 함평항에서도 보고 해제에서도 보았던 다리의 그 근사하고 아련한 실루엣이 칠산타워 앞에 서면 웅장한 시멘트 덩어리로 바뀐다. 전혀 다른 느낌이다. 멀리 보았을 때가 더 멋진 감흥이 일었다고나 할까. 칠산대교와 칠산타워는 환상적인 콤비를 이룬다. 그래서일까. 바다 위에 또 다른 무언가가 펼쳐질 것 같은 분위기가 연상된다.

칠산타워 2층에는 음식점과 회센터가 입점해 있다. 헌데 문이 닫힌 상태로 입구부터 막아놓아 하이라이트인 3층 전망대에는 진입조차 어려웠다. 전망대에서는 광활하게 펼쳐진 칠산 앞바다가 마음을 시원하게 해주고 30km의 거리에 있는 낙월도와 송이도도 보인다는데. 영광의 4경에 속하지만 그 기능이 마비되어 만끽하지 못해 안타깝기 그지없다.

멀리까지 시선을 옮기게 하는 칠산대교, 약 1.82km 길이가 바다를 가로질러 압도한다. 무안군 해제면의 도리포와 영광군 염산면의 향화도를 연결하는 사장교로 2012년에 착공하여 2019년 완공되었다. 두 곳의 오가는 시간이 50분에서 5분으로 칠산대교가 그 시간을 단축시켰다. 국도 77호선으로 영광군 해양관광의 허브역할을 하고 있는 효자 다리다.

향화도항에는 2개의 관광 홍보판, 무안군과 영광군 관광 홍보판이 서로 경쟁하듯 자리 잡고 있다. 무안군은 이쪽, 영광군은 저쪽 따로따로 떨어져서. 처음엔 영광군에 무슨 무안군 관광홍보판이 있는지 의아했다. 도리포에서도 영광군 관광홍보판이 있었지만. 하여튼 홍보안내판이 나란히 있으면 의미가 더 강하게 전해질 것 같기도 한데.

향화도항에서 떠나는 섬 여행은 낙월도와 송이도

영광에는 사이가 아주 좋은 삼형제 섬이 있다. 낙월도와 송이도 그리고 안마도다. 향화도항에서 떠나는 섬 여행은 뱃길이 열려 있는 낙월도와 송이도다. 안마도는 영광군 홍농읍 계마항에서 카페리를 타야 한다.

뱃길로 20.5km, 1시간 정도 가면 낙월도다. 총 64개의 섬으로 이루어진 낙월면은 전남 58개 도서면 중 가장 많은 섬을 가진 곳이다. 낙월면 면사무소가 있는 상낙월도와 하낙월도로 나뉜다. 물론 하낙월도에도 항구는 있다. 현재는 진월교라는 연도교로 연결된다.

달이 지는 쪽에 있는 섬이라는 뜻의 낙월落月이라고 하였으나 '진달이섬'이라고도 불린다. 새우의 고장이라 불릴 만큼 이곳에서 잡힌 새우젓은 한때 전국 생산량의 50%를 점유하기도 했다.

상낙월도는 큰갈마골해수욕장으로 불리는 상낙월해수욕장이 유명하며, 하낙월도는 아담한 장벌해수욕장, 나만의 해수욕장이 기다린다. 여름이면 사람들로 붐비는 섬이다.

요즘에 뜨는 둘레길 걷기가 이곳에서도 가능하다. 잘 단장된 둘레길 8.4km이 하루 일정의 여행으로 안성맞춤이다. 상낙월항에서 출발하여 재계미3거리- 큰애기고랑- 큰갈마골해수욕장- 쌍복바위에서 진월교를 건너 하낙월도로 간다. 장벌해수욕장을 지나 하낙월항에서 끝난다. 이름도 특이한 마을을 걷는 재미도 쏠쏠할 것 같지 않은가.

향화도항에서 낙월도로 가는 중간에 한때 유인도였던 임병도, 대각씨도와 함께 현재에도 1인 가구가 살고 있는 소각씨도, 작은 바위섬인 고거리를 볼 수 있다.

이번에는 송이도로 가 볼까요. 어떤 섬인가? 영광의 '완소섬'으로 통한다. 완전 소중한 섬이라는 뜻이다. 향화도항에서 송이도까지는 하루 2차례 정기여객선이 운항된다. 뱃길로 22.8km의 거리, 1시간이면 도착한다.

송이도는 행정구역상으로는 낙월면에 속한다. 섬에 소나무가 많고 섬의 모양이 사람의 귀를 닮았다고 하여 송이도松耳島라 불리었다. 마을 앞에 위치한 몽돌해수욕장은 오랜 세월 동안 파도가 만들어낸 부드럽고 동글동글한 모양의 조약돌이 약 1km정도 이어져 색다른 풍경을 자아낸다. 송이도 해수욕장이 유명하고 왕소사나무 군락지천연보호림 10-8가 특이하다니 당연히 보러 가야겠다. 그래서 영광군 제8경에 들어갔나?

2003년 해양수산부의 아름다운 섬 100선에 선정된 바 있다. 송이도, 대각이도, 소각이도로 이루어진 송이도는 물결바위, 촛대바위, 거북바위, 매바위 등 기암괴석이 즐비하기 때문이다. 칠산도 괭이갈매기, 노랑부리백로 및 저어새 서식지는 천연기념물제389호로 지정되어 있다(영광군).

칠산 갯길 300리의 천일염길

천일염길35km 화살표가 서해랑길과 오버랩된다. 갯길이 굽이굽이 해안선 따라 장거리로 이어진 '칠산 갯길' 중 천일염길이다. 두우리해수욕장에서 시작해서 향화도항에서 끝난다. 당두- 야월- 월평- 봉양들- 설도항- 장고도- 향화도항에서 끝난다. 이곳 지명들은 역사적 의미를 가지는 곳들이다. 마을마다 본심本心을 가지고 부지런히 움직여 편안히 사는 사람들이 저마다 자리 잡고 사는 동네가 맞을 것이다. 서해랑길은 천일염길의 일부만 맛보게 된다.

천일염길에서는 세계 5대 갯벌 중 하나인 서해 갯벌을 체험해 볼 수 있다. 그리고 6·25 당시 북한군의 교회 탄압에 항거하여 순교한 신도들을 추모하기 위한 순교기념관 기념탑이 있는 길이다.

그러면 칠산 갯길이란? 홍농읍 최북단 동아방조제에서 염산면의 향화도항까지 300리 길을 말한다. 300리는 약 120km의 거리다. 해안선의 '갯길 역사·문화생태탐방로'라고 하는데 5개 코스로 이루어져 있다(영광군).

칠산갯길 300리 1코스는 굴비길30km이다. 굴비길은 남도갯길 6000리에도 속한다. 예로부터 임금님의 수랏상에 오른 명품굴비 생산지이자 인도의 고승 '마라난타'가 백제에 불교를 전파하기 위하여 처음 들어온 곳이다. 환경관리센터- 원전홍보관- 가마미해수욕장- TKS조선소- 영광군 법성면 진내리마을- 백제불교최초도래지- 굴비상가에 이르는 길이다.

2코스는 노을길20km이며 3코스는 백합길30km이고 4코스가 천일염길이다. 1코스에서 4코스까지 서해랑길에서 자주 마주한다. 5코스 불갑사길 35km은 불갑사 입구- 내산서원- 불갑농촌테마공원- 불갑저수지 수변공원 등을 거친다.

영광은 사람들이 살기 좋은 고장으로 일컬어졌다. 예로부터 어염시초魚鹽柴草, 즉 물고기, 소금과 땔나무가 풍부하여 흥선대원군이 호불여영광戶不如靈光 '집은 영광만한 곳이 없다'라고 칭할 만큼 살기 좋은 고장이었다. 쌀, 소금, 목화와 눈이 많아 사백四白의 고장이라고도 했다.

조선시대에는 영광에 부임한 원님이 임기를 마치면 홍문관의 별칭인 옥당으로 영전하는 경우가 많아 옥당마을로 불리었다. 서해안 서북부 곡창지대의 세곡을 관할하는 조창과 함께 이순신 장군이 머무르기도 하였던 군사 요충지였다. 칠산 갯길 따라 영광군을 두루 살펴보는 것도 재미를 더한다.

설도항 수산물판매센터가 앞전이라면 젓갈타운은 뒷전

'눈이 내린 섬'이라는 낭만적인 이름의 설도항. 난데없는 꿍- 짜짝 꿍-짝- 뽕짝노래가 활기찬 설도항으로 연상시켰다. 흥겹게 들썩이는 분위기다. 하지만 넓은 공터엔 삼삼오오 의자에 앉아 있는 사람들은 남의 눈치를 보는지 흥을 돋우지 못하는 풍경이다. 한쪽에서는 떡과 과자를 나누어주고. 누군가의 잔치인지 모르지만 오랜만에 거리행사를 설도항에서 구경한다.

염산방조제가 길기도 하다. 염산방조제의 깊숙한 곳 설도항은 영광의 염산면에 위치한 지방어항이다. 1975년 8월 15일 지방어항으로 지정되어 관리하고 있다.

조그마한 어촌 설도포구지만, 과거에는 봄이면 머나먼 여정을 마다하지 않고 조기가 칠산바다를 찾았다. 이제 조기는 칠산바다를 찾지 않는다. 더 이상 생명을 잉태할 장소도, 어린 조기가 마음 놓고 자랄 환경도 아니다. 그나마 봄소식을 알려줄 주꾸미가 있어 다행이다. 또한 설도항은 대하구이가 유명하다.

성진호, 신영호, 해광호, 화성호, 정수호 배이름을 가진 가게들이 수산물판매센터에 줄지어 제각기 고객을 부른다. 직접 어장을 운영하는 어부들의 가게가 대부분이다. 『김준의 포구 이야기』에 따르면, 어부들은 안강망이나 닻 그물을 칠산바다에 넣어 물고기를 잡는다. 일할 사람이 많았던 시절엔 닻 그물을 많이 놓았지만, 지금은 대부분 가족 중심의 안강망으로 조업을 하고 있다.

칠산바다에서 주꾸미는 안강망 그물이나 소라방을 이용해 잡는다. 소라

설도항, 수산물판매센터

 방은 빈 소라껍질을 엮어서 잡는 전통어법이다. 그물도 매일매일 건지기 때문에 소라방으로 잡는 것 못지않게 선도가 좋다.

 봄 주꾸미, 가을 낙지라고 했던가. 주꾸미는 회도 좋고 샤부샤부도 좋다. 돼지고기와 함께 볶아 먹는 것도 맛있다. 피로를 이기는데 좋은 타우린이 낙지보다 두 배나 많아 봄에 나른한 사람들에게 보약이나 다름없다.

 특히 주꾸미는 바다에 붙어 생활하기보다는 수중에 떠다닌다. 그래서 조류가 있고 바람이 적당하게 불어줘야 그물에 많이 들어온다. 자루그물로 조업을 하는 서해안의 특성이다.

 그 유명세에 힘입어 설도젓갈타운이 협업에 나섰다. 설도항의 설도젓갈타운은 염산의 천연염이 있기에 더 유명하다. 수산물판매센터가 앞전이라면 설도젓갈타운은 뒷전이었다. 관심을 가져야 보이는 곳이다.

 설도젓갈타운으로 발길을 옮겼다. 영광군은 매년 3천 톤 이상의 젓갈이 생산되는 곳이다. 영광 설도젓갈은 근해에서 어획한 싱싱한 수산물과 미네랄이 풍부해 세계적으로 인정받는 우수한 품질의 영광 천일염으로 가공해 맛이 고소하여 전국적으로 명성이 높다고 자랑한다.

진열되어 있는 젓갈들이다. 명란젓, 멍게젓, 낙지젓, 씨앗젓갈, 오징어젓, 창란젓, 젓갈쌈장, 비빔낙지젓, 굴젓, 비빔오징어젓, 아가미젓, 가리비젓, 토하젓, 꼴뚜기젓, 밴댕이젓, 황석어젓, 청어알젓과 명태회무침 그리고 더덕무침. 하지만 전어 창자로 만든 돔배젓이나 모챙이젓은 없어 서운했다. 하지만 계절별로 나오는 젓갈이 따로 있다고 주인장은 덧붙였다. 전라도 음식 맛을 전라도 사투리로 '개미가 있다'라고 하는데 개미가 있는 젓갈을 맛보는 재미가 쏠쏠한데 말이다.

이곳의 특별한 젓갈은 새우젓이란다. 그 이유는 새우가 많이 잡히고 영광의 천일염으로 간한 새우젓이 일품이기 때문이다. 새우젓도 종류가 많다. 육젓, 오젓, 상추젓, 추젓, 잔추젓, 북새우, 중하새우로 구분한다. 특히 새우가 가장 살찌는 6월에 잡아서 만든 새우 육젓을 최고로 친다.

젓갈 가게마다 종류와 맛에 다소 차이가 있긴 하겠지만 가격에서 별 차이가 없어 보인다. 신안과 이곳과 비교해도 큰 차이가 없이 유사하다. 우리나라의 젓갈도 이젠 전국 평준화된 듯하다.

기독교인 순교지 염산교회

영광은 우리나라 4대 종교인 불교, 기독교, 천주교, 원불교 문화 유적지가 전부 남아있는 보기 드문 곳이다.

이 중에 설도마을에는 기독교의 순교성지가 있다. 염산교회다. 한국 기독교 순교사적지 제1호로 지정되었다. 신앙을 목숨보다 중하게 여긴 77인 순교자의 신앙이 깃든 대표적인 최고의 순교지로 꼽힌다.

6·25 한국전쟁 때 국군이 영광에 진군해 돌아왔을 때 퇴각하지 못한 공산당들이 교회를 불 지르고 교인들을 바닷가 수문통에 돌멩이를 달아 수장시키는가 하면 죽창으로, 몽둥이로, 칼로 찌르고 때려서 죽이는 참상이 벌

최초 염산교회

어졌다. 당시 북한군의 교회 탄압에 항거하며 신앙을 지키려다 많은 신자들이 이렇게 순교하였다.

믿음을 가진 염산교회 신도들은 천국의 소망을 가지고 조금도 굽히지 않고 오히려 자신들을 죽이는 그들을 긍휼히 여기는 마음을 가지고 순교의 제물이 되었다. 이때 담임이었던 김방호 목사를 비롯하여 교인 3분의 2인 77명이 순교하였다.

야월교회도 마찬가지였다. 야월교회는 미국 남장로교에서 파송한 배유지(유진벨) 선교사에 의해 1908년 4월 5일에 설립되었다. 일제강점기에도 믿음으로 핍박을 이겨내던 성도들은 광복을 맞이하여 신앙의 자유를 누리게 되었다. 하지만 6·25 한국전쟁으로 야월리를 점령한 공산당들은 인민재판을 하며 자기들에게 동조하지 않은 야월교회 성도들을 중심으로 처형하고자 하였으나 계획대로 되지 않게 되었다. 이후에 국군과 연합군이 영광군을 수복할 때 야월교회 성도들이 환영대회에 참석하게 되자 야월교회 성도들을 먼저 죽이려는 계획을 다시 하였다. 염산면과 백수면이 가장 늦게까지

야월교회, 기독교인순교기념관

수복하지 못함으로 1950년 음력 9-10월에 걸쳐 전교인 65명은 공산군에 의하여 생매장과 생수장으로 잔혹하게 순교되었으며 교회도 불태워지는 참상을 겪게 된 것이다.

이렇게 염산교회에서 77명이, 야월교회에서 65명이, 영광대교회에서 2명, 법성교회 6명, 백수교회 35명, 묘량교회 9명으로 총 194명이 순교하였다. 이름 없이 사라져간 순교자들의 깊은 신앙심에 숙연해진다.

옛 예배당, 염산교회가 복원되어 있다. 작고 아담하며 단아한 모습의 교회다. 참배객이 끝이질 않고 찾는 장소답게 모든 이를 정답게 맞이할 것 같은 따뜻함이 배어난다.

야월교회에서 만난 '기독교인순교기념관' 지킴이는 분을 참지 못하고 하소연했다. 어떻게 아무 죄도 없는 사람들을 교회에 다닌다는 이유만으로 죽일 수 있냐며. 그런데 지금 같은 마을에 그들과 같이 산다면 이해하겠냐고. 하지만 조용히 그들을 위해 기도를 나에게 부탁했다.

이념의 차이에 따른 우리나라의 비극적인 현상이 조정래 작가의 대하소설 『태백산맥』에서 여실히 드러나듯이 이곳 영광에서도 보여준다. 이념적 차이에도 불구하고 마을에서 멋지게 살아낸 아버지의 이야기가 따뜻하게 전달된 소설이 있다. 정지아 작가의 『아버지의 해방일지』다. 최근 베스트셀러 대역에 오른 이유가 동정심이 있는 인간 존재로서 따뜻함이 아닌가 싶다. 아직도 이 세상에는 우리가 모르는 사람, 접해보지 않은 상황, 그리고 미처 느껴 보지 못한 아름다운 감정이 넘치고 있지 않은가 말이다. 그렇지만, 우리에게는 아직도 풀리지 않는 수수께끼와 같은 사상적 대립이 있는 것이다.

호남지방의 기독교 역사를 보면, 이곳은 박해를 받으면서도 꿋꿋하게 신앙심 하나로 버틴 곳이었다.

'기독교인순교기념관' 자료에 의하면, 호남지역의 기독교 역사는 미국 남장로회 해외선교부에서 파송되었던 선교사들에 의해 출발하였다. 1892년 9월 7일을 시작으로 여긴다. 데이트 선교사와 그 여동생 메리 데이트, 테이비스 양과 전킨 부부, 레이놀드 부부 모두 7인의 선교사들이 일본의 요코하마를 거쳐 한국에 들어오게 된 것이 부흥의 전기를 맞이하게 되었다. 1893년 1월 28일 남장로회 선교부를 호남지방과 충청남도 장항, 서천, 보령, 부여 일부지방으로 결정하고 1897년 벨과 헤리슨 선교사가 전남 나주지역으로, 같은 해 10월 목포의 개항과 더불어 벨 선교사와 오웬 선교사 부부가 본격적인 선교활동에 들어가게 된다.

이윽고 1908년 4월 5일 전주, 군산, 나주 등 주로 선박을 이용하여 복음을 전하던 벨 선교사가 이곳 야월리 포구에 정박하여 복음을 전하게 됨으로 바야흐로 야월교회의 시초가 되었다.

37코스 영광군
합산버스정류장- 삼성염전정류장- 뒷산전망대- 하사6구 버스정류장 / 19.9km

월평항

 염산방조제가 어마어마하다. 36코스의 설도항에서 시작된 염산방조제는 37코스 봉남리로 이어진다. 염산면의 봉남리, 야월리, 두우리, 상계리, 오동리, 옥실리 일원의 해안 갯벌이 수산자원 보호구역이다. 이 넓은 해안가를 아우른다. 갯벌도 넓은 만큼 칠면초 군락지가 여기저기 멋들어지게 자태를 뽐낸다. 7km가 되는 제방길 따라 다양한 칠면초 군락지를 감상한다.

 합산마을에서 출발한 서해랑길은 월평마을을 지난다. 뜰처럼 진회색으로 펼쳐진 바닷가 갯벌에 항구가 있다. 월평항이다. 바다로 나갈 배들은 물 빠진 펄 위에 얹혀 있었다. 크레인 두 개가 각기 다른 배를 끌어안고 밀물 때를 기다린다. 물이 가장 높이 차 있을 때를 '만조'라 하는데 월평항까지 밀물이 충분히 차려면 만조라야 가능하다는 생각이 든다.

 육지의 삶과 달리 바다를 대상으로 살아가는 어민들은 바다라고 하는 자연 환경에 적응하며 살아간다. 물론 자신의 경험과 조상들에게 들은 지식을 겸해서. 어로를 행할 때 가장 중요한 지식은 바닷물이 들어오고 나가는 물때와 바람의 변화다.

 월평마을은 영광 김씨靈光 金氏 시조始祖 김심언金審言이 태어난 곳으로 알려져 있다. 상기천上岐川, 하기천下岐川으로 나뉘어 불리어 오다가 1914년 행정구역 개편 당시 지형이 둥근달과 같다하여 월평리月坪里라 하였다.

 월평항은 염산면의 합산마을과 월평마을 그리고 양일마을 3곳의 어촌마

*염산방조제, 나무다리가 있는 칠면초 전경

을이 사용하는 소규모 어항이다. 그래도 꽤 많은 배들이 항구에 매달려 있지만 곧 바다로 나갈 것이라는 희망이 함께 하는 항구다.

  방조제의 제방 길을 걷다 보면 제방 너머 나지막한 파란 지붕들이 보인다. 염전을 상징하는 파란집이 드러난다. 갯뜨락염전도 보이고 영백염전 건물도 보이고. 영광의 칠산 갯길 천일염전 길을 걷는다.

소금 이름을 가진 염산면의 천일염전

  해남군에 땅끝염전이 있다면 신안군엔 태평염전이 있다. 영광군에는 염

칠산 갯길, 천일염전

산면鹽山面이 한자어 그대로 '소금산'이라는 면이다. 면 전체가 소금산이다. 염산면 지명에서 말해주듯이 국내 유일의 소금 명을 가진 생산지역으로 예부터 '소금이 산처럼 쌓였다'고 전해오고 있다(영광군).

세계 5대 갯벌 중 하나인 서해 청정해역인 칠산바다의 바닷물, 조수 간만의 차가 커 16km이상 펼쳐진 양질의 갯벌, 오뉴월의 따뜻한 햇볕과 4월부터 불어오는 북서풍인 하늬바람이 어우러져 영광 천일염을 만들어 낸다는 것이다. 알아주는 소금이 만들어지는 곳이다. 품질이 우수한 천일염이 명품 영광 굴비를 만들어낸 것이 아닌가 싶다. 천일염은 보통 4월에서 10월까지 만들어진다. 그때가 되면 염부의 모습이 담긴 염전 풍경을 감상할 수 있다. 토요일이라 그런지 한두 명의 염부가 부지런히 움직인다.

염산면에서도 천일염전은 송암리, 야월리, 두우리와 백수읍 하사리에 주로 분포되어 있다. 염산면에서는 소금 모으기, 운반하기, 수차 돌리기 등 염전체험도 가능하다. 염전체험관이 별도로 운영된다.

영광의 천일염은 바닷물을 염전으로 끌어들여 바람과 햇빛으로 수분만 증발시켜 만든다. 많은 곳에서 천일염을 생산하고 있지만, 특히 영광 천일염은 다른 곳보다 염화나트륨과 불용분이 적고 미네랄이 풍부하여 건강에 좋을뿐더러 맛도 좋다고 한다.

영광 갯벌 무공해 천일염은 백수읍과 염산면에서 매년 3만2천 톤594ha이 생산된다(영광군). 전국 생산량의 10% 이상을 차지하고 있다(두루누비). 영광군의 염전 총 면적은 7,240,825㎡이며 백수읍과 염산면에서만 생산된다. 바둑판처럼 반듯하게 나눠진 천일염전은 태양 아래 은빛으로 빛나는 새하얀 소금 알갱이에 눈이 부시는 장관이 연출된다.

두우리 어촌체험마을엔 멋진 해수욕장이

 아름다운 푸른빛이 하늘과 맞닿은 두우리 해안가. 두우리 두우마을 어업은 '종패발생 환경개선사업'이 추진된 곳이다. 백합의 지속적인 자원관리를 위해서다. 전라남도 해양수산과학원의 갯벌양식어장 환경복원사업이었다.

 염산면 두우마을은 실뱀장어 포획으로 생계를 이어가고 있다(퍼블릭뉴스 호남). 백바위 해수욕장과 천연 갯벌을 가지고 있다는 것도 장점이다. 두우리 갯벌은 전북 곰소만, 신안 지도읍, 해남 화원반도와 더불어 넓은 갯벌지대로 손꼽히는 지역이다. 특히 자동차를 몰고 들어갈 수 있는 갯벌로 유명하다. 일반 갯벌처럼 발이 푹푹 빠지는 것이 아니라 자동차를 몰고 들

두우리 어촌체험마을 어장

두우리 백바위 해수욕장, 텐트 치는 가족

어가 시속 70km까지 달릴 수 있을 정도로 단단한 것이 특징이다(영광군). 하여튼 두우리는 갯벌 체험장이 대세다.

두우리 상정마을 정자, 칠산정七山亭이 근사하다. 오랜 만에 보는 큰 정자이다. 칠산정이란 명칭이 많은 이야기를 풀어낼 것 같다.

마을이 조용하다. 집안에서 이야기하는 소리도 가만가만 들릴 정도다. 마을에서 이어지는 데크 길을 따라 내려가면 두우리해수욕장이 먼저 눈에 들어온다. 꽤 넓고 시원해 보인다.

두우리해수욕장은 '백바위' 해수욕장이라고도 하는데 별로 알려지지 않은 곳이지만 백사장이 넓고 모래가 고우며 노송 숲도 울창한 해변이다. 해수욕장의 끝머리에 있는 백바위 쉼터가 인상적이다. 몇몇 가족들이 텐트를 치고 차박을 준비한다. 바다에서의 즐거운 한때를 보내기에는 안성맞춤이다. 호젓한 피서를 즐기고 싶다면 들러볼 만한 곳이다.

백바위 해수욕장에서는 매년 갯벌축제가 열린다. 갯벌마라톤축제로 2009년부터 시작된 축제가 천일염젓갈갯벌축제로 거듭났다. 영광의 천일염과 젓갈을 알리기 위함이다.

칠산 갯길의 백합길

칠산 갯길에서 3코스 백합길37.2km의 종점이 두우리 해수욕장이다. 백합길 코스는 동백마을에서 시작하여 답동- 약수- 분등- 천일염전- 송암- 창우- 두우리해수욕장에서 끝난다.

백합길은 동백마을과 200년 전통방식을 그대로 체험할 수 있는 고두섬 해수찜 구간이다. 썰물에는 해안으로, 밀물에는 마을길 또는 제방 길로 이동할 수 있다. 분등과 백바위 해수욕장은 갯벌생태 체험장으로 이용된다. 언제나 체험이 가능하다. 영광의 특산물인 천일염과 신성리 포도재배단지를 탐방할 수 있는 구간이다.

조선시대 초에 영광 정씨靈光 丁氏가 입촌하여 현재에까지 이르고 있고 나라 정씨鄭氏는 임진왜란 때 이곳으로 피신하여 오늘에까지 살고 있다. 마을의 형태가 동백꽃처럼 생겼다하여 동백이라 불렀다고 전한다. 현재 동백나무가 동네 해변에 약 200여 그루 자생하고 있어 '동백골'이라 한다. 백암리 동백冬栢마을은 잘 알려진 마을이다. '마파도' 영화가 촬영된 곳이었다.

총 가구 수라야 열다섯 가구가 전부인 자그마한 시골마을이다. '마파도' 제작팀은 바다와 시선을 마주하는 이곳에 엽기 다섯 할매들의 보금자리로 가상의 섬을 탄생시켰다. 특히 바닷바람 많은 섬마을에서나 볼 수 있는 동글동글한 돌을 쌓아 만든 돌담은 배를 타지 않고도 섬마을에 닿은 듯한 착각을 불러일으킨다.

38코스 영광군

하사6구 버스정류장- 북수분등소공원- 서해특산시험장 입구- 답동마을버스정류장 / 17.6km

신재생에너지, 풍력발전단지

질서정연하게 줄지어 있는 풍력발전기가 눈에 확 들어온다. 보이는 전경이 전체를 달라지게 한다. 말로만 듣던 영광의 풍력발전단지다. 가까이 갈수록 하나하나 시설의 엄청난 규모에 놀라고, 코스 내내 이어지는 많은 양의 규모에 또 한 번 놀라게 된다.

바다와 마주하는 이쪽저쪽에서 보이는 너른 들판에 거대한 풍력발전단지가 또 다른 풍경을 자아낸다. 바닷바람을 이용한 친환경 에너지를 생산하는 곳이다. 현대의 기술적 자원의 하나로 볼거리 아닌 볼거리가 되었다.

태양광단지는 많이 보았는데, 서해의 바닷바람을 이용한 풍력발전단지는 전남에서는 처음이다. 가끔 2-3개의 풍력발전기를 해남과 무안에서 보긴 했지만. 풍력발전단지로는 제주도에서는 본 것이 전부였다.

우리나라의 풍력발전은 1970년대부터 시제품을 제작하여 시운전을 시작하였다고 김지홍 교수는 『처음 만나는 신재생에너지』에서 적고 있다. 국내 최초의 풍력발전기는 1975년 경기도 화성군 어도(엇섬마을)에 한국과학기술연구원KIST에서 개발한 2.2kW의 풍력발전기였다. 우리나라 최초로 전력계통에 연결한 풍력발전기는 1992년 한국에너지기술연구원이 한국관광공사의 요청으로 제주도 서귀포 중문에 설치한 250kW HSW사모델 풍력발전기이다. 민간에서도 설치되면서 강원도에 가장 많이 보급되어 있으며, 제

풍력발전단지

주도와 경상북도 순이다. 전라남도에는 소규모 용량이 보급되어 있다.

그렇지만 풍력발전단지 가까운 지역에 살고 있는 지역주민은 불만이 많은 모양이다. 소음과 농산물 장해, 그리고 건강장애 등등.

풍력발전 '두 얼굴'이란 주제로 YTN뉴스에서 영광지역이 방영된 기사를 보았다. 내가 걸었던 곳이라 관심을 가지고. 설치과정에서 산림훼손이 일어나고, 가동 시 저주파 소음이 발생되며, 주거지역에서 1.5km떨어진 곳에 설치를 권고하고 있으나 너무 가깝고 엉터리 설명회 등 주민 동의 없이 이루어지고 있는 시행사와의 관계에서 문제가 생긴 것이다. 우연히 '해상풍력보상 2023년 5월 31일까지' 현수막을 서해랑길에서 보았다. 결국 보상으로 이어진 것이다. 보다 체계적인 시스템 내에서 신재생에너지사업으로 가야 함을 암시한다.

기후 위기로 인한 에너지 시프트Shift 과정에서 우리가 선택해야 할 에너지원과 버려야 할 에너지원의 기준은 명확해졌다고 『에너지 시프트』에서 제기했다. 그 기준은 얼마나 탄소를 배출하지 않는가, 즉 '깨끗한 에너지'

인가이다. 석탄을 비롯한 화석연료는 종언이 예고되는 한편, 태양광과 풍력발전 시장은 역대급 성장을 기록하고 수소 경제에 대한 기대감이 한껏 부풀었다.

2030년까지 탄소배출량을 획기적으로 줄이기 위해서는 국토 면적이 좁은 우리나라 특성상 태양광이나 육상풍력을 광범위하게 도입하기는 어려운 상황이다. 이런 상황을 해결하는데 도움을 주는 것이 해상풍력이다. 해상풍력 발전은 육지에 짓지 않아 생물군에 주는 영향이 상대적으로 적고, 오히려 해상 어족자원을 늘리는 효과도 있다. 거주지와 거리가 먼 곳에서 발전하는 단점이 있지만, 전선부터 철강 구조물까지 경쟁력이 갖춰진 한국이 추진하기에 가장 좋은 신재생에너지발전이라는 의견도 지배적이다(매일경제).

해양에너지는 그 이용 방식에 따라 조력, 파력, 온도차, 해류, 염분차 등 여러 형태로 존재하며, 고갈될 염려가 없고, 인류의 에너지 수요를 충족시키며, 공해 없는 미래의 이상적인 에너지 자원이다. 임진왜란 당시 충무공이 왜적을 맞아 통쾌한 승리를 거둔 곳으로 유명한 서남해안 울돌목은 세계적으로도 조류가 빠른 지역으로서 조류발전의 후보지로 각광을 받고 있다.

영광의 모싯잎 송편

서해랑길이 공사로 인하여 우회하게 되었다. 길가에 영광 전통 웰빙 간식 '모싯잎 송편' 홍보가 대단하다. 송편가게들이 더러 보이는데 주차장이 만만치 않게 넓다. 영광하면 모싯잎 송편이지 않은가?

송편은 주로 추석에 먹었다. 영광지역에서는 예부터 고된 농사일을 한 후 이웃과 서로의 노고를 위로해 주기 위해, 일반 송편보다 2-3배 큰 모싯잎 송편을 만들어 나눠 먹었다고 전해 내려온다(영광군). 모싯잎 송편은 모내기를 하면서 집에서 일하던 일꾼에게 주었던 큼직한 송편을 다시 복원하여 만들어 먹은 것이었다고도 한다(나경수 외).

영광 모싯잎 송편은 서해안 깨끗한 갯바람으로 재배한 영광 모싯잎과 쌀로 반죽하여 고물로 동부를 넣은 것이 특징이다. 자극적이지 않고 담백한 맛에 찰진 식감이 매력이다. 모싯잎에는 식이섬유와 무기질이 다량 함유되어 있어 건강식품으로 널리 알려져 있다.

국립농산물품질관리원 지정 지리적 표시 등록제104호, 영광의 특산물 2품 品에 속한다. 1품은 영광굴비가 차지했다. 3품부터 보면 천일염, 4품 대마할머니 막걸리, 5품 간척지 쌀, 6품 영광 딸기, 7품 태양초 고추, 8품 찰보리쌀 그리고 9품 설도젓갈이다(영광군).

송편 소로 사용한 동부의 맛이 어울려 영광지역의 식품산업으로 자리를 잡게 되었다. 지금은 '영광전통 웰빙 간식'이 되었다.

호기심에 일단 한 가게로 들어가 보았다. 특별한 공간이랄 것도 없이 오로지 모싯잎 송편이 테이블 위에 나열되어 있다. 종류별로 통동부, 가루동부, 참깨, 개떡, 검정깨 송편이 4개씩 비닐에 싸여 있다. 원하는 것을 담아 가게 한다. 수제 떡을 만들어 파는 가게도 있겠지만, 대부분이 '공장 떡'이라는 감이 든다. 한 송편가게에서는 직접 자기네가 만든다는 것이다. 떡의 크기가 옛날처럼 크지도 않다. 하여튼 영광의 어느 곳이나 굴비가게와 모싯잎 송편가게가 없는 곳이 없을 정도다. 1품과 2품이 영광 경제에 어마어마한 힘이 되는 건 당연지사.

39코스 영광군

답동버스정류장- 영광노을전시관- 영광대교- 법성리버스정류장 / 16.3km

아름다웠던 포구 법성포

　법성포法聖浦는 법성면의 진내리와 법성리에 잇닿아 있는 포구다. 서해랑길의 시·종착지인 법성포버스정류장이 법성포구를 바라보고 있다. 크지는 않지만 많은 배들이 그물작업에, 출항준비에 열중이다. 이곳이 지금은 말단 행정면의 일부로 전락하여 한적한 포구로 변했다. 황금빛 조기들이 바닷바람을 온몸으로 막아내며 굴비로 새로운 변신을 거듭하는 법성포는 예로부터 참으로 아름다웠던 포구였다. 그 아름다움이 택리지擇里志에 다음과 같이 적혀 있다.

　법성포는 해수와 조수가 포구의 앞을 돌고 호수와 산이 아름답고 동네가 열을 지어서 사람들이 소서호小西湖 라고 부른다. 바다가 가까운 여러 읍은 모두 이곳에 창고를 두어 조정에 바치는 쌀을 마련하는 곳으로 삼았다.

　법성에 조창漕倉이 개설된 것은 1천여 년 전 고려초엽이다. 조창이란 백성들에게 거둬들인 세곡을 모아 보관하고 수송하기 위해서 만든 창고를 가리킨다. 유형원1622~1673이 쓴 『반계수록』에 보면, 서기 992년고려 성종 11년에 개경이남 12개 조창 가운데 전남에 영광 부용창법성창, 나주 해육창, 영암 장흥창, 승주 해룡창 4곳이었다. 1035년고려정종원년 법성창에는 1,000석을 싣는 초마선 1척과 각선배 6척을 배치하였다. 이조 초기에는 영산창과 함께 전라도 이대 조창이었는데 그때 법성조창 관할에 속한 고을은 영광,

법성포

흥덕, 부안, 함평, 무장, 장성, 정읍, 고부, 고창, 옥과, 담양, 진원, 창평, 순창, 곡성 등 15개였다.

1512~1514년에는 호남 곡창의 전세 중 전남 전역의 전세를 법성포에 모으면서 그 창고의 방비를 위해서 진량진 수군만호를 배치했으며 조선이 38척. 조군만도 1,344명이 되었다. 영산창이 폐창되고 처음에 만호장이 지휘자로 배치되었던 법성진은 1708년숙종 34년 검사진으로 승격되었고, 1789년정조 13년 수군절제사가 배치되었다. 이때 수군절제사는 진월도낙월도:진달이섬와 안마도의 목장 감독관을 겸했고 경성까지의 조운선 감독책임을 겸했으며 법성창 수곡의 계량을 감독해 일급지로 평가를 받았다. 이때는 법성창의 규모가 설치 초창기보다 줄어 12개 고을 전세만을 받아들였다.

한말 폐진 직전 이곳에는 병선 8척 외에 조운선 21척이 있었으며 수군만 3백여 명이 배치되었고, 이때 동헌자리는 진내리 205번지이인상가에 5칸의 집이었고 뒤쪽에 아사衙舍 10칸이 있었다.

법성은 칠산 앞바다에서 조기가 많이 잡혀 칠산해에 파시가 섰을 뿐 아니라 12개 고을 곡식이 모두 실려 오고 다시 내가는 창고가 있었던 곳이어서 살기 좋은 곳으로 알려져 1895년에는 민호가 715호나 되어 영광읍보다 큰 동네를 이루었다.

1980년대에 이르러 법성포는 포구의 수심이 낮아 위도를 비롯한 인근 섬까지 운항한 정기여객선의 기점마저 법성포항을 포기하고 가마미로 옮길 정도로 기능이 쇠퇴했다(영광군). 100톤 규모의 선박이 자유로이 항해했던 포구가 썰물 때면 거룻배도 운행이 어려울 정도로 변모했다.

그러나 이렇게 열악한 환경에서도 굴비가공을 위한 조기반입으로 어항의 명맥을 근근이 이어가며 솥 모양의 인공 섬을 조성하는 등 미래의 풍요를 위해 새롭게 도약의 기틀을 마련하고 있다.

영광의 역사마을 진성마을, 법성진과 숲쟁이

영광의 옛 고을이었던 진성鎭城마을로 올라간다. 조선시대 법성진과 국내 최대 조창인 법성창이 있었던 진량면법성면의 치소가 진내리 '진성마을'에 있었다. 조선시대 진량면 29개 마을 가운데 가장 큰 마을이었다. 동헌, 작청, 장청 등 주요 관아와 함께 동조정, 객사, 군기고, 선소, 해창, 전라도 12고을 세곡고, 남고, 사창 등이 모두 이곳에 있었던 행정중심지였다. 이른바 역사문화마을이다.

법성포 뒷산에는 조선시대의 돌성 법성진성전라남도 기념물 205호이 자리한다. 성의 높이는 약 4m, 둘레 약 1.5km 규모로 1514년조선 중종 9년에 법성진 관할 전라도 28개 수세 군현의 고을 백성이 동원되어 쌓은 석성이다. 법성진성은 국방의 요새인 수군진과 국가 재정의 중추기관인 국내 최대 조창이 성내에 공존한 독자행정권역독진이었다. 성안에는 향교와 3개의 문루 동문, 서문, 홍문와 동조루조세검사장, 군기고, 진창, 환상고, 조복고, 빙허정, 복고 창현 파출소, 군기창 등이 즐비했다. 이곳은 동학, 임란 등 숱한 난을 겪어오는 동안 불타버리고 남은 것이라고는 진내리 마을 뒤를 두른 성 흔적과 선창가 군기고 지붕과 샘 2개뿐이다.

성안 서쪽 객사터 밑에 있던 제월정 자리에는 1957년 이곳 주민들이 다시 월량대, 제월정을 복구했었으나 그것마저 1974년 화재로 소실되어 지금은 주춧돌만 남아 있다. 법성은 이처럼 조선 때 수군 겸 조운 및 조세수납의 요충이었거니와 이에 앞서도 많은 역사적 사실을 갖고 있다.

'숲쟁이'는 법성진을 보호하기 위해 조성한 인공 숲이다. '쟁이'는 '성'이란 뜻으로 '숲쟁이'는 곧 '숲으로 된 성'을 의미한다.

법성진 숲쟁이는 조선 중종 9년1514 법성진성을 축조할 때 조성한 것으로 전해진다. 나무들은 법성진성의 북벽과 연장해 동쪽으로 이어져 있는데, 포구와 마을을 보호하는 방풍림 역할을 함과 동시에 자연적인 아름다움도 더했다. 길이는 법성에서 홍농으로 넘어가는 산허리 능선을 따라 약 300m에 이르며, 종류는 느티나무와 팽나무가 다수를 차지한다.

백제불교 최초도래지

숲쟁이 꽃동산을 따라가다 보면 '백제불교 최초도래지'에 이른다. 불교가 법성항을 통해 인도 승려가 처음으로 도착한 곳으로 전해지면서, 이를 기념하기 위해 조성된 곳이 백제불교 최초도래지다.

백제시대부터 영광의 대표적인 포구가 법성포였다. 법성포는 인도의 마라난타摩羅難陀가 중국 동진에서 해로를 통해 백제에 입국할 때 최초로 당도하여 불교를 전파했던 곳이다. 법성포의 백제시대 지명은 아무포阿無浦로서 아미타불의 의미를 함축한 명칭이다. 그 후 '성인聖人이 불법을 들여온 성스러운 포구'라는 뜻으로 법성포法聖浦라고 불리게 되었다. 이처럼 법성포는 불연佛緣이 깊은 고장이다. 동시에 한국에서도 불교문화사적, 정신문명사적으로 매우 유서 깊은 곳의 하나다.

마라난타는 실크로드를 통해 중국 동진에 이르렀으며, 백제 침류왕 원년 384년 백제에 오게 되면서 불교가 전래되었다.『해동고승전』에는 '석 마라난타는 인도 출신의 승려이다. 그는 신통한 힘을 지녀 온갖 일을 해내는데 그 능력을 헤아릴 수 없었다. 스님은 불교를 전파하는데 뜻을 두어 여기저기 떠돌아다니면서 교화하였다'라는 기록이 있다.

서해랑길을 따라 내려가면 '탑원'을 먼저 둘러보게 된다. 탑원은 불탑과 감실형 불당으로, 불상과 소탑을 봉안하는 감실이다. 간다라Gandhara지역 사원 유구遺構 가운데 가장 잘 남아있는 탁트히바히 사원 주탑원을 본떠서

백제불교 최초도래지, 탑원

조성한 탑원이다. 마라난타의 출신지인 간다라사원 양식의 대표적이고 전형적인 모습을 보여준다.

'설법도'도 인상적이다. 연화좌 위에 앉은 설법자세의 불좌상을 중심으로 양옆에 보살입상이 배치된 삼존상 형식으로 화려하고 장엄한 누각에 모셔져 있는 모습이다. 그 주위에 많은 보살들이 다양한 자세로 앉아 경탄하기도 하고 꽃을 뿌리기도 하고 생각에 잠겨 있기도 하다.

'간다라유물관'에서는 불교가 전파된 역사적 과정을 살펴보는 시간을 가져보게 된다. 아주 간단히 요약된 작은 불교유물관이다.

간다라 지방은 파키스탄 북부의 페샤와르 분지를 중심으로 한 인도 서북지역이다. 이곳은 중국으로 들어가는 길목이면서 교역이 발달한 곳이었다. 알렉산더 대왕의 동방원정으로 전파된 헬레니즘 문화의 영향을 받은 곳이다. 이처럼 헬레니즘 성향이 강한 간다라미술은 3세기까지 전성기를 누렸으나 점차 인도 본토의 영향이 강하게 반영된다. 『세계미술사』에서는 교통의 요지에서 붓다의 모습을 재현한 불상이 최초로 만들어졌다고 한다. 2세기경 간다라의 사흐리 바흐롤에서 출토된 불상이 그 대표작이다.

불상 제작에도 신상神像을 조각하던 그리스의 자연주의, 현실주의 전통이 유입됐다. 그 결과 불상은 얼굴과 머리, 의복이 서구적이면서도 지극히 인간적인 모습을 띠었다. 역동적이면서도 사실적인 율동감과 양감이 느껴지는 특징이 있다. 반면에 얼굴이 동그랗고 통통해지며 신체 비례가 짧아졌고, 해부학에 근거한 자연주의적 표현보다는 매끈한 관례적 표현이 두드러지는 형태로 변모한다. 이후 간다라미술은 인도 본토보다는 동아시아, 그중에서도 중국과 한국 미술에 더 큰 영향을 미치게 되었다.

그러나 백제 불교문화는 중국 남조시대 불교 조각의 영향을 받았으나 좀 더 부드러운 기법을 보여주면서 백제만의 특징적인 불교문화를 꽃피웠다.

백제의 불교문화는 일본으로 건너가 큰 영향을 끼쳤다

우리나라에 맨 처음 불교가 전래된 것은, 고구려의 17대 소수림왕小獸林王 2년372년의 일이다. 이 해 6월에 중국의 북부에 자리 잡고 있던 나라인 전진前秦의 왕 부견符堅이 순도順道스님으로 하여금 불상과 경전을 보내옴으로써 공식적인 불교의 전래가 이루어진 것이다(불교방송). 이어서 2년 후에는 아도阿道스님이 왔으며, 그 이듬해에는 초문사肖門寺와 이불란사伊佛蘭寺라는 최초의 사찰이 세워졌다. 그러나 이것은 어디까지나 국가 간의 공식적인 전래로서, 그 이전에 민간 차원에서는 이미 불교가 들어와 있었던 것 같다.

신라에서 불교가 처음 공인된 것은 이차돈異次頓의 순교가 있은 직후인 제23대 법흥왕 14년527년의 일이다. 이처럼 우리나라는 삼국시대에 불교가 전래되어 시작하였다.

서해랑길은 백제불교 최초도래지의 일주문 역할을 하는 상징문象徵門을 통해 나간다. 이외에도 참배와 서해 조망용 누각인 부용루芙蓉樓와 석굴사원인 사면대불상四面大佛像 등등. 둘러볼 만한 곳이 여럿이다.

영광대교에서 모래미해변을 바라보며

영광대교를 건넌다. 서해랑길의 전라남도 구간에서 마지막으로 건너는 대교가 아닌가 싶다.

서해랑길 전라남도 구간에서는, 처음으로 해남에서 '진도대교'를 건너서 진도를 한 바퀴 돌고 나왔다. 다시 해남으로 나와서는 2022년에 신설된 '솔라시도대교'를 건너 영암으로 갔고 영암에서는 '삼호대교'를 건너 목포로 들어왔다.

그리고 무안 도리포에서는 영광으로 통하는 '칠산대교'를 보고 감탄했다. 필요한 곳에 설치된 다리. 함평과 영광에서 보는 칠산대교는 바다를 장식하는 실루엣처럼 느껴졌다. 신안군에서는 '지도대교', '사옥대교'와 '증도대교'를 건너서, 증도를 한 바퀴 걸었다. 또한 신안군의 점암선착장에서는 임자도로 향하는 '임자대교'를 바라보았다.

다리는 도시와 도시를 연결해준다. 섬이 많은 전라남도는 다리의 역할이 매우 크다. 삶 자체의 연결이나 다름없다. 다리의 사전적 정의는 장소, 사람, 사물 따위를 연결하는 건축물이지만 인류의 문화 속에선 추상적 의미로 다채롭게 변용돼 왔다. 때론 죽음과 삶 혹은 초월과 현실을 가르는 경계선이다. 이렇듯 역사, 종교, 신화, 영화, 음악 등에서 드러난 다양한 다리의 이야기가 있다. 토마스 해리슨 교수는 『다리 위에서 니체를 만나다』에서 '다리에는 인간이 손으로 지은 그 어떤 것보다 많은 이야기가 담겨 있다'고 적었다. 그는 다리가 예술 속에서 어떻게 재현되는지에 그치지 않고 우리가 이 구조물을 어떻게 경험하는지, 다리를 만들거나 건널 때 우리는 어떤 생각을 하는지 등을 질문하고 자신의 철학적 사유를 써 내려간다.

영광대교는 전라남도 영광군 백수읍 구수리- 홍농읍 칠곡리를 잇는 다리다. 2008년 착공하여 2016년 3월 25일 개통된 길이 590m, 폭 11.5m의 2차선 도로다. 영광에서는 영광스러운 다리로 자리매김하고 있다. 시詩「영광대교」가 이를 뒷받침한다.

영광대교여!/ 너의 위대한 출발은/ 쪽빛 바다가/
노을을 잠재우는 시간/ 새벽을 깨우며/ 시작되었다.
무궁한 창공을/ 지난 7여 년 동안/ 순간, 찰라의 시간을/
굵은 와이어로 엮어/ 영광군민의 꿈을 창조하는/
미학을 지켜봤으리라.

아! / 영광이여/ 위대한 자랑이여/ 꿈의 다리로/
전남과 대한민국을 연결하는/ 아우름으로/ 세기의 역사가 되어/

모래미해변에서 바라본 영광대교

길이길이 전설이 되거라./ 오!/ 수고로움/ 땀방울이여/ 칠산바다/
떠오르는 저 태양을/ 희망의 빛으로/ 맞이하여라.

「영광대교」 전문 –시향 박경숙

영광대교 아래 펼쳐진 소담한 해변이 맛깔스럽다. 모래미해변, 모래미해수욕장이다. '모래미'라는 이름은 한시마을의 옛날 지명이었다(두루누비). 해수욕장 규모가 작고 해안선도 길지 않으나, 백사장의 모래가 고우며 주변의 때 묻지 않은 경치가 아름다운 곳이다.

해안가 갯벌이 넓기도 하다. 수구마을이다. 수구어촌계의 안내판이 바다 환경에 적응하며 살아가는 마을주민들의 삶의 속살을 여실히 보여주는 듯하다. 바닷가 사람들이 그렇게 살듯이 수구마을의 어민들도 바다에 생명을 걸고 고기잡이나 양식과 같은 어촌의 생업을 이어가고 있는 것이다.

백수해안도로, 열린 관광지

영광 백수해안도로를 걷는다. 백수해안도로는 백수읍 길용리에서 백암리 석구미 마을까지 16.8km에 달하는 해안도로다. 해안도로 표시판에는 9.0km의 거리로 현시점을 파악하게 한다. 자동차로는 금방 달릴 수 있는 거리지만, 걷기에는 녹녹하지 않은 거리감이다. 하여튼 서해안의 대표적인 드라이브 코스인 만큼 멋진 길임에 틀림이 없다. 끊임없이 자동차들이 지나가지만 걷는 길은 주로 데크길로 이어져 걷기에는 무리가 없었다. 황홀한 풍경을 천천히 걸으면서 음미하는 것도 또 하나의 추억여행이다.

백수는 99개의 봉우리가 소재한 지역, 또는 3두頭 9미尾의 지역으로 백수白岫라는 지명을 가지고 있다. 구수산의 정기로 이러한 용혈穴에서는 용천수가 솟아올랐으나 백수해안도로의 개설로 용천수가 마른자리인 백에 쇠돈를 던져 모아지면 다시 용천수가 솟아오르고 돌의 문안에 쇠동전가 들어가게 되면 한 해 동안 '무병장수' 할 수 있다는 전설에 따라 해수 온천랜드와 노을전시관이 들어서게 되었다는 것이다(노을축제위원회).

국도 77호선, 군도 14호선인 백수해안도로를 정연이와 함께 40번 코스를 걷고 백수해안도로를 달려 보았다. 해안절벽 사이로 솟아 있는 멋진 바위들과 여기저기 자리한 암초들이 다이나믹한 풍경의 변화를 연출한다. 칠산바다의 아름다운 정경이 한눈에 들어온다.

우리나라 '아름다운 길' 100선2006년에 영광 백수해안도로가 선정되기도 했고 국토해양부의 대한민국 자연경관대상 최우사상2011년을 수상하기도 했다. 한번쯤 가볼 만한 곳으로 '강추'하고 싶다. 서해랑길을 걸으면서 직접 즐길 수 있어 다행이다.

아름다운 노을이 있는 '열린 관광지'로도 알려져 있다. 열린 관광지란? 누구나 쉽고 즐겁게 여행할 수 있는 '무장애 여행지'를 말한다. 문화체육관

광부와 한국관광공사, 그리고 각 지방자치단체가 함께 만드는 관광지이다. 장애인지체·시각·청각, 어르신, 영유아 동반가족 등 모든 관광객이 이동의 어려움 없이 즐겁게 여행할 수 있는 장애물 없는 관광지를 만들어 가는 것이다. 열린 관광지로 선정된 지역이 전국에 12군데 밖에 없다.

해안도로 아래 목재 데크 산책로로 조성된 3.5km의 해안 노을길은 바다 가장 가까운 곳에서 걷는 길이다. 벼랑길에서 바다가 가끔은 무섭게 느껴지기도 했다. 하지만 서서 바다를 보면 언제나 아름다운 풍경을 선사한다. 약간 흐린 날씨가 바다를 더 매력적으로 보이게 하고.

노을종을 치고 종을 안고 종소리를 듣고

노을종이 있는 곳으로 발걸음을 옮겼다. 마법의 종. 백수해안도로에 있는 다양한 이벤트, 행운의 주사위던지기, 사랑의 열쇠달기 등, 그중의 하나가 노을종을 치고 느끼며 듣는 것이다.

종소리는 몸으로 들어야 한다. 그래서 종을 가볍게 친 후 껴안고 가만히 그 울림을 들으라고 한다. 온몸으로 노을 같은 맥놀이 진동이 느껴져야 한다는 것이다. 생전 처음으로 큰 종을 치고 몸으로 종을 안아보았다. 울림이 몸으로 전달되는 신비한 감각을 느꼈다. 세 번을 쳤다.

한 번 치고 맥놀이를 들으면 웃을 일이 생기고
두 번 치고 맥놀이를 들으면 사랑의 감정이 찾아들고
세 번 치고 맥놀이를 들으면 행복할 일이 생긴다.

노을이 되어 어머니 곁을 맴도는 아들의 효심이 담긴 종이 노을종이다. 노을종의 전설이 이렇게 전해진다.

아주 먼 옛날 '도음소도'에는 병든 어머니를 모시고 소금을 팔아 살아가는 젊은이가 있었다. 매일 무거운 소금가마를 지고 나가 팔다가 노을이 내릴 무렵에 녹초가 되어 집으로 돌아오곤 했다. 그런데도 아픈 어머니 앞에서는 힘든 내색 한 번을 하지 않는 착한 아들이었다. 어머니는 그런 아들이 안쓰럽고 걱정돼 매일 아들이 오가는 길목에 서서 아들을 기다렸다. 그때마다 아들은 노을을 등에 지고 환하게 웃으며 돌아왔다. 비바람이 심한 어느 날, 아들은 어머니의 만류에도 불구하고 소금가마를 지고 길을 나섰다. 그러나 굵은 빗줄기에 소금은 모두 녹아버리고 팔 것이 없어진 아들은 다른 방편으로 어머니의 약값을 마련하느라 며칠을 더 바깥에서 머물게 되었다. 이 같은 상황을 알 길 없는 어머니는 아무리 기다려도 아들이 돌아오지 않자 급기야 찾아 나서기에 이른다. 하지만 얼마 못 가 바위에 걸려 넘어지고 어머니는 넘어진 그대로 돌처럼 딱딱하게 굳고 만다. 며칠 후 아들은 약을 가득 담은 노란 함지박을 지게에 싣고 돌아오다 길가에 쓰러진 어머니를 발견하고 다급하게 뛰어갔다. 노란 함지박은 이미 뒷전이었다.

"어머니 제가 왔어요."

아들은 몇 날 며칠을 어머니 곁에서 구슬프게 울다 바람처럼 사라졌다. 이후 사람들은 해질녘이면 아들이 붉은 노을을 등에 지고 어머니 곁으로 온다고 말했다. 이와 함께 어머니가 걸려 넘어진 바위를 '궁굴바위', 어머니 바위를 '할미여', 노란 함지박이 떨어진 자리에 생긴 바위를 '노랑여'라고 불렀다.

빛이 빚어내는 노을의 신비

국내 유일의 '노을전시관'이다. 노을의 이모저모를 살펴보고 빛의 과학을 학습하는 시간도 가져본다.

세계 여러 나라 노을 경관의 영상이 인상적이다. 케냐의 아프리카 초원,

그리스 산토리니섬, 프랑스 파리 에펠탑, 이집트 피라미드, 인도네시아 발리, 스페인 카스티랴라만체, 영국 웨스트민스터 궁전, 미국 애리조나주 콜로라도, 일본 후지산, 이탈리아 베니스, 모로코 모로코해변 등등.

눈을 떴다. 동녘의 아침놀이 호수로 내려와 하늘과 땅을 붉게 물들였다. 아침놀이 바람을 만들어 갈대를 흔들고 지나갔다.

아침노을을 표현한 신지견 작가의 대하소설 『서산』에서 나온 문구다. 이처럼 노을은 아침노을이 있고 저녁노을도 있다. 아침노을은 찰라의 아름다움으로, 저녁노을은 불타는 하늘로 종종 표현한다. 아침노을과 저녁노을이 다른 이유에 관한 물리학적 대답이 『노을의 물리학』에서 자세하게 설명한다.

아침노을은 해가 뜰 때 동쪽 하늘에서 나타난다. 해뜨기 직전 동쪽 지평선을 붉게 물들이면서 해가 떠오르는 장관을 보여준 뒤 사라진다. 아침노을은 저녁노을에 비해 선명하지 않고 짧다. 시간이 지날수록 태양빛이 강해져 노을의 붉은빛을 가리기 때문이다. 날씨가 흐려서 태양빛이 약화되면 더 오랫동안 잘 보인다.

저녁노을은 해가 질 때 서쪽 하늘에서 나타난다. 해가 지는 동안 장엄한 노을이 시시각각 변화하면서 하늘을 물들인다. 해가 진 뒤에도 지평선 너머에서 산란된 빛이 계속 전달되기 때문에 아침노을에 비해 오랫동안 지속되는 이유다.

그럼 노을이란?

빛은 공기 분자나 수증기, 먼지 같은 작은 입자에 부딪히면 사방으로 흩어진다. 빛의 산란현상이다. 산란은 파장이 짧은 빛일수록 잘 일어난다. 빛은 파장의 길이에 따라 색이 다른데, '빨주노초파남보' 순으로 파장이 짧아진다. 낮에는 태양이 하늘 가운데 떠 있기 때문에 태양빛은 대기를 수직으로 투과한다. 이 과정에서 파장이 짧은 보라색과 파란색이 잘 산란된다. 가장 짧은 보라색은 완전히 산란되어 보이지 않지만 파란색 산란광은 우리 눈에 들어온다. 그래서 하늘은 파란색이다.

그런데 아침, 저녁에는 태양이 지평선에 있어 태양빛이 대기를 통과하는 거리가 길어진다. 빛의 경로가 길어지면 파장이 짧은 색들은 이미 먼 곳에서 산란돼 사라지고 파장이 긴 붉은 색이 우리 눈에 보이게 된다. 이것이 노을이다.

그러면 우리는 왜 노을에 반하는가?

빛깔은 두 가지가 있다. 하나는 제 고움을 뽐내는 두드러진 빛깔이다. 다른 하나는 둘레의 다른 사물을 저와 똑같이 물들여 주는 어울림의 빛깔이다. '두드러진 색은 우리를 눈부시게 하지만, 어울림의 색은 우리의 마음을 부시게 다듬어 준다. 노을빛은 어울림의 빛깔이다. 노을 속에 들어가면 꽃도, 산도, 들도, 강도, 바다도, 하늘도, 사람까지도 죄다 노을빛에 물들고 만다.' 동화 작가 정채봉 선생님의 『노을』 이야기다. 노을 속에서 우리가 한 폭의 수채화처럼 아름답게 어울리는 이유겠다.

욕심도, 거짓도 없고 순수하고 아름다운 무인지대, 그 노을이 아름다운 까닭은 집착을 버렸기 때문이라고 시인들은 노래한다고 김영중 작가는 적었다. 그리고 이렇게 말한다.

나는 인생의 황혼에 서서 흘려보낸 세월의 나이테를 아쉬움으로 세어보며 노을 속으로 사라진 사랑한 사람들을 그리워하기도 한다. 노을은 그 끝이 어두움이기에 순간의 영광이 더 강렬한 여운을 남긴다. 인간사 덧없음과 사람이 죽을 때 어떻게 죽어야 하는지 노을이 알려 주는 것 같다.

노을전시관, 그리고 대신등대

　이런 이유로 김영중 작가가 시로 가사를 지은 『세월, 그 노을에』 노래가 마음을 흔든다. 유-튜브를 통해 즐길 수 있다.
　노을전망대에서 노을의 아름다움을 느껴보는 것도 좋겠다.
　노을전망대에서는 공중을 걷는 아찔함과 눈앞에 펼쳐지는 탁 트인 바다를 동시에 느낄 수 있다. 스카이 워크의 끝에는 핫 포토존인 괭이갈매기 '끝없는 사랑Endless Love' 날개 조형물이 설치되어 있다. 높이 3.6m, 폭 3.2m의 크기로 백수해안도로를 찾는 모든 사람들의 아름다운 사랑과 백년해로의 기원을 담아 2021년 설치되었다. 괭이갈매기는 칠산도의 상징이다. 한번 짝을 이루면 평생을 함께하는 것으로 알려져 있다.
　멀리 하얀 등대가 보인다. 영광 백수해안도로를 밝히는 대신등대다. 바다를 한결 돋보이게 한다. 영광 법성포항과 계마항을 오가는 선박의 안전 운항을 지원하기 위해 설치되었다. 높이 16m의 백색 원형 콘크리트의 구조로 2013년 7월 8일에 처음으로 불을 밝혔다.

40코스 영광군

법성리버스정류장- 홍농버스터미널- 영광승마장 입구- 고리포- 구시포해변 / 13.9km

굴비거리가 말해주는 굴비의 모든 이야기

　법성포 굴비와 맛깔 나는 남도음식을 즐길 수 있는 코스가 법성포 '영광굴비거리'다. 200여 개에 달하는 상점과 식당이 영업 중이다. 관광버스가 오는 곳으로 유명하다.

　언젠가, 이런 이야기를 들었다. 3월 칠산바다에 이른 조기를 잡아다 뼈를 골라내고 산모의 미역을 끓이거나 병약자를 위해 죽을 쑤어주면 기운을 낸다고 해서 조기助氣라 했다는 것이다. 이 조기 말린 것을 굴비라 하여 屈非굴비 또는 구비仇非라 표기하기도 했다.

　봄이 되면 이동을 시작한다고 해서 유수어流水漁 또는 조기朝起라고도 한다. 민어과에 속하는 이 고기는 황조기, 흰조기, 수조기, 꽃조기 등으로 구분한다. 책에 따라 석수어石首魚라고도 기록한다. 이는 조기 머릿속에 흰 돌 같은 이석耳石 두 개가 들어 있기 때문이다. 일부 발간물이 석어石魚라 기록하여 이자겸李資謙과 관련짓고 있다. 이는 일화에 불과할 것이라 믿는다. 비공식적인 에피소드로 넘어가면, 이야기가 여럿이다.

　이자겸은 그의 셋째 딸을 왕비로 떠맡겨 군세를 잡고 드디어는 왕위까지 넘본 유명한 인물이다. 그는 왕의 장인이 된 것을 미끼로 십팔자十八子 이씨가 왕이 될 것이라고 그릇된 참위설을 퍼뜨리다 부하인 척준경의 배신으로 붙잡혀 영광 법성으로 귀양 가는 신세가 되었다. 그는 이곳에서 얼마 지내지 못하고 죽었으며 그의 딸들도 폐비되는 비운을 겪었다. 그런데 이자겸이 귀양지에서 말린 조기를 즐겨 먹다가 왕이 생각나서 그 고기를 조정에 보냈다. 이 맛을 본 인종(仁宗)이 중국에까지 진상해 유명해졌다니 아무리 역모를 했더라도 인종은 그의 외손자이고 또 귀양 와서는 그의 잘못을 뉘우쳐 왕에게 맛좋은 칠산굴비를 보낸 것이라 전한다. 어떤 이들은 이자겸의 고기 진상이 '비굴한 짓을 한 데 쓰인 고기'라는 뜻으로 굴비라 했다고 전한다.

그런데 이자겸이 조기를 석어라고 이름한 것은 그 가공법 때문이었다. 그 당시 조기는 소금으로 절여 토굴에다 한 마리씩 돌로 눌러 놓았다가 하룻밤 지내고 꺼내 말렸기 때문에 붙은 이름이라는 것이다.

법성포 굴비거리, 굴비가게

조기를 잡아다 적당히 절이고 파리도 아직 날지 않는 3월에 걸대에 두 달 가량 걸어두고 말리면 비늘까지 기름기가 배어 누렇게 변했다. 이를 마치 명태처럼 째서 맨밥에 먹어도 됐고 쪄먹어도 좋았으며, 구워 먹어도 좋아 '영광굴비 밥도둑'이란 속담까지 붙었다. 그래서 한자로 '건석수어'라 하면 영광굴비를 칭할 만큼 유명하였다. 이처럼 유명한 고기라 구두쇠인 '자린고비'는 굴비를 사다 걸어놓고 밥을 먹을 때면 밥 한 수저 떠 넣고 올려다보며 밥상을 치우는 생활로 돈을 모았다는 민담이 생겼다. 지금은 모든 굴비가 영광굴비로 둔갑되고 있다.

영광굴비 중 으뜸으로 치는 것은 참조기로 산란 직전 영광에서 잡아 건조한 것으로 벚꽃이 만개할 때라 '앵월굴비'라 한다. 4월 굴비를 '오가잽이'라 하여 오사리 때 잡은 '알이 통통밴 조기'를 말하고 '오사리곡우사리'라 하여 그 다음으로 친다. 한 가닥이 다섯 마리씩이다.

추위를 이겨내며 보리가 자라고 새떼가 모이를 찾는 들판을 지난다. 남도뱃길 6000리 굴비길, 칠산 갯길 굴비길이 이어진다.

연우교를 건너 법성에서 홍농으로

옛 다리 '연우교'를 건넌다. 법성에서 홍농으로 가는 다리다. 겨우 한 사람이 걸어갈 수 있는 폭이다. 함께 한 정연이가 신기한 듯 연우교에 적힌 글을 읽는다.

'1970년 9월 26일 시공, 1971년 5월 21일 완공' 그러니까 50년이 넘은 다리다.

그 옆으로 자동차가 다니는 다리가 따로 놓아져 있다. 1910년에서 1970년까지는 줄 나룻배가 사람들을 날라주었다.

그런데 애환서린 줄 나룻배를 복원하여 운행 중이다. 옛것을 찾고 잠시

향수를 느낄 수 있는 휴식처를 제공하는 나루터가 생긴 것이다. 나룻배는 목선으로 3m×6m이며, 줄 나루는 120m의 길이로 연결되었다. 승선인원은 15명으로 '안전을 위하여 승선인원을 초과하지 말아야 한다'고 규정하고 있다. 2001년에 시행되었는데 지금은 거의 운행되지 않는 것 같다.

서해랑길도 법성 땅을 벗어나 홍농읍으로 향한다. 상하리 4구 월봉마을을 통해 점차 번화한 도시로 들어가는 기분이 든다. 홍농읍으로 들어서면 다른 읍 소재지와 마찬가지다. 어디나 식당, 마트, 미장원, 이발관, 그리고 여러 공공기관과 학교 등등 건물들이 점차 빼곡히 들어서 있다. 유난히 찻집들이 많아 보인다. 그리고 점차 건물이 드문드문 보이다가 큰 도로로 빠진다.

곧이어 영광 테마식물원이다. 당연히 식물원에 들려야지. 서남권을 대표하는 '관광형 정원' 식물원이다. 테마 별로는 편백숲, 오토캠핑장, 베고니아 온실, 무궁화동산, 수국원, 사계초화원으로 구분된다. 산책로가 테마 별로 연결되어 있다. 정자에서 간식도 먹으면서 쉬었다가 산책로를 간단히 돌고 나왔다. 초록의 계절을 싱그럽게 느끼게 한다. 아직 홍보가 덜 되었는지 사람들의 그림자조차 보이지 않는다. 조용한 식물원을 나만의 식물원으로 차지하는 절호의 기회다.

고리포마을 해안가의 아름다운 풍경

진덕1구 상삼上三마을을 돌아 나간다. 『영광군지』에 따르면, 1880년 전북 남원에서 남양 방씨南陽 房氏 27대손 방극원房極原이란 사람이 삼參밭을 웃삼밭이라 부르다가 1914년 삼밭 위에 위치한다고 하여 상삼上三이라 칭하고 아랫마을을 하삼下三이라 하였다.

웃삼밭, 상삼마을을 지나자, 방조제 너머로 갯벌이 펼쳐진다. 고리포방조제다. 경고판에 주소가 '전라북도 고창군 상하면 자룡리 지선'이다. 영광의 마을을 잇는 내륙지역을 지나 전라북도 고창군의 경계에 이른 것이다.

해남 땅끝에서 시작된 서해랑길이 영광의 홍농읍 진덕리에서 전라남도 구간이 마침표를 찍었다. 여기서부터는 전라북도 고창군 상하면의 자룡리로 연결된다.

고리포방조제가 고운 갯벌과 모래를 가득 담고 있다. 하지만 그렇게 아름답지만은 않았다. 바다는 언제 가느냐에 따라 모습이 다르다. 왜냐하면 서해의 바다는 조금과 사리 때에 따라 바닷물의 깊이가 다르기 때문이다.

고리포마을 앞으로 갯벌이 넓게 드리워져 있다. 만일 바닷물이 어느 정도 들어왔다면 더 아름다울까? 하여튼 '해안가의 아름다운 풍경을 가진 고리포마을' 안내판이 자랑하는 것으로 보아 바닷물이 들면 더 아름답겠지.

가시연꽃길로 이어진다. 고리포 '주씨 고개'를 넘어가면 백시장이 펼쳐진 환상적인 구시포해변이 살짝 보인다. 드디어 40코스 종점에 이른다. 오늘의 목적지, 전라남도의 마지막 지점, 고창군 상하면 지룡리 구시포해변이다.

연우교, 법성-홍농 간 다리

구시포해수욕장

구시포의 원래 이름은 '새나리불영'으로 새바닷가의 불같이 일어날 마을이라는 의미였다. 그러나 일제가 시

샘이라도 하였는지 구시포로 바꾸었다. 아홉 개의 도시, 혹은 아홉 개의 저자를 먹여 살릴 마을이란 뜻이다.

이곳의 개펄은 서해안 개펄 중에서도 가장 광대한 규모를 자랑한다. 이웃한 동호해수욕장까지 치면 삼십 리의 바닷길이 폭 1km의 개펄로 끝이 없이 이어졌으니 아홉 개의 저자가 충분히 들어설 만했다.

구시포해변은 길고 넓은 백사장과 울창한 송림을 끼고 있는 전형적인 남도의 해변이다. 바닷가 모래에 모여서 모이를 먹던 한 마리가 날아오르면 일제히 따라서 날아오른다. 장관이 아닐 수 없다. 무심히 비상하는 모습을 보고 있노라면 같이 덩달아 날아오를 것만 같은 신비감에 빠진다. 그 모습에 반해 어떤 이는 먹이를 사서 던져준다. 날면서 받아먹는 갈매기의 마술. 한참을 지켜보아도 지루하지 않다.

해변의 경사가 완만해서 안전하다는 점에서도 점수가 높다. 물론 가족 단위의 피서지로 제격이다. 해변 편의점에 앉아 잠시 쉬었다. 그런데 폭죽과 바다장난감 세트가 눈에 들어왔다. 바케스에 담겨 팔리고 있는 바다장난감. 장난이 아니다. 아이들이 있는 가족들의 눈이 그리로 가 멈춘다. 바로 이것이야 하고.

멀리 구시포항이 보인다. 1800년 무렵부터 소금을 생산하던 포구로써 염전을 일구기 위하여 설치한 수문 모양이 소의 구시통구유의 방언처럼 생겼다고 하여 현재의 이름이 붙여졌다. 주변 경치가 아름다워 해양수산부에서 선정한 '아름다운 어촌 100선'에 뽑혔다. 울창한 송림과 넓고 단단한 모래사장을 갖춘 구시포해수욕장과 해수찜이 어깨를 나란히 할 정도로 인기다.

고창의 남쪽 끝에 위치한 구시포항은 여느 항구와 달리 육지에서 떨어져 있는 가막도라는 섬에 자리하고 있다. 다른 항구에 비해 조수간만의 영향을 받지 않고 어선이 입·출항할 수 있는 조건을 갖추고 있다. 항구를 와인잔 형

구시포해변

태로 넓게 정비하면서 바다로 뻗은 800m의 긴 제방과 등대, 전망데크, 트릭 아트, 공원 등의 시설을 갖춰 더욱 쾌적하고 즐겁게 항구를 즐길 수 있단다.

 구시포에서는 해수찜이 인기라는데. 빼놓을 수 없지. 그럼 잠시 쉼을 가지고 난 다음에 41코스를 걸어야겠다.

인용 및 참고문헌

주로 서적 중심으로 작성함

해남군

김호연 『김호연의 작업실』 서랍의 날씨, 2023
김현지·이현승 『에너지 시프트』 민음사, 2022
김훈 『자전거 여행』 생각의 나무, 2002
김훈 『칼의 노래』 문학동네, 2012
마스타니 후미오增谷文雄 지음·이원섭 옮김 『불교개론』 현암사, 2001(개정2판)
성기용 『한 권으로 읽는 불교 이야기』 운주사, 2015
신형철 『슬픔을 공부하는 슬픔』 한겨레출판, 2022
김선태 『짧다』 천년의 시작, 2022
윤고은 『Q』 한국문학, 2010 여름호
이동섭 『새벽 1시 45분, 나의 그림 산책』 홍익출판사, 2019
이동섭 『다빈치 인생수업』 아트북스, 2020
이해준 『다시 쓰는 전라도 역사』 금호문화, 1995
이훈동 『나의 아침은 늘 새로웠다』 새미, 2020
펑쯔카이 지음·박지수 옮김 『내 손 안의 교양미술』 올댓북스, 2020
이덕무 지음·한정주 엮음 『문장의 온도: 지극히 소소하지만 너무나도 따스한 이덕무의 위로』 다산초당(큰 글자책), 2019
조유향 『삼남길 이야기』 도서출판 현자, 2019
조유향 『남파랑길 워킹투어』 도서출판 현자, 2022
홍소자 『따스한 마음 아름다운 동행』 SUN, 2022
헨리 데이비드 소로 지음·전행선 옮김 『월든』 더클래식, 2018

진도군

곽의진·허용무 『향 따라 여백 찾아가는 길』 들녘, 2002
곽의진 『民, 백성이여』 솔과학, 2009
곽의진 『꿈이로다 화연일세』 북치는 마을, 2012

고미숙 『윤선도 평전』 한겨레출판, 2013
김상엽 『소치 허련』 돌베개, 2008
김옥경 『문화로 되살아난 남도 5일장』 민속원, 2010
김준 『섬문화 답사기』 보누스, 2019
김탁환 『아름다운 그이는 사람이어라』 돌베개, 2017
나탈리 골드버그 지음 권진옥 옮김 『뼛속까지 내려가서 써라』 한문화, 2022
문갑식 『순례자의 인문학 1』 동서문화사, 2020
문틈·손은일·이남희·윤이주·윤일웅 『이야기 땅 남도에 가고 싶네』 숲속도서관, 2011
박일환 『국어사전에서 캐낸 술 이야기』 달아실, 2021
박혜강 『매천 황현』 문학들, 2010
송은일 『왕인』 Human & Books, 2010
송은일 『대꽃이 피는 마을까지 백 년』 문이당, 2019
신지견 『서산 7권』 연인M&B, 2011
이재언 『한국의 섬, 진도군』 한국의 섬 시리즈 5, 이어도, 2021
진도군 관광진흥협의회 『진도 이야기』 진도군, 2016
진도군 『진도군지 상』 진도군, 2023
진도군 『진도군지 하』 AppData/Local/Temp/Temp1_jindo_pdf01, 2023
허석 『전남의 설화와 인물』 한국설화연구소·아세아, 2019
40인의 의자 『남도가 정말 좋아요』 디자인하우스, 2013
한국문화역사지리학회 『현대 문화지리의 이해』 푸른길, 2013
클라우디아 해먼드 지음·오수원 옮김 『잘 쉬는 기술』 웅진지식하우스, 2020

영암군

김경수 「남도를 품은 어머니, 강」 『남도학 첫걸음』 전남인재평생교육진흥원, 2020
나경수 「전설이란 무엇인가?」 『전남의 민속』 전라남도, 2011
문순태 『타오르는 강』 1-9편 중 1편, 소명출판, 2012
변남주 『영산강 뱃길과 포구 연구』 민속원, 2012

목포시

고석규 『근대도시 목포의 역사 공간 문화』 서울대학교출판부, 2005
김현 『김현문학 전집 15; 행복한 책읽기/ 문학단평 모음』 문학과지성사, 2009
목포문학관 『잇다, 목포문학 이야기』 목포시, 2020
박화성 『박화성 문학전집 1권, 백화』 푸른사상, 2004

박화성 『박화성 문학전집 14권, 눈보라의 운하』 푸른사상, 2004
신안나·정태영 『목포의 畵脈』 뉴스투데이, 2006
신종원 외 7명 『한국 해양 및 도서 신앙의 민속과 설화 1』 해상왕장보고기념사업회, 2006
알렉스 존슨·제임스 오시스 지음·이현주 옮김 『작가의 방』 부·키, 2022
임철우 『그 섬에 가고 싶다』 살림, 2010
전경연·변병설 『한국도시의 역사』 박영사, 2022
채희윤 『곰보 아재』 민음사, 2007
최성환 『개항기 목포의 국제적 공간과 근대문화 유산』 제1기 목포 장보고아카데미 자료집; 71-88, 2021
최성황 『목포의 개항과 근대민족운동』 『남도학 첫걸음』 (재)전남인재평생교육진흥원, 2021
헤르만 헤세 지음· 홍성광 편역 『헤세의 책 읽기와 글쓰기』 연암서가, 2022

무안군

국립제주박물관편 『유네스코 지정 한국의 세계유산』 서경, 2007
국립해양유물전시관 『무안 도리포 해저유적』 2003
국립해양유물전시관 『바다로 보는 우리 역사』 2004
국립해양문화재연구소 『바다와 장난감』 2018
김경기 『52주 여행, 사계절 빛나는 전라도 430』 책밥, 2022
김준 『바다 맛 기행』 자연과생태, 2013
무안군 『마을유래』 무안군 홈페이지, 2023
무안문화원 『재미있는 무안의 전설』 무안: 무안문화원. 1990, 77~82.
무안문화원 『현경면 보고회』 2017
서경석 『트리하우스 숲에서 행복하기』 마인드큐브, 2022
마루야마 겐지 지음·고재운 옮김 『시골은 그런 것이 아니다』 바다출판사, 2008
이건무 『청동기 문화』 대원사, 2000
이동수·이수경·김찬국·정영기 『매일매일 유해화학물질』 한겨례출판, 2019
전남희 『풍부한 자연과 넉넉한 인심이 낳은 남도음식』 『남도학 첫걸음』 전남인재평생교육진흥원, 2021
헬레나 노르베리 호지 『오래된 미래; 라다크에서 배우다』 EBS, 2023

신안군

강제윤 『신안』 21세기북스, 2020
강지영 『식탁 위의 조연 같은 주인공 젓갈』 북랩, 2021
국립해양유물전시관 『바다로 보는 우리 역사』 국립해양유물전시관, 2006
국립해양유물전시관·민재희 그림 『국립해양유물전시관』 김영사, 2008

김세리·조미라 『차의 시간을 걷다』 열린 세상, 2020
문틈·송은일·이남희·윤이주·윤일웅 『이야기 땅 남도에 가고 싶네』 숲속도서관, 2011
박동철 『슬로시티 걷기 여행』 넥서스BOOKS, 2011
시오노 나나미 『로마인 이야기』 한길사, 2011(88쇄)
신안군·신안문화원 『천사의 섬 신안의 문화유산』 신안군
신안군지편찬위원회 『신안군지 제1권 신안의 섬 이야기』 2017
신안군지편찬위원회 『신안군지 제4권 신안의 섬 이야기』 2017
이순신 지음·이은상 옮김 『난중일기』 지식공작소, 2014(큰 글자도서)
이재언 『한국의 섬, 신안군 1』 지리와 역사, 2012
홍익희 지음·이영미 감수 『세상을 바꾼 음식 이야기』 세종서적, 2017
박종오·유영업·이경선·신용식 『전통해양문화를 품은 건정 –신안군 증도를 중심으로–』 해양수산부 전남씨그랜트센터 2019
최성환 『신안 이야기』 신안문화원, 2012
츠바타 슈이치·츠바타 히데코 지음, 오나영 옮김 『내일도 따뜻한 햇살에서』 청림 Life, 2012

함평군

송기숙 『휴전선 소식』 백의민족 1권, 창비, 2019 (큰글자도서)
함평군 『함평 그곳에 가고 싶다』 함평군, 2010
함평군 『계절마다 즐길거리 가득한 함평』 함평군, 2022
함평군 『함평군사史』 함평군

영광군

김영중 『세월, 그 노을에서』 인간과 문학사, 2017
김현진·이현승 『에너지 시프트』 민음사, 2022
김준 '영광 염산 설도항' 김준의 포구 이야기 320, 전남새뜸, 2023. 3.20
김지홍 『처음 만나는 신재생에너지』 한빛아카데미, 2020
나경수 외 『아름답고 소중한 전남의 민속』 전라남도, 2011
신지견 『서산 1권』 연인M&B, 2011
신종원 외 7명 『한국 해양 및 도서 신앙의 민속과 설화 2』 해상 장보고기념사업회, 2006
이충훈 『알기 쉬운 신재생에너지』 북스힐, 2015
정채봉 글·이태호 그림 『노을』 전라남도, 2011
조은영·조은정 『세계 미술사 1』 다산북스, 2015
황춘성 『노을의 물리학』 에이도스, 2022
토마스 해리슨 지음·임상훈 옮김 『다리 위에서 니체를 만나다 1』 예문아카이브, 2023
BBS 불교방송 『불교와의 첫 만남』 에이도스, 2011

가는 길은 제각각이다.

하여튼 나는 끝으로 가서 처음처럼 시작해 보려고 한다.

길의 끝.

하지만 모든 것의 끝에는 반드시 새로운 시작이 있기 마련이다.

그래서 많은 사람들은 길이 끝나는 곳에서

다시 새로운 길을 찾아 나서게 되고 새로운 출발을 꿈꾸는 것 아닐까.